gärtnern

GRUNDKURS GRÜNER DAUMEN

gärtnern

GRUNDKURS GRÜNER DAUMEN

KATJA MAREN THIEL
FOTOS: ANNETTE TIMMERMANN

KOSMOS

GÄRTNERN

Erste Schritte 8
Aller Anfang ist leicht

Sie haben das Beste noch vor sich! Das Abenteuer Garten ruft und es gibt viel zu entdecken! In diesem Kapitel erhalten Sie die wichtigsten Grundlagen, damit Ihr Garten gut versorgt ist.

Ziergarten 36
Blütenpracht und mehr

Sie sonnen sich im Gras, umgeben von einem Meer voller Blumen, die Vögel zwitschern in naturnahen Hecken. Hier erfahren Sie das wichtigste zur Gestaltung Ihres Gartens und vieles mehr zum Anlegen schöner Beete.

Küchengarten 76
Gemüse und Kräuter

Entdecken Sie die Vielfalt und den Geschmack von selbst gezogenem Gemüse und tauchen Sie ein in die Welt der duftenden Kräuter. Hier finden Sie die optimalen Bedingungen für den Eigenanbau.

Obstgarten 110
Sommer in Bestform

Obstbäume schenken Gärten innerhalb weniger Jahre Atmosphäre und Charakter. Und wann ist es so herrlich von der Hand in den Mund zu leben wie zur Beeren- und Obstreife? Sehen Sie selbst!

DAS IST
wirklich WICHTIG

BILD UND BUTTON hier finden Sie alles, was zum Gelingen im Garten wirklich wichtig ist.

Kinder im Garten 124
Pflanzen, spielen, selber machen

Den Himmel über dem Kopf, Entdeckerlust im Herzen, ein kleines Stückchen Freiraum, um die Natur zu erfahren. Solche Glücksgefühle sind unbezahlbar. Schenken Sie Ihrem Kind ein Stückchen Garten.

Pflanzenjunge 146
Es grünt bald grün

In vieler Hinsicht gewinnbringend, ökologisch wertvoll und zudem noch kinderleicht, all das ist Pflanzenvermehrung im eigenen Garten. Probieren Sie es aus!

Werkeln und Bauen 156
Kleine Projekte für den Garten

Gärten können nicht nur ein Paradies für Pflanzen und ihre Gärtner sein. Auch wer werkeln, kochen oder einfach genießen möchte ist hier richtig.

Service und Register 180

DAS GLÜCK LIEGT IN DER ERDE

Vorwort

Sie sind seit Kurzem stolzer Besitzer eines neuen Gartens? Herzlichen Glückwunsch! Der Haken an der Sache: Sie haben bislang kaum Erfahrung auf diesem Gebiet und selbst Ihre Zimmerpflanzen sind regelmäßig eingegangen? Das lässt sich ändern! Lesen Sie nur weiter.

Gärtnern ist keine Zauberei, sondern letztendlich ein Handwerk, das Sie erlernen können. Wenn Sie genau beobachten, Zeit und etwas Geduld aufbringen, sind Sie Ihrem persönlichen Traumgarten ein gutes Stückchen näher. Und auch wenn Sie das jetzt vielleicht noch nicht glauben: Gärtnern kann sich sehr schnell zur Sucht entwickeln. Ich habe es selbst erlebt.

MEIN PERSÖNLICHES GARTENGLÜCK

Alles begann mit der Geburt meiner Tochter Iva. Plötzlich war sie da, die jahrelang verschüttete Sehnsucht nach einem kleinen Stückchen eigenem Grün in der großen Stadt. So machten mein Mann Christian und ich uns auf die Suche nach einem Schrebergarten. Und gleich die erste Besichtigung war ein Volltreffer: Es war Liebe auf den ersten Blick. Verwunschen, verwildert, verheißungsvoll. Nie hätte ich dies mit einem Schrebergarten assoziiert. Auf uns warteten noch viele Entdeckungen. Und ich gebe zu, ich beneide Sie, dass Sie am Anfang dieser schönen Reise stehen. Meine Familie und ich haben in unserem Garten ein längst verloren geglaubtes Glück gefunden. Ich habe mich oft gefragt, warum. Es gibt wohl viele Gründe.
Gärten bieten in unserem digitalen Zeitalter eine überschaubare und doch unendlich vielfältige reale Welt. Hier können wir nach unseren Wünschen und Werten gestalten. Alles hat einen Sinn. Es siegt das Gefühl der Selbst- über die Fremdbestimmung. Was ist befriedigender als der Anblick einer selbst gesäten Blütenpracht oder der Genuss von eigenem Gemüse und Obst? Dennoch bleibt immer ein Rest Wildheit in jedem Garten. Ein Stück Unbezähmbarkeit und Unplanbarkeit. Und das ist gut so! Denn auch dies macht das Geheimnis des Gartenglücks aus. Hier können wir unmittelbar erleben, was Natur bedeutet. Wir erfahren die konkreten Auswirkungen von Sonne, Wind und Regen auf das Wachstum unserer Pflanzen, erleben den Wandel, sehen das Zusammenspiel der Elemente, begreifen die Bedeutung von abstrakten Begriffen wie Nachhaltigkeit und Artenvielfalt. Gärten befriedigen so unsere Sehnsucht nach Einfachheit, Gesundheit und Natürlichkeit. Hier finden wir Erfüllung, Entspannung und nicht selten auch das Glück der Gemeinschaft. Denn Leidenschaft verbindet. Das werden Sie bald feststellen, ob im Miets-, Einfamilienhaus- oder Schrebergarten.

WORUM ES GEHT

Dieses Buch führt Sie auf einfache, verständliche Weise in die Grundlagen des Gärtnerns ein. Einen Garten zu versorgen umfasst viele Tätigkeiten. Daher erfahren Sie hier nicht nur das Wichtigste zu Pflanzen und deren Pflege. Auch Gestalten, Basteln und Bauen, Spielen, Kochen und Genießen werden thematisiert. Neben den ausführlichen Anleitungen mit vielen Fotos erhalten Sie zu allen Themen weiterführende Informationen. Abgerundet wird das Ganze durch die Fotoporträtseiten. Hier wird eine Vielzahl an Pflanzen, Materialien und Ideen bildlich vorgestellt.

DIE SCHÖNHEIT DES UNPERFEKTEN

Sie haben es wahrscheinlich längst bemerkt: Dieses Buch versteht sich nicht als Anleitung zu einem Hochglanzgarten. Vielmehr möchte es Ihnen helfen, mit Lust und Spaß Ihren Garten zu entdecken und zu gestalten. Sie werden Fehler machen. Aber was heißt das schon? Ihr Garten als Teil der Natur wird es Ihnen schnell verzeihen. Solange Sie keine Umweltsünden begehen, wird alles vom grünen Wandel erobert. Haben Sie Mut, etwas auszuprobieren. Lernen Sie auf Ihr Gefühl zu hören, auf die Stimme im Bauch. Die Norddeutschen sagen: „Beden scheef, had God leef." Was auf Hochdeutsch so viel heißt wie: Wie gut, dass nicht alles makellos ist. Wir lieben doch gerade wegen der Ecken und Kanten und weil etwas unvollkommen ist.

Viel Spaß beim Entdecken und Erleben Ihres persönlichen Gartenglücks!

Katja Maren Thiel

ERSTE SCHRITTE

Aller Anfang ist leicht

SIE HABEN DAS BESTE NOCH VOR SICH! DAS ABENTEUER GARTEN RUFT. UND ES GIBT VIEL ZU ENTDECKEN. IN DIESEM KAPITEL ERHALTEN SIE DIE WICHTIGS-TEN GRUNDLAGEN, DAMIT IHR GARTEN MIT ALL SEINEN PFLANZEN GUT VER-SORGT IST.

WAS GÄRTNER BRAUCHEN

Das Grundrezept für üppiges Grün

Neben einem guten Boden braucht ein Gärtner erstaunlich wenig zu seinem Glück: sauberes Wasser, Licht und Wärme im richtigen Maß, das eine oder andere Werkzeug und nicht zuletzt etwas Vorstellungskraft und Ausdauer.

GARTENZEIT

Aber das Allerwichtigste, was Sie als Gärtner brauchen, lässt sich nicht kaufen. Und dennoch ist es für viele der wahre Luxus. Es ist Zeit. Viele Gartenbücher locken ihre Leser mit dem Versprechen, ihnen das Geheimnis zu offenbaren, wie sie mit minimalem Einsatz zu einem Traumgarten kommen. Das ist, verzeihen Sie die rüde Ausdrucksweise, Unsinn! Es sei denn, Sie fantasieren von einem Zementgarten oder einem Stück Urwald. In beiden Fällen können Sie das Buch getrost zur Seite legen. Für alle anderen fangen Spaß und Genießen jetzt an. Denn Gärtnern ist vielleicht zuweilen anstrengend, aber auch häufig äußerst kurzweilig, erholsam, gar heilsam. Und das Allerbeste: Sie werden für Ihre Fürsorge reichlich belohnt – mit purem Glück. Gönnen Sie sich also Ihre Gartenzeit!

SETZE DIE PFLANZEN AN DEN GEEIGNETEN PLATZ

Pflanzen sind so verschieden wie wir Menschen. Sie gedeihen nur in einer passenden Umgebung: Die lichthungrige Sonnenblume wird z. B. im Schatten verkümmern, während Funkien gerade hier richtig aufblühen. Kartoffelpflanzen können in schwerem, undurchdringlichem Erdreich nur winzige Knollen entwickeln, während die langen Pfahlwurzeln der Lupinen verdichteten Boden mühelos durchdringen. Mit der richtigen Platzierung und Auswahl der Pflanzen ersparen wir uns viel Frust und Arbeit. Das Erfolgsrezept fürs Gärtnern ist somit ganz simpel. Genau wie in der Liebe lautet es: Setze die Pflanze an den geeigneten Platz! Fragt sich nur noch, wie man herausbekommt, wer zueinander passt. Zum Glück gibt es bei Pflanzen messbare Parameter, die zeigen, ob die Chemie zwischen dem Wunschpaar stimmt. Vor der Auswahl der Pflanzen lauten die beiden wichtigsten Fragen daher:
1. Wie viel Sonne scheint auf das Beet?
2. Welche Bodenbedingungen finden wir vor?

Blütentagebuch

Sicherlich wissen Sie auf Anhieb, welche Ecken in Ihrem Garten eher sonnig oder schattig sind. Es gibt aber auch Grenzfälle. Wenn Sie genauere Informationen über einzelne Standorte haben wollen, legen Sie ein sogenanntes Blütentagebuch an. Dies ist ein Notizbüchlein, in dem Sie kalendarisch alle wichtigen Informationen zu Ihrem Garten festhalten. Neben Vermerken zur Entwicklung Ihrer Pflanzen, wie Austriebszeitpunkt, Blüte etc., tragen Sie hier die gemessenen Sonnenstunden an einem bestimmten Punkt in Ihrem Garten ein. Denn wie viel Sonne auf ein Beet scheint, ist nicht nur abhängig vom Wetter, sondern auch von der Jahreszeit. So steht die Sonne im Sommer zwar höher und könnte mehr Plätze im Garten erreichen, gleichzeitig wachsen die Schattenflächen aber durch das Laub der Gehölze mit.

Gut lässt sich diese Entwicklung der Sonnenscheindauer mit Fotos dokumentieren. Fotografieren Sie am besten immer vom gleichen Standpunkt und zur gleichen Uhrzeit. So können Sie leicht ablesen, wie aus einem schattigen ein sonniger Ort wird und umgekehrt.

Bodentest

Um die Bodenbedingungen im Garten zu bestimmen, können Sie eine Reihe von Untersuchungen durchführen. Mit dem Handtest, der auf der folgenden Seite beschrieben wird, finden Sie beispielsweise leicht heraus, wie gut Ihre Pflanzen mit Luft/Sauerstoff und Wasser versorgt werden.

GÄRTNERN MACHT GLÜCKLICH Es ist Frühling, die Sonne strahlt und Sie fühlen sich schlapp und müde? Sie sehnen sich nach einem Energieschub? Wie wär's mit etwas Gartenfrische! Tatsächlich regt ein Aufenthalt im Garten die Bildung von Glückshormonen an: Während der Körper im dunklen Winter vor allem das müde machende Schlafhormon Melatonin produziert, steigt der Serotoningehalt, sobald wir uns wieder länger in der Sonne aufhalten. Der positive Einfluss des Sonnenlichts wird durch die Bewegung im Garten verstärkt.

DIE ERDE VOR DEM TESTEN BEFEUCHTEN

DAS IST *wirklich* WICHTIG

[a] BEVOR SIE MIT DEM HANDTEST beginnen, wird die Erde befeuchtet.

[b] SANDIGER BODEN: Die Erde rieselt durch Ihre Hände.

[c] LEHMIGER BODEN: Sie können eine Rolle formen.

[d] TONIGER BODEN: Sie können die Rolle zu einem Hufeisen biegen.

[a]

[b]

[c]

[d]

DER HANDTEST

Bestimmen Sie Ihre Bodenstruktur

Welche Pflanzen sich im Garten wohl fühlen werden, ist abhängig von den Bodenbedingungen. Entscheidend ist die Struktur der Erde, ihr Nährstoffgehalt sowie ihr Säuregrad.

Alle drei Faktoren lassen sich genau bestimmen. Zunächst interessiert die Zusammensetzung der Erde. Hier wird die durchschnittliche Partikelgröße des Bodens bestimmt. So können wir feststellen, wie gut oder schlecht die Versorgung der Pflanzen mit Luft/Sauerstoff und Wasser ist. Zudem geben die Erdteilchen einen ersten Aufschluss auf den Nährstoffgehalt des Bodens.

DIE EINFACHE HANDPROBE

Die leichteste Methode, die Konsistenz des Bodens zu bestimmen, ist die einfache Handprobe. Das geht nicht nur kinderleicht, sondern auch noch schnell und ist vollkommen kostenlos. Und so funktioniert's:
An etwa zehn verschiedenen Stellen im Garten, vorzugsweise an den Plätzen, die für Gemüse- und Zierbeete vorgesehen sind, heben Sie spatentiefe Löcher aus. Befühlen und riechen Sie den Aushub. Ist die Erde beispielsweise schwer und klebrig oder locker leicht? Noch deutlicher wird das Ergebnis, wenn Sie eine Handvoll der ausgehobenen Erde mit Wasser vermischen. Versuchen Sie die Mischung zu einer Rolle zu formen. Oder lässt sie sich sogar zu einem Hufeisen biegen? Mit leichtem, sandigem Boden gelingt dies nicht. Bei mittlerem, lehmigem Boden zerbröckelt die Schlange, wohingegen schwerer, toniger Boden sich sogar zu einem Hufeisen modellieren lässt. Selten tritt ein bestimmter Typus in reiner Form auf. Meistens handelt es sich um Mischungen.
Mit der Handprobe erhalten Sie einen ersten Anhaltspunkt, welche Pflanzen sich bei Ihnen wohl fühlen werden.

DIE BODENARTEN

Sandböden

Bei solchen Böden besteht keine Gefahr der Staunässe, die die meisten Pflanzen schlecht vertragen. Dafür ist ein erhöhter Wasserbedarf vorhanden, da es hier schnell versickert. Die Böden sind eher nährstoffarm. Zur Bodenverbesserung können Komposterde und Betonit eingearbeitet werden.

Lehmige Böden

Bei diesen Böden besteht eine geringe Gefahr der Staunässe. Das Wasser kann gut gespeichert werden. Die Böden weisen einen hohen organischen Anteil auf, daher sind sie eher nährstoffreich. Es sind kaum Maßnahmen zur Bodenverbesserung notwendig.

Tonige Böden

Es besteht eine hohe Gefahr von Staunässe, da das Wasser schlecht versickert. Die Erde ist meist sehr stark verdichtet. Somit erfolgt eine schlechte Sauerstoffversorgung der Wurzeln bei geringem Nährstoffgehalt. Maßnahmen zur Bodenverbesserung: einmaliges Einarbeiten von feinem Kies und regelmäßige Gabe von Komposterde.

GRÜNDLICH GETESTET

Wie nahrhaft ist Ihr Boden?

Der beste Zeitpunkt für Bodenuntersuchungen ist das zeitige Frühjahr. Dann wächst noch nicht viel und die letzte Düngung ist mit Sicherheit einige Monate her. Nicht immer ergeben die Analysen einen Nährstoffmangel. Häufig zeigen sie eine Überdüngung an. Und dies kann für Pflanzen viel verheerender sein. Zur Vorbeugung ist eine präzise Bestimmung der Nährstoffe wichtig.

DER SPATENTEST: WELCHEN NÄHRSTOFFGEHALT HAT MEIN BODEN?

Selbst experimentieren ist schön, aber manchmal ist es auch ganz angenehm, Profis für sich arbeiten zu lassen. Es gibt zahlreiche Labore, die präzise Bodenanalysen anbieten. Das Beste daran ist: Neben Pflanztipps erhalten Sie häufig genaue Düngungsvorschläge zur Bodenverbesserung. Alles, was Sie dafür tun müssen: Heben Sie an etwa zehn unterschiedlichen Plätzen im Garten spatentiefe Löcher aus. Füllen Sie etwas Erde in Klarsichtbeutel, die Sie mit der genauen Aushubstelle beschriften und schicken Sie das Ganze an das Labor Ihres Vertrauens (siehe Seite 180).

DER FARBTEST: WELCHEN SÄUREGRAD HAT MEINE ERDE?

Sehr nützlich ist es, den pH-Wert des Bodens (Säuregrad) zu kennen. Warum, wollen Sie wissen? Chemie war noch nie Ihr Thema und Sie möchten die folgenden Zeilen lieber schnell überspringen. Vielleicht kann ich Sie noch überzeugen.
Pflanzen können cie im Boden gespeicherten Nährstoffe nur dann richtig aufnehmen, wenn neben der Bodenstruktur auch der Säuregrad stimmt. Üppiges Grün wächst also nur bei passendem pH-Wert. Gärtner unterscheiden saure, neutrale und alkalische Böden. Ein niedriger pH-Wert zeigt einen sauren Boden, ein hoher einen alkalischen an. Die meisten Pflanzen bevorzugen ein ausgewogenes Säureverhältnis von ca. sechs bis sieben. Aber es gibt auch Ausnahmen. Die ursprünglich im Wald beheimateten Heidelbeeren, Himbeeren und Preiselbeeren lieben sauren Boden. Gleiches gilt auch für Rhododendren und Hortensien. Bei Letzterer kann der Säuregrad sogar die Farbe bestimmen: Blau blüht die Hortense nur bei einem pH-Wert von 3,5 bis 4,5.
Zur Ermittlung des Säuregrades bzw. des pH-Wertes gibt es spezielle Tests im Gar-

DIE PASSENDEN PFLANZEN FÜR IHREN PH-WERT

PH-WERT		BEURTEILUNG/BODENVERBESSERUNG	GEEIGNETE PFLANZEN
< 4,5	stark sauer	sehr hoher Kalkbedarf/ sehr stark kalken mit kohlesaurem Kalk, Algenkalk	Hortensien, Rhododendren, Heidekraut, Heidelbeeren
4,5–5,5	sauer	hoher Kalkbedarf/ stark kalken mit kohlesaurem Kalk, Algenkalk	Himbeeren, Preiselbeeren, Kartoffeln (ab pH 5)
5,5–6,5	schwach sauer	mäßiger Kalkbedarf/ leicht kalken mit kohlesaurem Kalk, Algenkalk	Himbeeren, Preiselbeeren, Kartoffeln
6,5–7,5	neutral	keine Bodenverbesserung notwendig	Erbsen, Möhren
> 7,5	alkalisch	Laubkompost, Rindenmulch, saure Erde (Spezialerden für Rhododendren oder Hortensien) hinzufügen	bis pH 7,5 Erbsen, Möhren

tencenter oder der Apotheke [→ **Foto links**]. Vermischen Sie die Erdproben mit Wasser und halten Sie den Teststreifen hinein. Vergleichen Sie die Verfärbung mit der beiliegenden Tabelle, auf der die pH-Skala abgebildet ist, und lesen Sie den Wert ab.

ERSTE HILFE FÜR EINEN SCHLECHTEN BODEN

Haben Sie Bodenart und Säuregrad ermittelt, kann endlich die Suche nach den passenden Pflanzpaaren beginnen. Da gibt es nur einen Haken. Sie sind mit den Ergebnissen Ihrer Bodenanalyse alles andere als zufrieden? Deshalb brauchen Sie jetzt dringend viel gute Erde! Woher nehmen und nicht stehlen?
Entweder fahren Sie nun zum Recyclinghof oder in das nächste Gartencenter, um Komposterde zu kaufen. Aber schöner wäre es doch, sich selbst eine unerschöpfliche Quelle zum grünen Glück zu schaffen, oder? Mein Rat lautet daher: Legen Sie einen Kompost an! Sie meinen Komposte stinken und locken unerwünschte Kleintiere an? Stimmt nicht, sofern Sie einige einfache Regeln beachten. Dann verwandeln sich Ihre Gartenabfälle mit der Zeit in nach Waldboden duftenden Humus, der locker und leicht durch die Hände rieselt. Ihre Pflanzen werden es Ihnen danken!

MANCHE MÖGENS SAUER Falls Sie säureliebende Pflanzen in alkalischen Boden setzen wollen: Eine leichte Säuerung erhalten Sie durch Aufbringen von Rindenmulch. Setzen Sie am besten verschiedene Pflanzen zusammen, die einen niedrigen pH-Wert mögen. Zusätzlich kann noch spezielle Rhododendronerde eingearbeitet werden. Für kleinere Pflanzen wie Heidelbeeren empfiehlt sich auch eine Kübelpflanzung mit dieser Erde. Falls Sie umgekehrt den Säuregehalt des Bodens senken wollen, arbeiten Sie regelmäßig Kalk ein. Dies neutralisiert den Boden.

DAS IST
wirklich
WICHTIG

[a] DIE KOMPOSTMATERIALIEN werden mit einer Mistgabel vor dem Kompost zusammengetragen und sortiert. Heben Sie zum Anlegen des Komposts etwas Erde aus, legen Sie den engen Maschendraht ein und schütten dann den Aushub wieder auf.

[b] DIE ERSTE SCHICHT von ca. 15 cm Höhe wird von klein geschnittenen Zweigen bzw. gehäckseltem Holz gebildet. Darauf geben Sie eine dünne Schicht Kompost mit möglichst vielen Regenwürmern oder ersatzweise etwas Kompoststarter.

[c] IM WECHSEL von ca. 10 bis 20 cm schichten Sie nun locker (!) Lagen an grünem und braunem Material. Legen Sie hin und wieder zwei bis drei Bambusstäbe bzw. Stöcke waagerecht in den Haufen, sodass sie ein kleines Stück hinausragen.

[d] BEI TROCKENEM WETTER begießen Sie den fertigen Haufen mit etwas Regenwasser. Decken Sie den Kompost zur besseren Wärmeentwicklung mit einem Stück Jute ab.

[a]

[b]

STETS GUT ZERKLEINERN UND BEFEUCHTEN

[c]

[d]

KOMPOST ANLEGEN

Rezept für einen leckeren Pflanzenschmaus

Einen Kompost anzulegen ist kinderleicht. Alles, was Sie brauchen, ist eine halbschattige, möglichst geschützte Ecke im Garten, die dennoch leicht zugänglich ist. Pro Quadratmeter Gartenfläche rechnet man ca. 10 l Kompost.

ZUTATEN FÜR EINEN GUTEN KOMPOST

- ca. 1/3 trockenes braunes Material wie welkes Laub, kleine Holzstückchen, Asche, unbedruckter Karton, Küchenpapier, Stroh usw.
- ca. 2/3 frisches grünes Material wie getrockneter Rasenschnitt, Grünabfälle aus dem Garten, ungekochtes Gemüse usw.
- Komposterde oder Humus, ersatzweise etwas Kompoststarter
- einige 1,20 m lange Bambusstäbe oder gerade Zweige
- Regenwasser
- Jute oder Ähnliches
- 1 Stück feiner Maschendraht, etwas größer als die Kompostfläche

WERKZEUG

Schaufel, Mistgabel, Gartenschere zum Kleinschneiden der Materialien, gegebenenfalls Kabelknipser für den Maschendraht

ANLEITUNG

Wie Sie die Zutaten und das Werkzeug nun richtig einsetzen, sehen Sie in der bebilderten Schrittfolge auf der linken Seite. Ab und an sollten Sie Ihren Kompost, gleich einem Auflauf im Ofen, kontrollieren. Erwärmt er sich möglichst gleichmäßig? Je größer der Haufen ist, desto leichter erreicht er Temperaturen von 60 bis 70 °C. Ist er feucht genug? Falls nicht, verrottet (noch) nichts. Gießen Sie gegebenenfalls Regenwasser nach. Ein Stück Stoff, mit dem Sie den Haufen abdecken, hilft, dass sich schnell Wärme entwickelt und schützt gleichzeitig vor Austrocknung.

Und riecht der Kompost auch gut? Falls nein, fehlt es ihm an Sauerstoff. Dann ziehen Sie die Bambusstäbe mit rüttelnden Bewegungen aus dem Haufen. Hierdurch wird Luft zugefügt und der Verrottungsprozess beschleunigt. Wer schnell gute Erde braucht, sollte seinen Kompost häufiger umsetzen. Dies beschleunigt den Verrottungsprozess.

Im Sommer ist der Kompost nach ca. vier bis sechs Monaten reif. Die geschichteten Materialien sind dann überwiegend zu Erde verfallen. Um feinere Erde zu erhalten, können Sie das Ganze noch durch ein Kompostsieb geben.

WENN IHNEN BEREITS DAS ERGEBNIS EINER BODENANALYSE VORLIEGT, können Sie die fehlenden Nährstoffe direkt dem Kompost beimischen. Ist Ihr Boden beispielsweise zu sauer, fügen Sie dem Kompost Kalk zu.

GARTENGOLD

Kostenlos zu nahrhaftem Boden

Intelligent, fortschrittlich, gewinnbringend. All dies trifft auf das Kompostieren von Gartenrückständen zu. Nicht umsonst bezeichnen Gärtner Komposterde als das Gold der Erde – absolut zu Recht!

EIGENMARKE STATT GARTENCENTER

Die meisten Pflanzen lieben eine regelmäßige Kompostgabe, da sie viele Nährstoffe in fluffiger Form enthält. Vor allem wenn Sie einen Gemüsegarten planen, kommen Sie kaum ohne aus. Falls Sie immer noch Vorbehalte haben: Bedenken Sie, dass Sie es beim eigenen Kompost selbst in der Hand haben, was Sie später in Ihrem Garten ausbringen! Bei zugekaufter Erde wissen Sie hingegen nie genau, ob sie Reste von Pflanzenschutzmitteln, Unkrautsamen oder sogar Abfälle wie Plastik oder schadstoffhaltiges Holz enthält. Insbesondere beim Gemüseanbau ist selbst produzierte Komposterde daher die erste Wahl. Zudem sparen Sie sich das häufig zeitaufwendige, lästige und zudem kostenpflichtige Entsorgen der Grünmasse. Indem Sie diese selbst wieder in Ihren Garten einfügen, leisten Sie nicht zuletzt einen wichtigen Beitrag zum Umweltschutz und verdienen sich das Prädikat eines nachhaltigen Gärtners.

WAS BEDEUTET EIGENTLICH NACHHALTIGKEIT?

Ursprünglich stammt der Begriff aus der Forstwirtschaft und ist jahrhundertealt. Man versteht darunter, dass einem Wald-stück gerade so viel Holz entnommen wird, wie dort auf natürliche Weise nachwachsen kann. Dieses Konzept eines regenerierbaren Systems wird heute zunehmend auf andere Lebensbereiche übertragen. Im Mittelpunkt steht dabei stets die Frage, wie wir einen möglichst natürlichen Umgang mit unseren begrenzten Ressourcen schaffen können.

Für den Garten bedeutet dies z. B. Regenwasser zu sammeln, heimische Gewächse zu bevorzugen, die Bedingungen für Artenvielfalt zu schaffen, eigene Samen zu säen und nicht zuletzt später Reste zu kompostieren. Die Vorteile des nachhaltigen Gärtnerns sind vielfältig: Es spart nicht selten Kosten, Rohstoffe, Zeit und Nerven. So sind beispielsweise heimische Arten in der Regel sehr viel pflegeleichter als exotische Gewächse.

KLASSISCHE KOMPOST-PROBLEME VERMEIDEN

1. **Wählen Sie einen günstigen Standort!** Ein warmer, windgeschützter, gut erreichbarer und halbschattiger Platz beschleunigt die Verrottung und erleichtert die Arbeit.
2. **Zutritt nur für Nützlinge!** Verzichten Sie auf ein durchgängiges Fundament, damit die für die Zersetzungsprozesse wichtigen Mikroorganismen und Würmer eindringen können. Ungebetenen Gästen wie Mäusen und anderen Kleintieren wird der Zutritt über engen Maschendraht im Boden verwehrt.
3. **Sorgen Sie für eine gute Belüftung.** Gelangt zu wenig Sauerstoff in Ihren Kompost, beginnt er zu stinken. Achten Sie darauf, dass die Materialien wie beispielsweise Rasenschnitt nicht verkleben.
4. **Auf die Zutaten kommt es an!** Für eine schnelle, geruchsneutrale Verrottung achten Sie auf das richtige Mischungsverhältnis der Kompostmaterialien: ca. 1/3 kohlenstoffhaltiges bzw. „braunes" und 2/3 stickstoffhaltiges „grünes" Material.
5. **Nicht auf den Kompost gehören:** Mist von Fleischfressern (Schweinemist), kranke Pflanzenreste (mit robusten Bodenpilzen), alle Pflanzen, die Sie an einer weiteren Ausbreitung hindern wollen (wie Samen- und Wurzelunkräuter), Eierschalen, Fleisch und Käse, behandeltes Holz, Rückstände von Pflanzenschutzmitteln, z. B. auf Blättern etc., Schnittabfälle von Lebensbäumen *(Thuja)*, Koniferen, Zitrusfrüchte. Auch gekochte Speisereste entsorgen Sie besser an anderer Stelle, da sie Mäuse und Ratten anlocken.

WERKZEUGE
und Hilfsmittel

Ein Gärtner braucht nicht viele Hilfsmittel. Ein paar sind dennoch nützlich und ersparen Arbeit. Hier ein Überblick der wichtigsten Werkzeuge.

DIE GRUNDAUSSTATTUNG

Handschaufel Bodenprobe, Pflänzchen ein- oder ausbuddeln; irgendein Löchlein wartet immer darauf, gegraben zu werden [→ 2.].

Gartenschere Sie ist ständig in Gebrauch [→ 7.]. Investieren Sie gleich in eine hochwertige, es lohnt sich!

Spaten Zum Umgraben und um größere Löcher auszuheben, z. B. bei Staudenpflanzungen unerlässlich [→ 1.]. Praktisch ist ein Stiel aus Stahl, denn nicht selten bricht einer aus Holz einfach ab.

Astschere Praktisch für dünnere Äste an Sträuchern. Wenn Sie Bäume im Garten haben, sollten Sie sich auch eine Säge zulegen [→ 5.].

Rechen Er dient dazu, die Beete glatt zu ziehen. Mit den flexibleren Laubrechen, harken Sie lose Blätter und Rasenschnitt zusammen.

Grabegabel Mit ihr können Sie nicht nur den Kompost umsetzen, sondern auch wunderbar Kartoffeln ernten [→ 3.].

[1.]

[2.]

[3.]

Gießkanne Einfach zeitlos gut. Ökologisch und wirtschaftlich einwandfrei. Achten Sie auf einen abnehmbaren Brausekopf [→ 4.]. Ein Gartenschlauch [→ 6.] mit Wagen ist ebenfalls sinnvoll.

Schubkarre Sie glauben gar nicht, was Sie damit alles transportieren können! Einige Kunststoffmodelle sind kompakt und platzsparend.

Rasenmäher Sie haben die Wahl zwischen Elektro- und Benzinmotoren. Letztere eignen sich besonders auf Grund ihrer höheren Leistungsfähigkeit und dem „fehlenden" Kabel zum Mähen größerer Flächen. Hier lohnt sich auch die Anschaffung eines Trimmers oder Kantenschneiders.

Hacke Mit ihrer Hilfe lockern Sie den Boden oberflächlich.

DIE ZUSATZAUSSTATTUNG

Pflanzschnur, Fuchsschwanz, Baumsäge, Besen, (Hand-)Grubber, Kultivator, Kantenschneider, Plane oder Gartensäcke, Schaufel, Trimmer, Zimmermannshammer, Zwiebelpflanzer

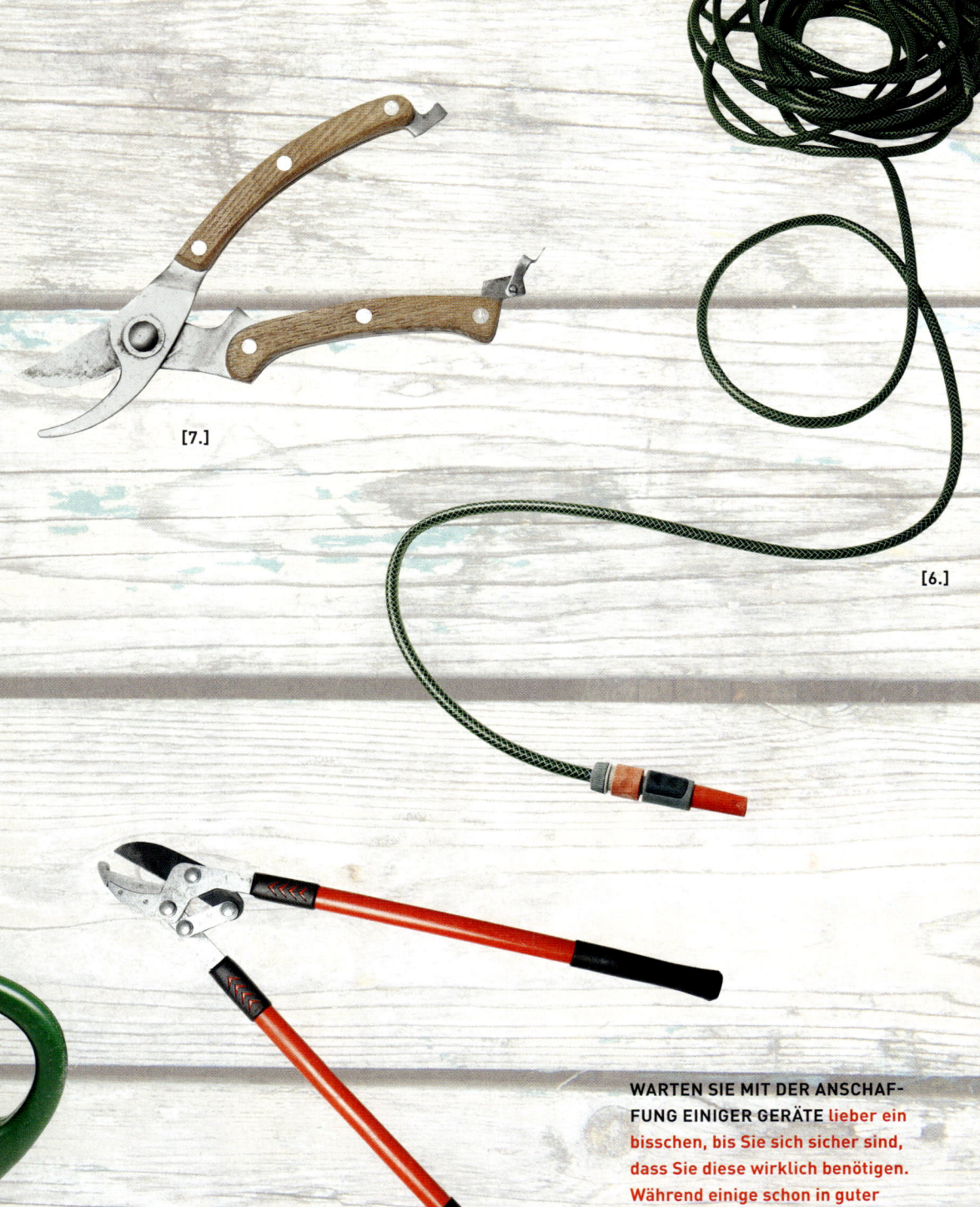

[7.]

[6.]

[5.]

[4.]

WARTEN SIE MIT DER ANSCHAFFUNG EINIGER GERÄTE lieber ein bisschen, bis Sie sich sicher sind, dass Sie diese wirklich benötigen. Während einige schon in guter Qualität günstig zu haben sind, investieren Sie bei anderen besser in hochwertige (z. B. Schnittwerkzeuge, Schaufel).

Wasser ist die Grundvorausset-
zung dafür, dass Pflanzen
Nährstoffe überhaupt aufnehmen können. Es ist die Basis
allen Lebens. Ein sorgsamer
Umgang damit ist Ehrensache.

WAS PFLANZEN BRAUCHEN

Wasser

WASSER IST NICHT GLEICH WASSER

Ähnlich dem Boden unterscheidet es sich beispielsweise in seinem Nährstoffgehalt, seinem Säuregrad und seiner Temperatur. Der Gärtner unterscheidet daher Regen-, Leitungs- (bzw. Trink-) und Grauwasser. Die meisten gärtnerischen Vorzüge besitzt Regenwasser. Hierbei handelt es sich in der Regel um sogenanntes weiches Wasser. Da es kalkarm ist, besitzt es einen leicht sauren pH-Wert. Auch auf Grund seiner eher luftähnlichen Temperatur vertragen es Pflanzen oft besser. Zudem müssen Sie dafür, im Gegensatz zum häufig noch chlorhaltigen Leitungswasser, nicht bezahlen. Nicht zuletzt sparen Sie rare Bioressourcen ein.

REGENWASSER SAMMELN

Die Möglichkeiten, Regenwasser zu sammeln, sind vielfältig und werden vor allem durch die Größe Ihres Gartens und Ihres Hauses bestimmt. Am einfachsten ist das Aufstellen von Regentonnen, die Sie mit einem Anschlussstück am Regenfallrohr installieren. Einfache mechanische Überläufe sorgen dafür, dass bei gefüllter Tonne eine Klappe zuschnappt und das Wasser im Regenrohr verbleibt.
Haben Sie einen großen Garten und eine ebensolche Dachfläche, dann lohnt sich häufig die Anschaffung eines z. B. unterirdisch oder im Keller aufgestellten Wassertanks. Hier können bei Bedarf bis zu 9.000 l gespeichert werden. Die für Sie passende Lösung finden Sie am leichtesten bei einer Beratung in einer Klempnerei oder im Handel. Der pH-Wert von Regenwasser wird übrigens auch von dem Material Ihrer Dachdeckung und der Regenrinnen beeinflusst. Auch hier berät Sie ein Fachmann sicherlich gerne.

RICHTIG GIESSEN

Die günstigste Zeit zum Gießen ist der frühe Morgen. Zu dieser Tageszeit verdunstet nur wenig Wasser. Falls Sie kein Regenwasser zur Verfügung haben, verwenden Sie abgestandenes Leitungswasser. Kontrollieren Sie die Temperatur des Gießwassers. Es sollte nicht zu kühl sein, damit die Pflanzen nicht geschockt werden. Mittags sollte man eher vermeiden zu gießen. Lässt es sich dennoch einmal nicht umgehen, vermeiden Sie unbedingt, dass die Blätter nass werden! Die Tropfen wirken wie Brenngläser und könnten die Pflanzen verletzen. Beim abendlichen Gießen locken Sie unnötig Schnecken zu Ihren Pflanzen. Bleiben die Blätter ständig über Nacht feucht, besteht zudem die Gefahr von Pilzkrankheiten. Verwenden Sie eine Gießkanne. Das spart Wasser und Sie können Ihre Pflanzen viel gezielter bewässern. Haben Sie beispielsweise gerade ausgesät, verwenden Sie einen Brauseaufsatz, damit das Saatgut nicht aufgeschwemmt wird.

AUF DEN PFLANZENDURST KOMMT ES AN

Grundsätzlich ist der Wasserbedarf von Pflanzen sehr unterschiedlich. Er richtet sich auch nach der Bodenart im Garten. Zu viel Wasser richtet mehr Schaden als Nutzen an. Vereinfacht lässt sich sagen, dass Gemüsepflanzen, vor allem neu gesetzte, häufig einen höheren Wasserbedarf haben als viele Zierpflanzen. In trockenen Perioden ist „junges" Gemüse meist täglich durstig, während die meisten anderen Pflanzen mit einer wöchentlichen Trinkkur auskommen. Um das richtige Maß zu finden, gilt auch hier wieder: Beobachten Sie Ihre Pflanzen genau. Lässt z. B. der neu gesetzte Frauenmantel die Blätter hängen, ist natürlich schnelles Handeln gefragt. Bedenken sollten Sie: Mit der Wasserversorgung steuern Sie maßgeblich das Wurzelwachstum. Beispielsweise bilden Pflanzen, die wenig Wasser erhalten, tiefere Wurzeln auf der Suche nach dem kühlen Nass. Daher ist es sinnvoll, die Pflanzen weniger, dafür aber intensiver zu gießen. Hingegen benötigen neu gesetzte Pflanzen, egal ob Staude, Strauch oder Baum, so lange viel Wasser, bis sie ein stabiles Wurzelsystem ausgebildet haben.

DEN REGEN MESSEN Wenn Sie genauer wissen möchten, wie viel Wasser während eines Schauers vom Himmel kommt, schaffen Sie sich einen Regenmesser an [→ Foto]. An einer Skala können Sie hier die Menge in Millimetern ablesen, die pro Quadratmeter gefallen ist. 1 mm Niederschlag entspricht 1 l Regenwasser pro 1 qm Bodenfläche.

Auch Pflanzen leben nicht allein von Luft und Sonnenlicht. Sie brauchen eine Menge mehr, damit sie sich gut entwickeln. Neueste Studien belegen, dass Pflanzen fühlen und denken. Schämen Sie sich also nicht, für eine kleine Unterhaltung mit Ihren grünen Freunden. Sie werden es Ihnen danken!

WAS PFLANZEN BRAUCHEN

Nährstoffe und mehr

NÄHRSTOFFANSPRÜCHE

Pflanzen benötigen, wie andere Lebewesen auch, Essen und Trinken. Die im Boden befindlichen und in (Regen-)Wasser gelösten Nährstoffe nehmen sie über ihre Wurzeln auf. Appetit und Vorlieben variieren ebenso wie bei uns gewaltig. Während beispielsweise Holunder, Brombeere und Kohlsorten große Mengen Stickstoff mögen, ist er für viele Heilpflanzen, Wildblumen, aber auch Heidekraut und Heidelbeere eher unverträglich. Behalten Sie den unterschiedlichen Nährstoffbedarf Ihrer Pflanzen daher unbedingt im Auge. Häufig leiden Pflanzen nicht unter Mangelerscheinungen, sondern gewissermaßen an Überernährung. Und eine Überdüngung kann die Pflanzen sehr viel nachhaltiger schädigen.

Merke: Schnellwüchsige und/oder blattreiche Pflanzen benötigen besonders viel Stickstoff! Er zählt neben Kalium, Phosphor sowie Magnesium und Kalzium mit zu den Hauptnährstoffen, die Pflanzen brauchen. Das Angebot an Düngemitteln ist riesig und für den Laien verwirrend. Grundsätzlich ist eine Unterscheidung von mineralischen und organischen Düngern sinnvoll. Einen genauen Überblick mit Vor- und Nachteilen der jeweiligen Produkte erhalten Sie mit dem Düngerkompass auf Seite 26 bis 29.

DIE GEHEIME INTELLIGENZ DER PFLANZEN

Pflanzen können nicht nur fühlen, sondern auch sprechen, hören und riechen. Was für manche Laien verrückt klingt, haben Wissenschaftler längst bewiesen. So hat ein Bonner Botanikerteam herausgefunden, dass Mais [→ Foto] immerhin eine vergleichbare Intelligenz zu Quallen und Würmern besitzt. Zur Außenwahrnehmung bedient er sich statt eines Nervensystems elektrischer Signale. Eine Versuchsanordnung zeigte beispielsweise, dass die Maiswurzeln blitzschnell ihre Wuchsrichtung änderten, sobald sie im Boden auf Gift stießen. Auch auf Schwerkraft, Licht und Nährstoffe reagiert der insgesamt empfindsamste Pflanzenteil.

Aber wie kommunizieren Pflanzen ohne Mund und Ohren? Als Sprache der Gewächse gelten Düfte, die sie absondern und auffangen. Hauptgesprächsthema sind dabei, wen wundert es, Fressfeinde.

Auch der Hobbygärtner kann sich die Ergebnisse der Wissenschaft zunutze machen. Für ein besseres Wachstum und Aroma kann beispielsweise die Beschallung mit klassischer Musik sorgen, nachgewiesen an florentinischen Weinreben. Wachstum und Ertrag von Gemüsepflanzen lassen sich zudem über regelmäßige Berührungen und gutes Zureden messbar steigern. So wächst beispielsweise eine Bohnenpflanze, die regelmäßig gestreichelt wird, eher in die Breite als in die Höhe. Und Tomaten erzielen einen bis zu 500 g höheren Ertrag bei regelmäßiger Plauderei. Probieren Sie es doch einfach einmal aus!

NÄHRSTOFFE FÜR UNSERE PFLANZEN

NÄHRSTOFF	FÖRDERT	BEI MANGEL
Stickstoff	Entwicklung aller oberirdischen Pflanzenteile	Wachstumsstörung, grünlich gelbliche Verfärbung der Blätter
Kalium	stärkt das Zellgewebe, Erhöhung der Standfestigkeit, Widerstandskraft	Blätter krümmen oder rollen sich ein, helle Blattspitzen und -ränder
Phosphor	Fruchtbildung und Blütenansatz	Beeinträchtigung der Blüten- und Fruchtentwicklung, ältere Blätter bräunlich rot
Magnesium	fördert Stoffwechselvorgänge, Blattgrünbildung	beeinträchtigt Fähigkeit zur Photosynthese, gelbe oder braune Laubverfärbung, grüne Blattadern
Kalzium	stärkt das Gewebe, verbesserte Wasseraufnahme	aufgehellte oder vergilbte junge Blätter
Spurenelemente wie Bor, Kobalt, Kupfer und Eisen	Eisen, z. B. wichtig für Chlorophyllbildung, dem Blattgrün	Gelbfärbung zwischen den Blattadern, bei Eisen (Blattadern bleiben grün)

[1.]

DÜNGERKOMPASS I
Organische Dünger

Steht man im Gartencenter vor den Regalen mit den Düngemitteln, kann einem schnell schummrig werden. Das Angebot ist so riesig wie unübersichtlich. Hier eine Orientierungshilfe.

[2.]

GENERELLE WIRKUNGSWEISE ORGANISCHER DÜNGER

Die Nährstoffe werden langsam zur Verfügung gestellt, da sie erst im Boden, insbesondere durch Bodenlebewesen, aufgebrochen und zersetzt werden. Vorteil: Das Gewächs kann die Aufnahme gut regulieren. Eine Überdüngung ist nur bei erheblicher Überschreitung möglich. Die Dünger werden nicht so leicht ausgewaschen. Nachteil: Teilweise ungeeignet als Sofortmaßnahme wegen des langsamen Abbaus.

KOMPOST [1.]

Durch den Kompostierungsprozess zersetztes, organisches Material. Es gibt auch sogenannten Grünkompost ohne Küchenabfälle, z. B. Laubkompost.
Nährstoffe: in der Regel sehr nahrhaft, variiert nach Reifegrad und Materialien. Ein durchschnittlicher, ausgewogener Hauskompost enthält 0,5 % Stickstoff und Kali sowie 0,2 % Phosphor.
Gut für: nährstoffliebende Pflanzen

HOLZASCHE [2.]

Hellgrauer Puder aus der Verbrennung von unbehandeltem Holz.
Nährstoffe: Stickstoff erhöht den pH-Wert, wirkt also alkalisierend, verbessert allgemeine Fähigkeit der Pflanze, andere Nährstoffe aufzunehmen
Gut für: alle stickstoffliebenden Pflanzen wie Kartoffeln

HORNSPÄNE/ -MEHL [3.]

Aus Schlachtabfällen wie Rinderhörner und -hufen. Hornspäne [→ **Foto**] haben eine Korngröße > 5 mm, die Korngröße von Hornmehl ist 1 mm. Je grober die Substanz, desto langsamer wird sie zersetzt. Vor dem Aufbringen von Rindenmulch.
Nährstoffe: viel Stickstoff
Gut für: blattreiche bzw. schnellwüchsige Gemüse wie Kohl

[3.]

GRÜNDÜNGERPFLANZEN [4.]

Z. B. Phacelia, Buchweizen, Klee, Senf, Raps, Roggen, Luzerne, Lupine [→ Foto] als Gründüngung zur Verbesserung der Bodenfruchtbarkeit.

Nährstoffe: Gründüngerpflanzen aus der Familie der Leguminosen wie Bohnen, Erbsen, Lupinen sammeln mittels Knöllchenbakterien an den Wurzeln Stickstoff. Humusbildende Pflanzen sind z. B. Senf, Tagetes, Ringelblume, Garten-Kresse.

Gut für: allgemeine Bodengesundheit und Bodenlockerung, Phacelia als Insektenweide

PFLANZENJAUCHE [5.]

Flüssigdünger aus vergärtem Pflanzenmaterial wie Brennnesseln [→ Foto]

Nährstoffe: enthält Stickstoff und Kali, bei Brennnesseljauche Stickstoff, Eisen, Phosphat und Kieselsäure

Gut für: Stärkung der Zellwände, z. B. bei Rosen, Herstellung siehe Seite 30.

PFERDEMIST BZW. RINDERDUNG [6.]

Pferdemist zum „Aufheizen" von Früh- und Hochbeeten, Rindermist frisch oder getrocknet. Wegen des hohen Ammoniakgehalts ein halbes Jahr vor der Ausbringung lagern.

Nährstoffe: frischer Rindermist enthält alle Nährstoffe in ausgewogenem Verhältnis, getrockneter Rindermist ist reich an Kali. Pferdemist enthält ähnliche Nährstoffe wie Rindermist.

Gut für: frischer Rindermist für Starkzehrer, in getrockneter Form gut für Rosen, Möhren und Sellerie. Pferdemist als Einlage bei Frühbeeten.

[4.]

[6.]

[5.]

27

DÜNGERKOMPASS II
Mineralische Dünger und Bodenzusätze

Mineralische Dünger machen schnell „satt" und enthalten alle wichtigen Nährstoffe. Daher sind sie gut bei allgemeinem akuten Mangel.

[1.]

[2.]

WIRKUNGSWEISE MINERALISCHER DÜNGER

Man unterscheidet synthetisch hergestellte Dünger und solche auf natürlicher Basis. Zudem sind sie auch in der Wirkungsweise verschieden. Insbesondere Volldünger stellen neben ihren Vorteilen auch eine Art Zwangsernährung dar: Die Pflanzen müssen hier sofort viele Nährstoffe aufnehmen. Auch solche, die sie nicht gut vertragen. Die Pflanzen gewöhnen sich an die hohen Nährgehalte. In der Folge wird viel Wasser gespeichert. Dies schwächt den Organismus ebenfalls (die Pflanzen sind anfälliger für Krankheiten). Bei Gemüsepflanzen wird der Geschmack dadurch im wahrsten Sinne des Wortes verwässert.

Die üblichen mineralischen Dünger enthalten in der Regel die sogenannten Hauptnährstoffe Stickstoff (N), Phosphor (P) und Kalium (K) und weitere Spurenelemente. Bodenzusätze düngen eigentlich nicht, können aber die Erdstruktur wesentlich verbessern und Einfluss auf den pH-Wert nehmen.

GUANO [1.]

Mineralischer Dünger auf natürlicher Basis. Es handelt sich um Vogelmist von den Exkrementen von Seevögeln wie Pinguin und Kormoran.
Nährstoffe: viel Stickstoff, etwas Phosphat und Kalium
Wirkungsweise: sofort
Gut für: Blüte

PATENTKALI [2.]

Mineralischer Dünger auf natürlicher Basis. Es handelt sich um gemahlenes Gestein.
Nährstoffe: viel Kalium, Magnesium und Schwefel
Wirkungsweise: sofort
Gut für: unmittelbare Förderung des Wachstums

RINDENMULCH [3.]

Unbehandelte, zerkleinerte Baumrinde als Bodenmulch
Nährstoffe: säuert Boden leicht an
Wirkungsweise: Nährstoffe werden über längeren Zeitraum sukzessive freigegeben, entzieht viel Stickstoff, daher rechtzeitig vorher Hornspäne ausbringen
Gut für: kalkmeidende Pflanzen, unterdrückt Unkraut und bindet Feuchtigkeit

SAND [4.]

Bodenzusatz
Nährstoffe: wenige bis keine
Wirkungsweise: sofort, senkt Nährstoffgehalt und lockert Erdreich
Gut für: alle nährstoffmeidenden Pflanzen wie z. B. Wildblumen, zur Bodenverbesserung bei tonigem Grund

KALK

Bodenzusatz. Wie kohlensaurer Kalk, Branntkalk, Algenkalk.
Nährstoffe: alkalisiert den Boden
Wirkungsweise: sofort
Gut für: alle Pflanzen, die sauren Boden meiden

VOLLDÜNGER

Mineralischer Dünger auf synthetischer Basis. Auch NPK-Dünger genannt, da er unter anderem die drei Kernnährelemente Stickstoff, Phosphor und Kalium enthält.
Nährstoffe: sämtliche in ausgewogenem Verhältnis
Wirkungsweise: Nährstoffe werden über längeren Zeitraum sukzessive freigegeben
Gut für: Zierpflanzen, bei akutem Mangel für Pflanzen mit ausgewogenem Nährstoffbedarf

[3.]

[4.]

DIE JAUCHE BRAUCHT SAUERSTOFF ZUM GÄREN

DAS IST
wirklich
WICHTIG

[a] SCHNEIDEN SIE mit einer Gartenschere das Pflanzenmaterial klein. Bei Brennnesseln gegen die feinen Brennhaare Handschuhe tragen!

[b] DER EIMER WIRD MIT REGENWASSER AUFGEFÜLLT, bis alle Brennnesseln mit Wasser umgeben sind.

[c] ABSCHLIESSEND WIRD DER DECKEL AUFGESETZT. Schließen Sie ihn nie ganz, die Jauche braucht Sauerstoff zum Vergären! Der Gärprozess ist nach ca. ein bis zwei Wochen abgeschlossen.

JAUCHEN UND BRÜHEN
zur Pflanzenstärkung

Pflanzenjauchen bewahren Ihre grünen Schützlinge nicht nur vor schädlichen Insekten, sondern stärken sie zusätzlich. Und versorgen sie häufig auch mit Nährstoffen in gelöster Form.

DIE BRENNNESSELJAUCHE

Die vergärte Brennnesseljauche hat eine besonders stark düngende Wirkung. Sie versorgt die Pflanze mit Stickstoff, Eisen, Phosphor und Kieselsäure.
Ein Brennnesselaufguss stärkt insbesondere die Zellwände und ist daher eine äußerst wirkungsvolle Maßnahme zur Vorbeugung gegen Blattläuse.

Zutaten und Material

- 1 Eimer frische Pflanzen wie Brennnesseln
- etwas Regenwasser
- etwas Steinmehl oder Baldrianextrakt
- Eimer, gegebenenfalls mit Deckel, dicke Handschuhe, Schere

Anleitung

Schneiden Sie die Brennnesseln im Eimer klein. Danach füllen Sie so weit mit Regenwasser auf, dass das Grünzeug eben bedeckt ist. Setzen Sie den Deckel auf, aber schließen Sie ihn nie ganz. Sonst fehlt dem Gemisch der Sauerstoff zum Vergären! Geben Sie täglich etwas Steinmehl oder Baldrianextrakt gegen starke Geruchsbildung hinzu. Wenn das Ganze nach ca. ein bis zwei Wochen aufhört zu schäumen, ist der Gärprozess abgeschlossen. Verdünnen Sie die Jauche nun im Verhältnis 1:10. Begießen Sie Ihre Pflanzen bei bedecktem Wetter im Wurzelbereich. Achtung: Gießen der Blätter bei Sonnenschein kann zu starken Verbrennungen führen!
Während diese vergärte Jauche vor allem eine düngende Wirkung hat, hilft als vorbeugende Maßnahme gegen saugende Insekten ein scharfer Kaltwasserauszug. Hierzu wird die Pflanze bereits nach 24 Stunden mit der Mischung begossen. Die enthaltene Kieselsäure stärkt die Zellwände und macht die Pflanze somit widerstandsfähiger, z. B. gegen Blattläuse.

DER FENCHELEXTRAKT

Diese Jauche ist besonders wirksam bei Pilzerkrankungen. Pflanzenölemulsionen können auch gegen Blattläuse, Weiße Fliege und verschiedene Milbenarten eingesetzt werden.

Zutaten

- 250 ml (25 %) Fenchel- oder Thymianöl
- 50 ml (5 %) Sojalecithin
- 700 ml (70 %) Regenwasser

Anleitung

Das Pflanzenöl mit Lecithin verrühren, dann mit Wasser aufgießen. Sofort auftragen, da sich die Mischung sonst wieder trennt. Pflanzen wiederum nur bei bedecktem Wetter gießen! Statt des Lecithins, das als Emulgator dient, können Sie auch ein Päckchen Backpulver verwenden.

GESUNDE PFLANZEN

Schutz und Fürsorge

Damit sich eine Pflanze gut entwickelt, braucht sie wie ein Kind Schutz und Fürsorge. Bereits die Wahl heimischer Gewächse reduziert den gärtnerischen Pflegeaufwand im Vergleich zu Exoten erheblich.

WILDKRÄUTER FÜR GOURMETS Das hartnäckige und häufig aufdringliche Wildkraut Giersch ist zwar kein Sondermüll für Sie, loswerden möchten Sie es aber dennoch? Dann verspeisen Sie es demnächst doch einmal genüsslich! Denn was noch vor Kurzem verpönt war, findet sich heute auf der Speisekarte vieler Gourmetrestaurants. Hier hat längst die Metamorphose von Giersch, Vogelmiere und Co. von verhassten Unkräutern zum angesagten Gaumenschmaus stattgefunden. Wenn Sie sich das nächste Mal über den Wildwuchs ärgern, versuchen Sie doch einfach einen leckeren Salat daraus zu zaubern. Am schmackhaftesten sind übrigens die jungen Pflänzchen.

TIPPS ZUM PFLANZENWOHL

1. **Vorbeugen ist besser als Heilen.** Dazu gehört bereits das standortgerechte Setzen der Pflanzen. Denken Sie an die Sonnenblume. Sie wird im Schatten nicht nur schlechter wachsen, sondern auch krankheitsanfälliger sein.
2. **Schneiden Sie zurück!** Der richtige Rückschnitt stärkt die Pflanze nicht nur, sondern kann sogar das Wachstum und die Blühkraft fördern.
3. **Setzen Sie auf natürliche Wirkstoffe.** Behandlungen mit flüssigen Pflanzenextrakten z. B. aus Jauchen und Brühen wirken kräftigend und sind eine empfehlenswerte Vorsorgemaßnahme gegen Krankheits- und Schädlingsbefall (siehe Seite 30/31).
4. **Beobachten Sie Ihre Pflanzen genau.** So können Sie frühzeitig eingreifen und z. B. kranke Pflanzenteile entsorgen, bevor sie sich ausgebreitet haben. Welche konkrete Maßnahme Sie zum Schutz Ihrer Pflanzen ergreifen, hängt natürlich von der Bedrohung ab. Doch die Möglichkeiten, Ihre Pflanzen vor schädlichen Einflüssen zu bewahren, sind ebenso vielfältig wie ihre Angreifer. Chemische Mittel sollten immer die letzte Alternative sein. Häufig gefährden sie damit nicht nur die Schädlinge, sondern auch Nützlinge (oder sogar die eigene Gesundheit). So kann der Einsatz von Pestiziden auf längere Sicht sogar zu einer Schwächung der Pflanzen führen.

PFLANZLICHE KONKURRENZ

Ein besonderes Thema des Pflanzenschutzes sind sogenannte Unkräuter. So lassen sich alle Pflanzen bezeichnen, die mit einer erwünschten Pflanze direkt um Platz, Luft und Nährstoffe konkurrieren. Der wild ausgesäte Klatsch-Mohn kann ebenso lästig sein wie Quecke und Co. Besonders frisch gesetzte Pflanzen können empfindlich unter der Konkurrenz leiden und sogar eingehen. Die starke Wurzel des Gierschs kann z. B. einen jungen Obstbaum unterirdisch regelrecht erdrosseln.

Das beste Mittel zur Beseitigung unerwünschter Gewächse ist das stete Entfernen und Entsorgen. Damit eine weitere Ausbreitung verhindert werden kann, sollte dies insbesondere bei Samenunkräutern vor der Blüte geschehen. Entsorgen Sie besser nicht über den Kompost. Lassen Sie hingegen Gewächse, die keine direkte Konkurrenz darstellen, ruhig wachsen. So verhindern Sie die Auswaschung von Nährstoffen aus dem Boden. Und manchmal entpuppt sich ein unbekannter Sprössling als wahre Schönheit.

BEI CHEMISCHEN MITTELN ZUR SCHNECKENBEKÄMPFUNG sollten Sie unbedingt darauf achten, dass Sie auf der Basis von Eisen-III-Phosphat sind. Dieses ist nur für Schnecken tödlich, während alle anderen Mittel sogar für Mensch und Tier lebensbedrohlich sind!

ERKENNEN UND VERMEIDEN: SCHÄDLINGE UND KRANKHEITEN

BEDROHUNG	ERKENNBAR AN	SCHUTZMASSNAHME
STANDORT		
Unpassender Standort	Pflanze gedeiht schlecht	standortgerechtes Pflanzen
Extreme Witterung	Frostschäden, Umknicken	Schutzglocken, Folien, Abdeckung aus Jute oder Stroh, Stütze
SCHÄDLINGE		
Engerlinge	Wurzelfraß	mechanische Bodenbearbeitung, Nematoden ausbringen
Blattläuse	Blätter schwellen blasig an, kräuseln sich oder rollen sich ein. Zuckrig-klebrige Ausscheidungen auf den Blättern (Honigtau).	Nützlinge wie Florfliegen oder Marienkäfer einsetzen bzw. fördern. Stark duftende Pflanzen wie Bohnenkraut, Kapuzinerkresse oder Lavendel anpflanzen. Brennnesselauszug, Seifenlauge, abspritzen mit Wasser.
Raupen	Blattrandfraß, Lochfraß, teils Kahlfraß bis auf die Blattrippen, Bohrlöcher im Apfel (Apfelwickler)	Mischkultur, Leimringe (Frostspanner), Wellpappenringe (Apfelwickler). Bei Befall: Absammeln, Bacillus-thuringiensis-Präparate
Schnecken	Kahlfraß an Blättern	Schneckenzaun, absammeln
Wühlmäuse	unterirdische Wühlgänge, angefressene Wurzeln	Fallen, Zwiebelpflanzen in Drahtkörbe setzen
PILZKRANKHEITEN		
Echter Mehltau	weißliches Pilzgeflecht auf Blättern und Knospen	widerstandsfähige Sorten. Bei Befall: Rückschnitt befallener Triebe und Schwefelpräparate
Falscher Mehltau	Aufhellungen an der Blattoberseite, grauweißer Pilzrasen auf der Blattunterseite	widerstandsfähige Sorten, ausreichender Pflanzabstand. Bei Befall: Rückschnitt befallener Triebe, Kupferpräparate
Sternrußtau	runde schwarze Flecken auf den Blättern	widerstandsfähige Sorten, direktes Gießen an der Wurzel. Bei Befall: Rückschnitt befallener Triebe
Kraut- und Braunfäule	braune Flecken an Stängeln, Blättern und Früchten	Fruchtfolge einhalten, Schutz vor Dauerregen (Folien etc.)
Rutenkrankheit	bläulich violette Flecken an Jungruten, Rinde reißt auf, Ruten bleiben unfruchtbar	widerstandsfähige Sorten, Herbsthimbeeren sind weniger anfällig, Boden abdecken, ausreichende Pflanzabstände. Bei Befall: Triebe entfernen und verbrennen

KRAUT ODER UNKRAUT

Freund oder Feind?

Als Unkraut lassen sich genau genommen alle Pflanzen bezeichnen, die sich dort ausbreiten, wo wir sie nicht haben wollen. Aber viele sind besser als ihr Ruf! Hier eine Auswahl typischer heimischer Wildkräuter, die sich auch wunderbar als Nahrungs- oder Heilmittel verwenden lassen.

[1.]

[2.]

BEVOR SIE EINE BEHANDLUNG mit Heilkräutern beginnen, fragen Sie Ihren Arzt oder Apotheker!

LÖWENZAHN [1.]
Taraxacum officinale
Frühlingspflanze. Aus der gelben Blüte am langen Stiel entsteht später die beliebte Pusteblume. Rosettenförmiger Wuchs mit tiefer Pfahlwurzel.
Zeigerpflanze: tonige Böden, besiedelt aber jeden Lebensraum
Ausbreitung im Garten: lange, tiefe Pfahlwurzel. Regeneriert sich leicht aus Wurzelstückchen, die beispielsweise beim oberflächlichen Jäten entstehen. Leichte Ausbreitung durch Samen.
Bekämpfung: mit einem langen Messer (oder Unkrautstecher) die Pflanze samt langer Pfahlwurzel entfernen
Essbar: sehr Vitamin-C- und mineralstoffhaltig. Als Tee die ganze Pflanze mit kochendem Wasser überbrühen und zehn Minuten ziehen lassen. Junge Blätter als Salat.
Heilende Wirkung: blutreinigend, entwässernd, verhindert Neubildung von Gallensteinen

VOGELMIERE [2.]
Stellaria media
Besonders anpassungsfähig und deshalb ein wahrer Kosmopolit. Sternförmige kleine weiße Blüten an langen haarigen und am Boden liegenden Stängeln.
Zeigerpflanze: für stickstoffreiche Böden
Ausbreitung im Garten: starkes Samenunkraut
Bekämpfung: Samenbildung vermeiden (Entfernen der Blüten), den mit Pflanzen bewachsenen Boden nicht umgraben
Essbar: hoher Vitamin-C-Gehalt. Enthält aber auch sogenannte Saponine, daher nur in kleinen Mengen verspeisen. Als Tee das Kraut mit kochendem Wasser überbrühen und fünf Minuten ziehen lassen. Als Salat, Suppe oder Würzkraut.
Heilende Wirkung: regt Stoffwechsel und Verdauung an, hilft bei Hautproblemen, Hämorriden, Lungenleiden

QUECKE [3.]
Elymus syn. Agropyron
Zeigerpflanze: Stickstoff, Kali, ermüdeter Boden
Ausbreitung im Garten: unterirdische Ausläufer
Bekämpfung: häufiges und regelmäßiges Jäten, um die Ausläufer am Austreiben zu hindern, den Boden durch schnell wachsende Pflanzen beschatten
Essbar: als Tee

Heilende Wirkung: Tee wirkt harntreibend (pro Tasse 2 TL des getrockneten Wurzelstocks mit Wasser übergießen, zehn Minuten ziehen lassen)

GIERSCH [4.]
Aegopodium podagraria
Zeigerpflanze: liebt schattig-feuchte Gartenplätze
Ausbreitung im Garten: lange, unterirdische Ausläufer, stark wuchernd
Bekämpfung: mithilfe einer Grabegabel die Rhizome entfernen
Essbar: Zarte junge Blätter können roh als Salat verwendet werden, die älteren werden besser wie Spinat gekocht.
Heilende Wirkung: entgiftend. Wird beispielsweise als Mittel gegen Gicht verwendet.

ACKER-SCHACHTELHALM [5.]
Equisetum arvense
Sein skurriles Aussehen erinnert an eine Art Minikiefer. Mit satten 400 Millionen Jahren eines der ältesten Gewächse unserer Vegetationszone. Der Acker-Schachtelhalm enthält sehr viel Kieselsäure und wurde deshalb früher auch zum Blankpolieren von Zinngefäßen verwendet. So heißt er in manchen Gegenden auch Zinnkraut.
Zeigerpflanze: für verdichteten und humusarmen Boden
Ausbreitung im Garten: tief reichendes Wurzelsystem (Rhizome)

Bekämpfung: oberflächliches Jäten ist wenig hilfreich. Die ganze Pflanze ausgraben (Wurzelteilung vermeiden) und alle Wurzeln entfernen.
Essbar: als Tee die Halme mindestens 20 Minuten kochen lassen (Durchspülung von Harnwegen und Nieren)
Heilende Wirkung: im Vollbad zur Stärkung der Haut, auch gut bei Fußpilz
Vorsicht: Verwechslungsgefahr mit dem giftigen Sumpf-Schachtelhalm!

GUNDERMANN [6.]
Glechoma hederacea
Schöner Bodendecker mit herzförmigen Blättern und kleinen blauvioletten Blüten. Bildet lange flache Ausläufer.
Zeigerpflanze: auf nährstoffreichen/humosen, leicht feuchten und kaum sauren Böden
Ausbreitung im Garten: lange, bewurzelte Ausläufer, über die sich die Pflanze rasch ausbreiten kann
Bekämpfung: manuell durch Jäten, da sich die Pflanzen mit der Hand leicht herausziehen lassen
Essbar: enthält viele Bitterstoffe, Verzehr daher nur in kleinen Mengen! Als Tee die Blätter mit kochendem Wasser überbrühen und zehn Minuten ziehen lassen. Junge Blätter in Salat und Suppe. Vorsicht: für einige Tiere, insbesondere Pferde, giftig!
Heilende Wirkung: harntreibend, hilft bei Entzündungskrankheiten im Hals-, Nasen- und Ohrenbereich

GROSSE BRENNNESSEL
Urtica dioica
Jeder kennt sie, aber nicht jeder schätzt sie. Dabei hat die Nessel auch gute Seiten!
Zeigerpflanze: Stickstoff
Ausbreitung im Garten: unterirdische Rhizome
Bekämpfung: nicht hacken, um die Wurzeln durch Teilung nicht zu neuem Wachstum anzuregen. Betroffene Stellen können mit dunkler Kunststofffolie oder dickem Pappkarton abgedeckt werden (Anwendungsdauer zwei Jahre).
Essbar: z. B. als Tee mit kochendem Wasser überbrühen und zehn Minuten ziehen lassen. Junge Blätter in Salat und Suppe.
Heilende Wirkung: entwässernd, regt den Stoffwechsel an, fördert Stuhlgang. Wird verwendet bei Eisenmangel, Allergien, Hautproblemen, Gicht und Rheuma.

[3.]   [4.]   [5.]   [6.]

ZIERGARTEN
Blütenpracht und mehr

SIE SONNEN SICH IM GRAS, IM HOLUNDER ZWITSCHERT EIN VOGEL UND BLINZELND BETRACHTEN SIE DAS BLUMENMEER VOR SICH. WIE SIE AN DIESEN WUNDERBAREN ORT GELANGEN? IN DIESEM KAPITEL LERNEN SIE DAS WICHTIGSTE ZUR GESTALTUNG IHRES GARTENS UND VIELES MEHR, WAS BEIM ANLEGEN SCHÖNER BEETE ALLES ZU BEACHTEN IST.

DAS IST
wirklich
WICHTIG

[a] SAMMELN SIE IDEEN: Überlegen Sie sich gemeinsam mit allen am Garten Beteiligten, was Sie umsetzen möchten. Nehmen Sie dafür auch Inspirierendes wie Bücher, Zeitschriften etc. zur Hand. Welche Lieblingspflanzen gibt es und wo könnten sie gepflanzt werden? Welche Elemente wie Zier- und Gemüsebeete, Spielecke, Stellplätze etc. werden benötigt und sind gewünscht?

[b] ERSTELLEN SIE EINEN GARTENPLAN: Machen Sie einige vergrößerte Kopien Ihrer Gartenfotos sowie des Lageplans. Legen Sie Buntstifte, Klebezettel („Hafties") und eine Schere bereit. Zeichnen Sie die gewünschten Elemente möglichst maßstabsgetreu, schneiden Sie die Elemente aus und heften Sie sie auf die Kopien. So erhalten Sie einen guten Eindruck von der Wirkung der fertigen Gestaltung. Ändern Sie so lange, bis Sie zufrieden sind.

[c] BESTANDSAUFNAHME: Nehmen Sie sich Zeit, um sich mit Ihrem Garten vertraut zu machen. Ist kein Lageplan vorhanden, erstellen Sie ein Aufmaß mit dem Maßband. Tragen Sie alle bestehenden Elemente wie Pflanzen, Bauteile, Strom- und Wasseranschlüsse, aber auch Licht und Schatten ein.

GEMEINSAM PLANEN SCHAFFT FRIEDEN

[a]

[b]

[c]

GÄRTEN PLANEN

Eine kleine Bestandsaufnahme

Gartenpläne zu schmieden bringt viel Spaß. Damit die Begeisterung nicht der Ernüchterung weicht, lohnt es, ein paar Regeln im Auge zu behalten. So passen Traum und Realität zusammen.

ERSTE SCHRITTE INS PARADIES

Diese sind so einfach wie schön: Beobachten und genießen Sie Ihren Garten! Machen Sie sich miteinander vertraut. Eine gute Planung braucht Zeit. Stellen Sie sich Ihren persönlichen Paradiesgarten vor. Wie sieht er aus, was gehört dazu? Notieren Sie Ihre Gedanken.

DER RUNDGANG IM EIGENEN GARTEN

Wenn bereits Pflanzen in Ihrem Garten stehen und Sie bislang nur wenige davon kennen, bitten Sie einen Gartenkenner zu einer Bestandsaufnahme. Nehmen Sie eine Digitalkamera mit und machen Sie möglichst viele Fotos aus vielen verschiedenen Blickwinkeln. Das ist für die weitere Planung sehr hilfreich. Häufig entdeckt man auf den Fotos Dinge, die man zuvor gar nicht wahrgenommen hat.

Folgende Fragen sollten Sie sich bei Ihrem Rundgang stellen:
• Wo scheint wann die Sonne, und wo ist es schattig?
• Welche Bodenstruktur habe ich im Garten? Wie fühlt sich der Boden in verschiedenen Bereichen an? Ist er eher schwer oder leicht?
• Welche Bereiche sind eher windig, welche geschützt? Wo sitze ich gerne?
• Welche (Nachbar-)Gärten gefallen mir besonders gut und warum?
• Welche Sichtachsen gefallen mir?

Falls Sie Ihren Garten nicht neu anlegen, sondern umgestalten:
• Welche Pflanzen kenne ich in meinem Garten, welche nicht?
• Was wächst wo in meinem Garten? Fühlt sich die Pflanze hier wohl?
• Welche Ausblicke möchte ich lieber kaschieren, welche betonen?
• Welche Ecken gefallen mir jetzt schon?
• Welche Bereiche möchte ich umgestalten?

DER GARTENPLAN

Fertigen Sie anhand der gewonnenen Informationen einen Lageplan an. Nehmen Sie ein genaues Aufmaß und tragen Sie hier die Standpunkte von Pflanzen, Strom- und Wasseranschlüssen, Bauteilen und Grenzverläufen ein. Vermerken Sie dabei auch Elemente jenseits der Grenze, die einen Einfluss auf Ihren Garten haben wie z. B. Bäume, Nachbargebäude und Straßen etc. Tragen Sie nicht nur Himmelsrichtungen, sondern auch den Verlauf der Sonne bzw. des Schattens ein.
Als Nächstes sollten Sie sich darüber klar werden, wie viel Zeit Sie im Garten verbringen möchten und womit. Wie möchten Sie den Garten hauptsächlich nutzen? Wollen Sie hier eher spielen und sich ausruhen oder schöne Zierbeete anlegen und vielleicht sogar Gemüse anbauen? Machen Sie sich bewusst: Der größte Zeit- und Materialaufwand liegt darin, einen Garten neu anzulegen oder umzugestalten. Wenn Sie die wichtigsten Informationen gesammelt haben, können Sie einen vorläufigen Gartenplan erstellen.

GÄRTEN GESTALTEN
mit Farben, Formen und Strukturen

Sie haben jetzt eine Bestandsaufnahme Ihres Gartens gemacht und wissen ungefähr, was Sie dort umsetzen wollen. Nun erfahren Sie, wie Sie Farben, Formen und Strukturen gekonnt einsetzen.

FARBE IST NICHT GLEICH FARBE

Die Wirkung eines einzelnen Farbtons variiert erheblich nach Material, Standort, Wetter, Tages- oder Jahreszeit. Denn Farbe ist immer abhängig vom Licht. Weitere Faktoren, die unser Farbempfinden beeinflussen, sind unsere persönlichen Vorlieben, die Umgebung – es entstehen Wechselwirkungen mit anderen Farben – aber auch unsere kulturelle Prägung. So gilt Grün in christlich geprägten Gesellschaften als Farbe der Auferstehung und damit der Hoffnung, während sie in China das Leben, den Frühling und den Osten symbolisiert. Unabhängig vom Kulturkreis gilt aber: Farben sprechen unsere Sinne und Gefühle unmittelbar an, viel stärker als beispielsweise Formen. Deshalb lautet eine Faustregel in der Gartengestaltung: Farbe bricht Form. Gemeint ist, dass Farben die Blicke des Betrachters zuerst auf sich ziehen und den Blick damit lenken. Erst danach nehmen wir Formen wahr. Je mutiger und üppiger Sie Farben also einsetzen, desto mehr lenken Sie zugunsten eines Sinnesrausches von Struktur und Form im Garten ab.

DIE DREI WICHTIGSTEN REGELN ZUR OPTISCHEN FARBWAHL

Gegensätze ziehen sich an: Ein gutes Hilfsmittel bei der Farbauswahl ist der Farbkreis [→ Foto]. Überwiegend werden bei Farbkombinationen entweder direkte Farbnachbarn oder Komplementärfarben – also solche, die sich auf der gegenüberliegenden Position im Kreis befinden – als angenehm empfunden.

Farben haben eine unterschiedliche Leuchtkraft: Schon Goethe ordnete den Farben sogenannte Lichtwerte zu. Das leuchtende Gelb hat mit 9 den höchsten Wert, das auf dem Farbkreis gegenüberliegende Violett mit 3 den niedrigsten. Soll sich eine violette Blüte neben einer gelben behaupten, müssen Sie also dreimal so viel violette Pflanzen setzen – Orange 8, Grün und Rot 6, Blau 4).

Farbwahl erzeugt Raumtiefe: Eine helle Farbe vor einem dunklen Hintergrund erscheint optisch näher als eine dunkle vor hellem. Wenn Sie beispielsweise in einem kleinen Garten den Eindruck räumlicher Tiefe verstärken wollen, setzen Sie z. B. weiße Blütenpflanzen vor dunklere.

STRUKTUR SCHAFFEN: DIE POLE VON CHAOS UND ORDNUNG

Gelungene Gärten leben von einer Mischung aus ordnenden und chaotischen Elementen. Je nach Geschmack können Sie diese Pole unterschiedlich gewichten. Mögen Sie Harmonie, werden Sie eher eine starke Ordnung mit vielen symmetrischen Elementen favorisieren. Sind Sie hingegen der spannungsgeladene Typ, schätzen Sie sicher eine freiere Anordnung mit Überraschungsmomenten.

Dabei gestalten Sie Ihren Garten natürlich nicht nur mit den Pflanzen, sondern auch mit sämtlichen architektonischen Elementen wie Bebauung, Zäunen, Wegen, Pergolen, Topfkulturen etc. Dies sind die Elemente, mit denen Sie je nach Gewichtung Ordnung und Spannung im Garten schaffen:

Form: z. B. Wuchsform wie Größe und (Blatt-)Struktur

Farbe: von einfarbig bis bunt

Material: pflanzlich, mineralisch, metallisch, synthetisch

Sinneseindrücke: Optik, Düfte, persönlicher Geschmack, Haptik/Fühlen, Geräusche

Standortbedingungen: Sonne, Boden, Wind, Wasser

Blüte: Dauer und Zeitpunkt

In der folgenden Tabelle werden die wichtigsten Gestaltungsmittel den Polen von Ordnung und Chaos zugeordnet. Hier können Sie ablesen, mit welchen Mitteln Sie diese erzeugen und wie die Wirkung ist.

POLE DER GARTENGESTALTUNG

POLE	ORDNUNG	CHAOS
Assoziationen	Harmonie Ausgeglichenheit Ausgewogenheit	Spannung Anregung Wildheit
Gestaltungsfrage	Wie erzeuge ich Ordnung?	Wie erzeuge ich Spannung?
Regeln	Regeln einhalten: – Balance – Symmetrie – Wiederholung/Reihenfolge, Wiederkehrende Elemente über den Garten verteilen, z. B. Pflanzen, Farben, Anzahl, Bögen	Regeln brechen: – Abwechslung – Ungleichheit – Variationen in der Reihenfolge, z. B. bei Bögen das Material ändern
Anzahl der Gestaltungsmittel	– „weniger ist mehr" – Konzentration auf wenige Gestaltungsmittel, z. B. in Farbe, Pflanzensorten, Materialien – gerade Anzahl	– Vielfalt zelebrieren – Mischen von Gestaltungsmitteln – ungerade Anzahl
Erwartungshaltung des Betrachters	– befriedigen Sie die Erwartungshaltung, z. B. mit klaren überschaubaren Flächen, ausgeglichenem Gesamteindruck	– wecken Sie die Neugierde und überraschen Sie (Geheimnisse einbauen, Ungewöhnliches, neugierig machen), z. B. was verbirgt sich hinter der nächsten Wegbiegung? Ein versteckter Sitzplatz etc.
Material	– bei Pflanzen: stark gestalteter Schnitt, z. B. Buchs in geometrischen Formen – glatte, gleichförmige, ebenmäßige und bearbeitete Oberflächen, z. B. Bauen mit Kanthölzern, Beton	– bei Pflanzen: natürlicher Wuchs – raue, unebenmäßige, natürliche Oberflächen, z. B. Bauen mit unbearbeiteten Stämmen, Natur- bzw. Bruchstein
Eindruck	stark gestaltet: Spricht den Verstand an	natürlich: Spricht die Sinne an
Wirkungsweise	streng, fest, gestaltet, ruhig, voraussehbar, ausgeglichen, harmonisch, abweisend starr	flexibel, anregend, naturnah, überraschend, freundlich, liebevoll, weich, entgegenkommend, ungewöhnlich

INSZENIEREN SIE IHREN PERSÖNLICHEN GARTENFILM

Stellen Sie sich Ihren Traumgarten vor. Schließen Sie die Augen.
Sie allein wissen, wie es hier aussieht. Aber den Weg vom Traum in die Realität kann ich Ihnen vielleicht mit folgenden Gestaltungsregeln weisen.
Stellen Sie sich vor, Sie sind ein Regisseur, der einen Film drehen möchte. Die einzelnen Pflanzen in Ihrem Garten sind Ihre Darsteller und alle anderen Elemente bilden das Setting, den Hintergrund.
Zuerst überlegen Sie sich, welche Art von Film Sie machen möchten. Entscheiden Sie sich für ein Genre und einen passenden Stil. Lieben Sie eher romantische Komödien oder aktionsgeladene Krimis? Klassisch erzählte oder experimentelle Filme? All dies bestimmt Ihre Gestaltungsmittel.
Und nun zu Ihren Darstellern: Es gibt bestimmte Pflanzen, die stechen aus der Allgemeinheit hervor, z. B. durch ihre überdurchschnittliche Größe, ihre besondere Form, ihren betörenden Duft oder einfach durch ihre übermäßige Schönheit. Sie sind die Stars. Und bedenken Sie, der helle Stern leuchtet vor einem passenden Hintergrund umso schöner! Eine rosafarbene Strauchrose in einem Meer von Lavendel. Der hohe Zierlauch zwischen den herzförmigen Blättern des Frauenmantels. Oder missfällt Ihnen der ganze Starrummel und Sie möchten lieber einen Ensemblefilm machen? Dann setzen Sie z. B. verschiedene Staudenpflanzen nebeneinander, die ihre Wirkung aus dem Miteinander erzielen. Beispielsweise eine große Menge gleicher Stauden wie verschiedene Funkienarten und -sorten.
Im Garten können Sie den Blick des Betrachters auf verschiedene Weise lenken, ähnlich wie der Kameramann beim Film. Ein gutes Mittel ist neben der Farbwahl die Höhenstaffelung. Dies gilt für die Pflanzen ebenso wie für andere architektonische Elemente im Garten. Der Eindruck räumlicher Tiefe variiert, je nachdem, ob die Elemente an Größe zu- oder abnehmen. Große Blätter im Vordergrund wirken beispielsweise näher als kleine. Klassischerweise

werden kleine bodendeckende Pflanzen im Vordergrund und hohe Gewächse in den Hintergrund gesetzt. Ein weiteres Mittel zur Blicklenkung: Fügen Sie bewegliche Elemente wie Gräser, flexible lange Zweige oder Windspiele ein. Sie sprechen mit Rauschen und Tönen zudem noch unseren Hörsinn an.

Aber all diese Raffinessen sind nichts ohne ein gutes Drehbuch, eine Handlung, die den Zuschauer unterhält.

AUSWAHL DER PFLANZEN

Im Mittelpunkt einer guten Gartengestaltung stehen die Pflanzen. Um eine sinnvolle Auswahl zu treffen, beantworten Sie folgende Fragen:

- Was sind meine Lieblingspflanzen und -farben?
- Welche Standortbedingungen (Boden, Licht etc.) herrschen im Garten vor?
- Welche Pflanzen passen zu diesen Standortbedingungen?
- Wann und wie lange blühen die ausgesuchten Pflanzen?
- Wie groß wird die Pflanze maximal?
- Wie viel Zeit möchte ich investieren?
- Wie viel Pflege benötigt die gewünschte Pflanze?
- Wie kann ich verschiedene Pflanzen sinnvoll kombinieren? (Nach Standortansprüchen, z .B. sonnig und nährstoffreich; farblich, z. B. Komplementärfarben; formal, z. B. Höhenstaffelung).

Puh, da gibt es ganz schön viel zu beachten, oder? Aber verzagen Sie nicht! Schauen Sie sich erst einmal die Pflanzenporträtseiten dieses Buches an und treffen Sie eine Vorauswahl. So gewappnet fahren Sie zu einem Pflanzenmarkt und sehen sich dort um. Die gewünschten Informationen können Sie dort von den Pflanzetiketten ablesen oder Sie sprechen direkt die Berater an.

SECHS GESTALTUNGSTIPPS FÜR EINEN SCHÖNEN GARTEN

1. **Abgucken erwünscht!** Ein Blick über Nachbars Zaun ist immer hilfreich, denn wahrscheinlich werden im eigenen Garten ähnliche Bedingungen herrschen. Was wächst im Nachbargarten gut, was weniger? Im Gespräch kann man häufig noch mehr nützliche Informationen erhalten, z. B. auch über verbreitete Schädlinge und Krankheiten.
Eine schöne Inspirationsquelle sind die immer beliebter werdenden „Tage der offenen Gartenpforte", an denen Privatleute ihre Gärten Interessierten vorstellen. Oder Sie besuchen einmal eine Gartenschau und sehen, wie Profis vorgehen. Falls der Weg dorthin zu weit ist, schauen Sie doch einfach im Internet, was dort präsentiert wird.

2. **Haben Sie Mut zur Originalität!** Meiden Sie Massenware. Schnell hat man sich gerade an dieser sattgesehen. Das gilt für Pflanzen ebenso wie für Gartenaccessoires. Probieren Sie lieber etwas Eigenes aus! Fangen Sie mit einem Beet an und verändern Sie so lange, bis es Ihren Vorstellungen entspricht. Viele Pflanzen sind flexibler als wir selbst und auch Profis misslingt mal etwas.
Haben Sie einen neu angelegten Garten, versuchen Sie möglichst viele alte Elemente einzubauen. Sie geben Charakter und etwas Unverwechselbares.

3. **Sie bauen „Rom" nicht an einem Tag!** Natürlich ist überbordendes Grün wunderschön. Aber versuchen Sie nicht alles auf einmal zu schaffen. Ein gelungener Garten braucht immer Zeit – nicht nur zur Planung und Umsetzung, sondern auch zur Reife. Fangen Sie mit einem Beet an und tasten Sie sich dann weiter vor. Stauden kann man zumeist einfach umsetzen. Bei großen Pflanzen wie Sträuchern und Bäumen planen Sie vorausschauend. Denken Sie daran, wie viel Platz die Gewächse einmal benötigen und welchen Schatten sie werfen werden.

4. **Verleihen Sie Ihrem Garten etwas Geheimnisvolles!** Was versteckt sich hinter der mannshohen Hecke? Was erwartet mich hinter der nächsten Wegbiegung? Wir Menschen lieben Geheimnisse und wollen unterhalten werden. Verwehren Sie dem Besucher, Ihren Garten auf den ersten Blick zu erfassen. Wenn Sie genügend Platz haben, können Sie sogar größere geheime Gartenbereiche oder versteckte Pfade anlegen. Das macht nicht nur Kindern Spaß.

5. **Weniger ist mehr!** Setzen Sie im Zierbeet lieber auf wenige Arten und pflanzen Sie diese von Anfang an in größerer Zahl. Das wirkt großzügiger als vereinzelt stehende Pflänzchen. Für einen natürlichen und spannungsvollen Eindruck pflanzen Sie in ungerader Anzahl.

6. **Schaffen Sie ein Fest für die Sinne.** Gärten sprechen auf besondere Weise all unsere Sinne an, nutzen Sie dies für Ihre Gartengestaltung! Machen Sie Ihren Garten nicht nur zum Erlebnis fürs Auge, sondern auch für Hand, Mund und Nase! Wie wär's z. B. mit einem Duftbeet oder einem Tastpfad?

CHELSEA FLOWER SHOW: DIE OSCARS FÜR GÄRTNER Seit fast hundert Jahren pilgert die Gartenelite ins Mutterland des Gartenenthusiasmus zur Chelsea Flower Show nach London. Hierzulande ist schwer vorstellbar, welches Aufsehen in England eine Gartenschau erregt. Und das nicht nur bei Fachleuten. Traditionell von der Queen eröffnet, strömen an den darauffolgenden Tagen die Massen vor allem an den speziell für diesen Anlass gestalteten Schaugärten [→ Foto links] vorbei. Zuvor hat eine Fachjury diese mit höchstem Aufwand gestalteten Miniatur-Anlagen mit Medaillen prämiert. Und das sind keineswegs alles aalglatte, akkurate Pflanzungen ohne jedes Wildkraut. Wenn Sie die Anreise scheuen, schauen Sie doch mal im Internet vorbei: www.rhs.org.uk

WAS BLÜHT WANN IM BLUMENGARTEN?

PFLANZEN	MÄRZ	APRIL	FRÜHLING MAI	JUNI	JULI	SOMMER AUGUST	SEPTEMBER	HERBST OKTOBER	SEITENZAHL
Akelei			*	*					51
Bart-Iris			*	*					50
Bauern-Hortensie					*	*	*		51
Fingerhut				*	*	*			53
Frauenmantel				*	*				55
Funkie					*	*			51
Glockenblume			*	*	*	*			54
Gummibärchenblume				*	*	*	*	*	132
Hyazinthe		*	*						58
Immergrün, Großblättriges		*	*						51
Jungfer im Grünen					*	*			133
Kapuzinerkresse		*	*	*	*	*	*		133
Klatsch-Mohn			*	*					53
Löwenmäulchen					*	*	*		133
Narzisse	*	*							58
Pfingstrose			*	*					54
Phlox					*	*	*	*	54
Ringelblume			*	*	*	*	*		52
Rittersporn				*	*				51
Schachbrettblume		*	+						58
Schafgarbe					*	*			54
Schmuckkörbchen			*	*	*	*			53, 132
Sonnenblume					*	*	*		132
Sonnenhut					*	*	*		50
Stockrose					*	*	*		52
Storchschnabel				*	*				54
Strohblume			*	*	*	*	*	*	133
Studentenblume		*	*	*	*	*	*		52
Taglilie				*	*	*	*		50
Traubenhyazinthe		*	*						58
Tulpe	*	*	*						58
Vanilleblume			*	*	*	*	*		133

DAS IST
wirklich WICHTIG

[a] ARRANGIEREN SIE DIE PFLANZEN mit Topf auf dem vorbereiteten Beet so lange, bis Ihnen der Gesamteindruck gefällt.

[b] REISSEN SIE DEN WURZELBALLEN VORSICHTIG AUF, damit die Pflanze sich schneller ausbreiten kann.

[c] ACHTEN SIE BEIM AUFFÜLLEN MIT ERDE darauf, dass der Ballen am Ende nicht mehr als 1 cm mit Erde bedeckt ist, und drücken Sie die Erde an.

[d] GRÜNDLICHES WÄSSERN ist während und nach dem Pflanzen besonders wichtig.

[a]

NEHMEN SIE DEN DRUCK VON DEN PFLANZEN-WURZELN

[b]

[c]

[d]

ZIERBEET ANLEGEN
und mit Stauden bepflanzen

Stauden sind ideale Pflanzen für ein Zierbeet. Viele sind pflege-
leicht, wachsen schnell und haben neben der Blüte schönes Laub.
Der beste Zeitpunkt für das Anlegen eines Beetes ist das zeitige
Frühjahr.

ANLEITUNG

1. **Stecken Sie das gewünschte Beet ab.** Zum Vorformen von geschwungenen Formen verwenden Sie einen Garten-schlauch oder ein Seil. Als ideales Breitenmaß für ein Beet gilt 1,20 m, dies kann aber nach Körpergröße variieren. Damit Sie später den Boden nicht unnötig durch Betreten verdichten, sollten Sie jede Stelle im Beet mit ausgestrecktem Arm erreichen. Falls dies nicht der Fall ist, planen Sie Wege ein.

2. **Graben Sie das Beet tiefgründig um.** So bekommen die Wurzeln der Beetneulinge später viel Luft und können sich leicht ausbreiten. Entfernen Sie große Steine und uner-wünschte Pflanzen. Setzen Sie gegebenenfalls Wege, bei-spielsweise aus Ziegeln oder Bruchsteinen, ein. Danach zie-hen Sie das Beet mit einem Rechen glatt.

3. **Stellen Sie die Stauden an den gewünschten Pflanzplatz.** Platzieren Sie beispielsweise niedrige im vorderen Bereich und hohe im Beethintergrund. Hübsch sieht auch eine An-pflanzung in kleinen Grüppchen aus. Bevorzugen Sie dabei eine ungerade Pflanzzahl. Dies sieht natürlicher aus und schafft mehr Spannung. Geben Sie den Pflanzen genügend Raum, sich auszubreiten. Bedenken Sie unterschiedliche Betrachterstandpunkte, indem Sie um das Beet herumwan-dern. Arrangieren Sie so lange, bis Ihnen die Anordnung ge-fällt und markieren Sie daraufhin die Pflanzstellen.

4. **Stellen Sie die Stauden ins Wasser** und heben Sie mit dem Spaten das Pflanzloch aus. Es sollte etwa doppelt so breit und tief sein wie der Ballen. Zur Bodenverbesserung geben Sie etwas reife Komposterde hinzu.

5. **Vor dem Einsetzen** reißen Sie vorsichtig den Wurzelballen zur besseren Belüftung und Ausbreitung auf. Füllen Sie mit Erde an. Damit die Bodenteilchen an die Wurzel ge-schwemmt werden, gießen Sie bereits zwischendurch an. Am Ende sollte der Ballen maximal 1 cm mit Erde bedeckt sein. Hohe Stauden wie Phlox sollten Sie beim Pflanzen mit einer Stütze stabilisieren.

6. **Drücken Sie den Boden mit geballten Fäusten fest.** Dies gibt der Pflanze Standfestigkeit und verbessert den Boden-kontakt.

7. **Gießen Sie die Pflanze nochmals gründlich an.** Achten Sie darauf, dass Sie möglichst nicht die Blätter benetzen. Kont-rollieren Sie besonders in den ersten Tagen regelmäßig, ob die Staude Wasser braucht.

LICHT IM DICKICHT
Unterscheidungsmerkmale von Pflanzen

WICHTIGE PFLANZENFAMILIEN: ERKENNEN UND VERSTEHEN

PFLANZENFAMILIE	ERKENNUNGSZEICHEN	PFLANZENVERTRETER
Doldenblütler/ Doldengewächse	meist krautige Pflanzen, mehrfach geteilte Blätter, der Stängel ist hohl. Sehr gut an den Blütendolden erkennbar, eine Blüte besteht meist aus mehreren solcher Blütendolden (Doppeldolden).	Dill, Fenchel, Giersch, Kerbel, Koriander, Möhre, Pastinake, Petersilie
Kürbisgewächse	krautige Pflanzen mit Ranken, meist tiefe Pfahlwurzeln mit weit verzweigtem Wurzelnetz nahe der Bodenoberfläche. Gut an den meist großen, auffälligen Blüten mit unterständigem (unterhalb der Kelchblätter) Fruchtknoten erkennbar.	Gurke, Kürbis, Melone, Zucchini
Korbblütler	kopf- oder körbchenförmiger Blütenstand	Artischocke, Estragon, Franzosenkraut, Kosmee, Löwenzahn, Margerite, Ringelblume, Salat, Schafgarbe, Sonnenblume, Sonnenhut, Tagetes
Kreuzblütler	Namensgebung durch die vier Kronblätter der Blüte, die wie ein Kreuz angeordnet sind. Eines dieser Blätter ist aber häufig etwas größer. Die einzelnen Blüten sind oft in Trauben angeordnet. Viele Nutzpflanzen, meist ein- bis mehrjähriger Wuchs.	Goldlack, Hirtentäschel, Kresse, Kohl, Kohlrabi, Levkoje, Mairübe, Meerkohl, Meerrettich, Radies, Rettich, Rauke, Steckrübe
Lippenblütler	charakteristische Lippenblüten mit Ober- und Unterlippe	Basilikum, Bohnenkraut, Brennnessel, Katzenminze, Lavendel, Majoran, Oregano, Pfefferminze, Rosmarin, Salbei, Thymian, Ysop, Zitronenmelisse
Nachtschattengewächse	fünfzählige, sternförmige Kelch- und Blütenblätter, die häufig miteinander verwachsen sind. Viele Nutz-, Zier- und Heilpflanzen, ein- bis mehrjährig. Viele Pflanzen enthalten Giftstoffe (Alkaloide).	Aubergine, Kartoffel, Paprika, Tomate, Zier-Tabak
Rosengewächse	meist Bäume und Sträucher, auch krautige Pflanzen. Große, häufig gefärbte Blütenblätter. Viele Staubblätter und mehrere Fruchtblätter.	Brombeere, Erdbeere, Felsenbirne, Feuer- und Weißdorn, Frauenmantel [→ Foto], Himbeere, Kernobst, Steinobst, Kirschlorbeer, Rosen
Schmetterlingsblütler	Bäume und Sträucher, auch krautige Pflanzen, traubenartige Blütenstände, schmetterlingsartige Blüten, hülsenartige Früchte	Blau- und Goldregen, Bohne, Erbse, Ginster, Kichererbse, Klee, Linse, Lupine, Wicke
Liliengewächse/ Zwiebelgewächse	bilden als Überdauungsorgan eine Zwiebel aus, das Laub hat parallele Blattnerven und ist ganzrandig	Zwiebelgewächse

LEBENSDAUER: EIN- UND MEHRJÄHRIGE PFLANZEN

Die voraussichtliche Lebensdauer einer Pflanze ist eine wichtige Information für den Gärtner, vor allem bei der Planung. Unterschieden werden ein-, zwei- und mehrjährige Pflanzen.

Stauden sind als Mehrjährige besonders praktisch und zudem noch kostengünstig. Sie treiben über viele Jahre immer wieder aus und brauchen allenfalls eine kleine Verjüngungskur per Teilung oder Rückschnitt.

Kräuter haben eine unterschiedliche Lebenserwartung. Schnittlauch ist z. B. mehrjährig, während Petersilie jedes Jahr neu ausgesät werden muss. Das Gleiche gilt auch für die meisten Gemüsepflanzen. Einjährige Pflanzen säen Sie jedes Jahr neu aus. Typische Vertreter sind Sommerblumen wie Schmuckkörbchen und Studentenblume. Allerdings breiten sich viele Einjährige wie Klatsch-Mohn spielend selber aus, fühlen sie sich an einem Standort richtig wohl. Wer diese Selbstaussaat fördern möchte, lässt einfach die reifen Blütenstände stehen. Zweijährige Sommerblumen wie Stockrose und Goldlack können Sie vorgezogen kaufen. Am geeigneten Platz vermehren sie sich ebenso wie die Einjährigen.

LICHT- UND WÄRMEBEDARF

Ein weiteres wichtiges Unterscheidungskriterium ist der Licht- und Wärmebedarf eines Gewächses. Während die allermeisten Gemüsesorten und Kräuter es sonnig und warm lieben, gibt es einige Stauden und

Zwiebelpflanzen, die den Halb- oder sogar Schatten bevorzugen.

Auch bei der Aussaat gilt es zu beachten, ob es sich bei den Samen um Licht- oder Dunkelkeimer handelt. Während Erstere Licht zum Keimen bevorzugen, sollten Dunkelkeimer etwas mit Erde bedeckt sein, damit sie leichter aufgehen (siehe auch Seite 149). Ebenso unterscheidet sich der Wärmebedarf beim Keimen sehr. So braucht Feldsalat beispielsweise Frost, um überhaupt aufzugehen, während andere Gemüse wie Zucchini und Tomaten schon empfindlich auf Temperaturen unter 5 °C reagieren.

PFLANZENFAMILIEN

Auch bestimmte Verwandtschaftsbeziehungen lohnt es zu kennen. In einer Pflanzenfamilie werden Gewächse zusammengefasst, die u.a. einen ähnlichen Blütenaufbau besitzen. Die Blüte ist auf Grund ihrer kurzen Lebensdauer weniger anfällig gegen den Anpassungsdruck von Umweltveränderungen wie Spross oder Wurzel, sodass sie sich am sichersten zur Bestimmung eignet. Zu einer Pflanzenfamilie können daher verschiedenartig aussehende Pflanzen gehören.

Die Familienzugehörigkeit erlaubt einige Rückschlüsse auf Bedürfnisse und Vorlieben der Gewächse. Während viele Pflanzen gerade die familiäre Nachbarschaft schätzen, gehen andere in deren Umgebung sogar ein. Besonders wichtig ist das Wissen um Pflanzenfamilien beim Gemüseanbau und der Gründüngung (siehe Seite 82 bis 85).

Zierbeete leben von der Fülle unterschiedlicher Pflanzen. Neben Stauden werden häufig Zwiebelpflanzen und Rosen gesetzt. Aber auch viele Gemüsesorten und Kräuter sind ein reizvoller Blickfang.

[1.]

[2.]

[3.]

[4.]

SONNENANBETER
und Schattenpflanzen

Es gibt nicht nur reine Licht- und Schattenplätze, sondern auch Zwischenformen. Für den Halbschatten geeignete Pflanzen sollten einige Stunden am Tag sonnengeschützt stehen.

BART-IRIS [1.]
Iris-Barbata-Gruppen
Wuchs: aufrecht wachsende Staude zwischen 15 cm bis 1,20 m Höhe. Es gibt niedrige und hohe Sorten in unendlich vielen Farben. Wunderschöne Blüten mit eigenwilliger Form.
Standort: sonnig, hoher Nährstoffgehalt.
Pflege: geringer Wasserbedarf. Rückschnitt im zeitigen Frühjahr.
Vermehrung: über Teilung nach der Blüte
Blüte: in vielen Farben, auch mehrfarbig. Mai bis Juni.
Schöne Nachbarn: Lavendel, Garten-Salbei und Thymian

TAGLILIE [2.]
Hemerocallis-Cultivars
Pflegeleichte Staude mit über 10.000 Sorten in vielen Farben
Wuchs: buschige Horste werden bis zu 1,10 m hoch und sind auch ohne Blüten eine Augenweide
Standort: sonnig, verträgt aber auch Schatten, blüht dann weniger. Hoher Nährstoffgehalt.
Pflege: Verblühtes entfernen
Vermehrung: über Teilung im Frühjahr
Blüte: Farbvariationen in Gelb, Orange, Rosa, Rot, auch mehrfarbig. Juni bis September.
Schöne Nachbarn: Frauenmantel, Pfirsichblättrige Glockenblume und Schwertlilie

SONNENHUT [3.]
Echinacea purpurea
Wuchs: aufrecht wachsende Staude mit bis zu 1 m Höhe.
Standort: Blüten zeigen sich nur in der vollen Sonne. Boden mit mittlerem Nährstoffgehalt.
Pflege: Rückschnitt im zeitigen Frühjahr

GEMÜSEPFLANZEN WIE Rotkohl, Artischocke oder Lauch sind auch im Zierbeet ein echter Hingucker. Sonnige Standorte sind für die meisten Sorten optimal. Einige Gemüse-, Kräuter- und Beerenarten eignen sich auch für schattige Plätze: Kerbel (*Anthriscus cerefolium*), Waldmeister (*Galium odoratum*) und Meerrettich (*Armoracia rusticana*).
Im Halbschatten gedeihen gut: Kohlrabi (*Brassica oleracea* var. *gongylodes*), Wald-Erdbeeren (*Fragaria vesca*) und Himbeeren (*Rubus idaeus*).

Vermehrung: über Aussaat oder Teilung
Blüte: rot, rosa, weiß. Juli bis September.
Schöne Nachbarn: Phlox, Pfingstrose

GARTEN-RITTERSPORN [4.]

Delphinium-Arten
Wuchs: horstbildende Staude mit bis
1,80 m Höhe. Giftig!
Standort: Sonnig. Mittlerer bis hoher Nähr-
stoffbedarf. Schöne Bauerngartenpflanze.
Pflege: Rückschnitt über dem Boden nach
der ersten Blüte führt abermaliges Blühen
im Herbst herbei. Staudenstütze sinnvoll.
Vermehrung: über Aussaat oder Teilung
Blüte: blau, lila, weiß. Juni bis Juli.

AKELEI [5.]

Aquilegia-Hybride
Wuchs: einjährige, hoch aufschießende
Blume
Standort: halbschattig. Mittlerer Nährstoff-
bedarf.
Pflege: pflegeleicht. Hinterlässt Lücke im
Beet.
Vermehrung: über Aussaat. Sät sich an
geeigneten Plätzen schnell selbst aus,
ansonsten eher kurzlebig.
Blüte: in vielen verschiedenen Farben, auch
mehrfarbig. Mai bis Juni.
Schöne Nachbarn: Farne, Gehölzrand

BAUERN-HORTENSIE [6.]

Hydrangea macrophylla in Sorten
Blütengehölz, dessen Farbe vom pH-Wert
des Bodens beeinflusst wird. Es gibt viele
Arten und Sorten wie Raublatt-Hortensie,
Rispen-Hortensie, Kletter-Hortensie.

Wuchs: buschig, bis 1,50 m hoch
Standort: halbschattig. Mittlerer Nährstoff-
bedarf. Liebt saures Erdreich.
Pflege: Düngung mit Rhododendrondünger,
speziell für blaue Blüten ein Muss.
Vermehrung: Stecklinge
Blüte: weiß, rosa, rot, blau. Juli bis Sep-
tember.
Schöne Nachbarn: als Unterpflanzung von
Gehölzen wie Flieder

GROSSBLÄTTRIGES IMMERGRÜN [7.]

Vinca major
Wuchs: kriechend wachsender Boden-
decker, bildet Matten, bis 30 cm hoch
Standort: schattig, auch sonnig
Pflege: pflegeleicht und unkompliziert
Vermehrung: Teilung, Stecklinge
Blüte: lilablau. April bis Mai.
Schöne Nachbarn: in Gruppen pflanzen, für
Einfassungen

FUNKIE [8.]

Hosta-Cultivars
Staude mit schön gezeichneten großen
Blättern in vielen Arten und Sorten
Wuchs: Die Wuchshöhe variiert stark von
10 cm bis 1,20 m und mehr.
Standort: halb- bis vollschattig. Mittlerer
bis hoher Nährstoffbedarf.
Pflege: viele Sorten sind beliebt bei Schne-
cken. Als Gegenmittel eignen sich weniger
schmackhafte Sorten oder Topfpflanzung.
Vermehrung: Teilung
Blüte: weiß, lila. Juli bis August.
Schöne Nachbarn: andere Sorten mit un-
terschiedlicher Wuchshöhe, Bärlauch und
Farne

[5.]

[6.]

[7.]

[8.]

WEITERE SCHATTENPFLANZEN SIND: Bärlauch *(Allium ursinum)* **mit**
essbaren Blättern und schönen, weißen Blüten im Mai. Efeu *(Hedera helix)*
zum Beranken von Bäumen, Fassaden und schönem Fruchtschmuck. Farne
in vielen Arten und Sorten.

[1.]

[2.]

[3.]

SOMMERBLUMEN
jährlich aussäen

Bei Sommerblumen kommt die Blütenpracht aus der Tüte. Im Frühjahr säen Sie die Samen am besten direkt ins Beet. Denn Sommerblumen haben ein kurzes, aber schönes Leben.

STUDENTENBLUME [1.]
Tagetes patula
Familie: Korbblütler
Wuchs: einjährige Sommerblume, die je nach Sorte zwischen 15 bis 80 cm hoch wird
Standort: sonnig. Mittlerer bis hoher Nährstoffbedarf.
Vermehrung: Aussaat ab Mai direkt ins Freiland
Blüte: Gelb- bis Rottöne. April bis September.
Pflege: Entspitzen fördert buschigen Wuchs. Verblühtes sollte regelmäßig ausgeputzt werden. Vor Schnecken schützen (Schneckenzäune, ablesen).
Sorten & Arten: Die Gewürznelke *(Tagetes tenuifolia)* blüht ungefüllt in Gelb, Orange, Rotbraun und wird ca. 30 cm hoch.
Schöne Nachbarn: als Umrandung im Gemüsebeet oder breitwürfige Aussaat zwischen Kartoffelpflanzen

RINGELBUME [2.]
Calendula officinalis
Familie: Korbblütler
Wuchs: 30 bis 50 cm hoch, aufrecht, teils buschig wachsend. Bauerngartenpflanze.
Standort: sonnig. Mittlerer Nährstoffbedarf.
Vermehrung: ab April direkt ins Freiland aussäen. Wirkt an manchen Standorten wie eine Mehrjährige, da sie sich leicht selbst aussät. Der Samen ist ringelförmig, daher auch der Pflanzenname.
Blüte: gelb, orange. Mai bis September. Ungefüllte und gefüllte Blüten.
Pflege: robust. Um die Blütezeit zu verlängern und einen kompakten Wuchs zu fördern, sollten die Blüten jedoch regelmäßig ausgeputzt werden.
Sorten & Arten: 'Porcupine' mit orangefarbenen, essbaren und gekräuselten Blütenblättern, sehr dekorativ. 'Neon' mit tieforangefarbenen, dichtgefüllten Blütenblättern, die von einem weinroten Rand geziert werden.
Schöne Nachbarn: Rittersporn, Sonnenhut, Studentenblume, Sonnenauge

STOCKROSE [3.]
Alcea rosea
Familie: Malvengewächse
Wuchs: bis zu 2,50 m hohe, straff aufrecht wachsende, zweijährige Blume. Hübsch vor Mauern, aber auch in kleinen Gruppen frei stehend. Typische Bauerngartenpflanze.
Standort: sonnig. Mittlerer bis hoher Nährstoffbedarf.
Vermehrung: häufig als Jungpflanze im Frühjahr erhältlich. Direktaussaat im Herbst.
Blüte: sämtliche Farben bis auf Blau. Juli bis August.

Pflege: regelmäßig Verblühtes entfernen. Malvenrost kann im Sommer auftreten (kleine Pusteln an der Blattunterseite, an der Blattoberseite zeigen sich an diesen Stellen eingefallene gelbliche Verfärbungen). Die Pflanzen nicht zu dicht setzen und auf gute Nährstoffversorgung achten, befallene Pflanzenteile abschneiden.

Sorten & Arten: 'Nigra' mit dunklen, schwarzroten Blüten. 'Pleniflora' mit feuerroten, gefüllten Blüten und herzförmigen, behaarten Blättern.

Schöne Nachbarn: Schmuckkörbchen, Rittersporn und Bart-Iris

KLATSCH-MOHN [4.]

Papaver rhoeas

Familie: Mohngewächse

Wuchs: aufrecht buschig wachsende Einjährige, sät sich an geeigneten Plätzen gern selbst aus

Standort: sonnig, teilweise aber auch schattigere Plätze möglich. Mittlerer Nährstoffbedarf.

Vermehrung: Aussaat ab März ins Freiland

Blüte: rot, lachs oder weiß. Mai bis Juni.

Pflege: pflegeleicht

Weitere Arten: Island-Mohn *(P. nudicaule)* mit Blüten in Weiß, Gelb, Orange bis Rot, sehr filigran

Schöne Nachbarn: sämtliche Sommerblumen, insbesondere Margeriten, Fingerhut

SCHMUCKKÖRBCHEN [5.]

Cosmos bipinnatus

Familie: Korbblütler

[4.]

Wuchs: 80 cm bis 1,50 m hoch, einjährige Blume mit schönen Blüten und feinen fedrigen Blättern

Standort: sonnig. Mittlerer bis hoher Nährstoffbedarf.

Vermehrung: Aussaat ab Mai ins Freiland

Blüte: weiß, rosa, rot. Mai bis August.

Pflege: Um die Blütezeit zu verlängern, sollten regelmäßig die verblühten Blüten abgeschnitten werden.

Sorten & Arten: 'Sunset' mit zierlichen Blüten in Orangegelb. 'Sonata White' niedrige Sorte mit 50 bis 60 cm Höhe, daher sehr attraktiv für Töpfe und Beete, weiß blühend. 'Double Click' ist ein nostalgischer Dauerblüher mit gefüllten Blüten in Weiß, Rosa und Rot.

Schöne Nachbarn: Phlox, Stockrose, Löwenmäulchen

FINGERHUT [6.]

Digitalis purpurea

Familie: Rachenblütler

Wuchs: 80 cm bis 1,50 m hoch, aufrecht wachsende zweijährige Blume, die Horste bildet. Typische Bauerngartenpflanze. Vorsicht, giftig!

Standort: sonnig bis halbschattig. Mittlerer Nährstoffbedarf.

Vermehrung: wirkt wie eine Mehrjährige, da sich die Samen an passenden Standorten schnell selbst aussäen

Blüte: rot, rosa, weiß. Juni bis August.

Pflege: pflegeleicht

Sorten & Arten: Gelber Fingerhut *(D. lutea)* mit gelben, bis zu 50 cm langen Blütenkerzen. 'Alba' mit weißen Blüten.

[5.]

WEITERE SOMMERBLUMEN: Sommeraster *(Callistephus chinensis)* mit Blüten in Weiß, Gelb, Rosa, Violett, Blau von Juli bis Oktober, gefüllt und ungefüllt. Kornblume *(Centaurea cyanus)* mit ungefüllten und gefüllten Blüten in Blau, Weiß und Rosa von Mai bis August. Schlafmützchen *(Eschscholzia californica)* blüht von Juni bis September in Weiß, Gelb, Orange und Rot. Levkoje *(Matthiola incana)* blüht in Weiß, Gelb, Rosa, Violett und Blau von Mai bis Juli. Ranunkel *(Ranunculus asiaticus)* mit becherförmigen Blüten in Weiß, Gelb, Orange, Rosa, Rot von Januar bis Juni, gefüllt oder ungefüllt. Stiefmütterchen *(Viola × wittrockiana)* breites Farbenspektrum, auch mehrfarbig, mit einer Blütezeit von Februar bis Juni und September bis November.

[6.]

[1.]

STAUDEN
mit Konstanz und Struktur

Staudengewächse können sehr alt werden. Damit bringen Sie Konstanz und Struktur in Ihr Beet. Sehen Sie selbst.

[2.]

[3.]

PFINGSTROSE [1.]
Paeonia lactiflora
Der Klassiker aus dem Bauerngarten
Wuchs: aufrecht buschiger Wuchs mit bis zu 1 m Höhe
Standort: sonnig. Hoher Nährstoffbedarf.
Pflege: verträgt Umpflanzen sehr schlecht. Damit sie schnell wieder blüht, darauf achten, dass sie wieder in gleicher Höhe in den Boden gesetzt wird.
Vermehrung: Pflanzung optimalerweise im Herbst
Blüte: rosa, violett, weiß. Mai bis Juni.
Schöne Nachbarn: Frauenmantel, Sommer-Salbei und Phlox

GLOCKENBLUME [2.]
Campanula-Arten
Wie schon der Name vermuten lässt, äußerst aparte Blüten. Es gibt sie in vielen Arten und Sorten. Die Pfirsichblättrige Glockenblume *(C. persicifolia)* hat nickende große Glockenblüten. Die Dolden-Glockenblume *(C. lactiflora)* [→ Foto] wird bis zu 90 cm hoch.
Wuchs: aufrechter Wuchs bis 1 m Höhe. Am besten in Gruppen setzen.
Standort: sonnig bis halbschattig. Meist mittlerer Nährstoffbedarf.
Pflege: hohen Pflanzen eine Stütze geben, zu viel Nässe vermeiden

Vermehrung: Aussaat, Selbstaussaat
Blüte: weiß, violett, blau. Mai bis August.
Schöne Nachbarn: Taglilien, Frauenmantel und Akelei

PHLOX [3.]
Phlox-Arten
Typische Bauerngartenstaude
Wuchs: stark variierende Wuchshöhe, von Polster bis Hüfthöhe je nach Sorte und Art. Der Polster-Phlox *(P. subulata)* [→ Foto] wird nur ca. 15 cm hoch und bildet teppichartige Polster.
Standort: sonnig bis halbschattig. Hoher Nährstoff- und Wasserbedarf.
Pflege: hohe Arten und Sorten während der Blüte unbedingt stützen
Blüte: weiß, rosa, rot, lila. Juli bis Oktober.
Schöne Nachbarn: Rittersporn und Sonnenhut

STORCHSCHNABEL [4.]
Geranium × magnificum
Beliebt bei Bienen und anderen Insekten. Für naturnahe Gärten. Geranium gibt es in vielen Arten und Sorten. Geranium 'Rozanne' ist eine beliebte Sorte in Blaulila [→ Foto].
Wuchs: aufrecht buschig, bildet Horste, 40 bis 60 cm hoch
Standort: sonnig bis halbschattig

Pflege: gleichmäßig mit Wasser versorgen
Vermehrung: Teilung
Blüte: blauviolett. Juni bis Juli.
Schöne Nachbarn: in kleinen Gruppen an Gehölzrändern, in Staudenbeeten

FRAUENMANTEL [5.]
Alchemilla mollis
Wuchs: kugeliger Wuchs, bis zu 50 cm Höhe. Wunderschöne Blätter.
Standort: sonnig bis halbschattig. Mittlerer Nährstoffbedarf. Hoher Wasserbedarf.
Pflege: braucht Platz, vergilbte Blätter entfernen, um Selbstaussaat zu vermeiden auch die Blüten
Vermehrung: Aussaat oder Teilung
Blüte: gelb. Juni bis Juli.
Schöne Nachbarn: vielfältig kombinierbar. Hervorragend als Bodendecker und zur Beeteinfassung geeignet.

SCHAFGARBE [6.]
Achillea millefolium
Wuchs: aufrecht buschiger Wuchs, mit bis zu 1,50 m Höhe. Verschiedene Sorten mit unterschiedlichen Farben. Bienenmagnet.
Standort: sonnig. Mittlerer bis hoher Nährstoffbedarf.
Pflege: pflegeleicht, vergilbte Blätter entfernen
Vermehrung: leicht durch Selbstaussaat
Blüte: weiß, rosa, rot. Juli bis August.
Schöne Nachbarn: Rittersporn, Sonnenbraut, Katzenminze, Blaukissen

TRÄNENDES HERZ
Dicentra spectabilis
Wuchs: aufrecht buschiger Wuchs mit überhängenden Ästen. Bis zu 90 cm Höhe. Es gibt auch eine Zwergform, die mit bis zu 30 cm Höhe deutlich kleiner bleibt.
Standort: sonnig bis halbschattig. Mittlerer bis hoher Nährstoffbedarf.
Pflege: hinterlässt Lücke im Beet
Vermehrung: Aussaat oder Teilung
Blüte: rosa mit Weiß. Mai bis Juni.
Schöne Nachbarn: naturnahe Pflanzungen, am Gehölzrand, in Staudenbeeten

BLAUKISSEN
Aubrieta-Cultivars
Wuchs: polsterbildende Staude bis 15 cm Höhe
Standort: sonnig. Niedriger Nährstoffbedarf.
Pflege: nach der Blüte zurückschneiden
Vermehrung: über Stecklinge und Teilung
Blüte: blau, purpur, rosa, violett, weiß. April bis Mai.
Schöne Nachbarn: frühe Blumenzwiebeln oder andere Polsterstauden wie Gänsekresse oder Steinkraut. Gut geeignet zur Beeteinfassung oder für Steingärten.

KISSEN-ASTER
Aster dumosus
Wuchs: aufrecht buschiger Wuchs, bis zu 40 cm Höhe. Verschiedene Sorten mit unterschiedlichen Farben.
Standort: sonnig. Hoher Nährstoffbedarf.
Pflege: Spross wird im Herbst oder Frühjahr zurückgeschnitten
Vermehrung: Aussaat oder Teilung
Blüte: weiß, rosa, rot, violett, blau. September bis Oktober.
Schöne Nachbarn: wichtiger Herbstblüher für Beet- und Staudenpflanzungen sowie Steingärten

[4.]

[5.]

[6.]

SPITZEN DER ZWIEBELN IMMER NACH OBEN EINSETZEN

DAS IST
wirklich
WICHTIG

[a] ZWIEBELN WERDEN IN EINEN FRASS-KORB aus Maschendraht ins Beet gesetzt. Heben Sie dazu ein flaches Loch aus, setzen Sie den Korb samt Zwiebeln, deren Spitzen nach oben zeigen, ein und bedecken Sie alles mit Erde.

[b] NARZISSENZWIEBELN WERDEN HIER ALS TUFF direkt in die Rasenfläche gepflanzt. Stechen Sie dazu vorsichtig die Grasnarbe mit einem Spaten ab. Legen Sie die Zwiebeln eng aneinander hinein.

[c] SETZEN SIE ABSCHLIESSEND DIE ABGESTO-CHENE GRASNARBE wieder ein und drücken Sie sie an.

[a]

[b]

[c]

DEN FRÜHLING PFLANZEN

Blumenzwiebeln legen

Die meisten Zwiebelpflanzen sind sehr pflegeleicht. Sie bevorzugen einen durchlässigen Boden und einen sonnigen bis halbschattigen Standort.

BLÜTE- UND PFLANZZEIT

Zwiebelblumen zählen wohl zu den schönsten Frühlingsboten. Aber auch im Sommer und Herbst sorgen einige ihrer Vertreter für Blütenpracht. Zu ihnen zählen Zierlauch und Dahlien. Letztere sind besonders kälteempfindlich und werden daher erst im Frühjahr gepflanzt und im Herbst wieder ausgebuddelt. Die meisten Frühlingsblüher wie Krokusse, Hyazinthen und Tulpen können Sie bereits ab September bis zu den ersten Frösten setzen. Behalten Sie, wie stets bei der Auswahl Ihrer Zierpflanzen, die unterschiedlichen Blütezeiten im Auge (siehe Seite 58/59). Teurere Zwiebeln lohnt es, mit einem einfachen Fraßkorb aus Maschendraht zu schützen. So verhindern Sie, dass die Blütenpracht Wühlmäusen zum Opfer fällt.

VIELFALT IN DER GESTALTUNG

Zwiebeln und Knollen können Sie je nach Geschmack auf sehr unterschiedliche Weise anordnen. So machen sie sich beispielsweise im Zierbeet ebenso gut wie in der freien Rasenfläche. Besonders reizvoll ist das Setzen in sogenannten Tuffs. Hierbei werden viele Zwiebeln, z. B. Traubenhyazinthen, als engstehende Gruppe gepflanzt. Aber auch eine lockere Verteilung hat ihren Charme z. B. bei verschiedenfarbigen Tulpen, die über das Beet verteilt werden. Die Wurfmethode zur Platzierung ist besonders für Krokusse geeignet. Nehmen Sie dazu einfach eine Handvoll Zwiebeln und werfen Sie sie auf die gewünschte Pflanzfläche, z. B. auf den Rasen. Diese Pflanzung wirkt besonders natürlich. Wollen Sie die Zwiebeln umsetzen, warten Sie, bis die Blumen verblüht sind und sich das Laub gelb verfärbt und einzieht.

ANLEITUNG

1. Stechen Sie mit der Pflanzkelle oder einem Zwiebelsetzer ein kleines Loch aus. Es sollte ungefähr doppelt so tief sein wie die Zwiebel selbst.
Tipp: Wenn Sie die Zwiebel tiefer pflanzen, verschieben Sie den Zeitpunkt des Austriebs nach hinten.
2. Setzen Sie alle Zwiebeln mit den Wurzelhärchen nach unten ein.
3. Wenn alle Zwiebeln gesetzt sind, bedecken Sie sie mit Erde und gießen an.

ACHTEN SIE BEIM KAUF darauf, dass die Zwiebeln prall und fest sind und eine intakte Außenhaut aufweisen. Dies ist der erste Schritt in Richtung Blütenpracht.

ZWIEBELBLUMEN
im Jahresverlauf

Nicht nur als Frühlingsboten machen sich Zwiebelpflanzen gut. Ihre Vertreter erfreuen uns fast das ganze Jahr. Es gibt Frühlings- und Herbstzwiebeln.

SCHACHBRETTBLUME [1.]
Fritillaria meleagris
Wuchs: Horste von 25 bis 35 cm Höhe. Vorsicht, giftig.
Pflanzung: im August zu kleinen Gruppen in 5 bis 10 cm Tiefe im Beet
Blüte: purpurfarben mit Schachbrettmusterung. April.
Schöne Nachbarn: in gemischten Beet- und Staudenpflanzungen, hinterlässt Lücke im Beet

HYAZINTHE [2.]
Hyacinthus orientalis
Wuchs: schmal, aufrecht, 20 bis 30 cm hoch. Ganze Pflanze ist giftig.
Pflanzung: im Herbst Zwiebeln 10 cm tief in den Boden legen
Blüte: blau, rosa, weiß, gelb, rot. April bis Mai.
Schöne Nachbarn: in Gruppen pflanzen, auch schön mit Wildtulpen und Stiefmütterchen

TRAUBENHYAZINTHE [3.]
Muscari botryoides
Wuchs: aufrechte Horste, 10 bis 20 cm hoch
Pflanzung: im Spätsommer bis Herbst in 5 bis 8 cm Tiefe
Blüte: blau, weiß. April/Mai.
Schöne Nachbarn: Tulpen, Narzissen, Kissen-Primeln

TULPE [4.]
Tulipa in Sorten
Wuchs: aufrecht, 30 bis 60 cm hoch
Pflanzung: im Spätsommer bis Herbst zu kleinen Gruppen oder als Solitär in 10 bis 15 cm Tiefe
Blüte: sehr viele unterschiedliche Farben und Formen. März bis Mai.
Schöne Nachbarn: Traubenhyazinthen, Narzissen

NARZISSE [5.]
Narcissus pseudonarcissus
Wuchs: bis 70 cm hoch. Vorsicht, giftig.
Pflanzung: im Spätsommer in 10 bis 15 cm Tiefe zu Tuffs in Beet- oder Rasenfläche
Blüte: gelb, weiß, auch mehrfarbig. März/April.
Schöne Nachbarn: Tulpen, (Trauben-)Hyazinthen, Stiefmütterchen, Bellis

SCHNEEGLÖCKCHEN
Galanthus nivalis
Wuchs: staudige Horste, 10 bis 15 cm hoch
Pflanzung: im Frühherbst in 5 bis 10 cm Tiefe zu kleinen Gruppen am Rand von Beeten oder Gehölzen
Blüte: weiß mit Grün. Januar bis März.
Schöne Nachbarn: Winterling, Krokusse, Christrose, Gehölze

[1.]

[2.]

[3.]

[4.]

[5.]

KROKUS
Crocus vernus
Wuchs: Horste mit 10 bis 15 cm Höhe
Pflanzung: Spätsommer bis Frühherbst zu kleinen Gruppen in 6 bis 10 cm Tiefe im Zierbeet, am Gehölzrand oder im Rasen
Blüte: weiß, gelb, blau, lila, auch mehrfarbig. Februar/April.
Schöne Nachbarn: Schneeglöckchen, Winterling, Gehölze

RIESEN-ZIERLAUCH
Allium giganteum
Wuchs: aufrecht, bis zu 1,50 m hoch. Ein echter Star im Zierbeet. Dennoch hinterlässt er nach dem Verblühen trotz seiner schlanken Linie keine Lücke im Beet.
Pflanzung: im Herbst in ca. 20 cm Tiefe
Blüte: lila, weiß, gelb. Mai/Juni.
Schöne Nachbarn: Taglilie, Frauenmantel, Phlox

LILIE
Lilium in Sorten
Wuchs: aufrecht, 30 cm bis 1,50 m hoch
Pflanzung: im Spätsommer in 10 bis15 cm Tiefe. Benötigt häufig eine Stütze.
Blüte: sehr viele Farben und Sorten. Juni bis September.
Schöne Nachbarn: Phlox, Bart-Iris, Sonnenhut

DAHLIE
Dahlia in Sorten
Wuchs: buschig und aufrecht, 60 cm bis 1,30 m hoch
Pflanzung: im Frühjahr nach den letzten Frösten in 10 bis 15 cm Tiefe. Vor dem ersten Frost im Herbst auf 10 cm einkürzen und ausgraben. Überwintern in einem Kasten mit Sand an einem kühlen Ort.
Blüte: sehr viele Farben und Formen, auch mehrfarbig. Juni bis Oktober.
Schöne Nachbarn: Phlox, Sonnenhut

DAS IST
wirklich
WICHTIG

[a] WURZELNACKTE ROSEN VOR DEM EIN-PFLANZEN 24 Stunden ausgiebig wässern.

[b] WURZELN UND TRIEBE werden vor dem Einpflanzen auf ca. 20 cm zurückgeschnitten, um ein ausgeglichenes Verhältnis zwischen den Wachstumsorganen herzustellen. Die Rose wird es mit einem üppigen Austrieb danken!

[c] DIE VEREDLUNGSSTELLE MUSS BEIM EIN-PFLANZEN 5 cm, also ca. drei Fingerbreit unter der Erdoberfläche liegen.

[d] GUT ANGIESSEN, damit Ihre Rose richtig anwachsen kann.

[e] ALS KÄLTESCHUTZ werden die noch empfindlichen Rosen eine gute Handbreit mit Gartenerde angehäufelt.

DIE ROSEN-VEREDLUNG MUSS 5 CM IM BODEN LIEGEN

ROSEN PFLANZEN

Edles für Sparfüchse

Eine günstige Alternative zu den getopften Containerrosen sind sogenannte wurzelnackte Rosen. Aufgrund ihres geringeren Gewichtes gegenüber der Ballenware werden sie häufig übers Internet verkauft.

BESTE VORAUSSETZUNGEN: STANDORT UND BODEN

Rosen sind Sonnenkinder. Ihr Standort sollte mindestens fünf Stunden am Tag direkt beschienen werden. Ebenso wichtig ist aber auch eine gute Durchlüftung. Auf diese Weise trocknen die Blätter nach einem Schauer schneller ab und das Risiko für Pilzerkrankungen wird gemindert. Zudem schätzen Rosen einen lockeren Boden mit hohem Humusgehalt sowie eine gleichmäßige Nährstoffversorgung. So können sich ihre Wurzeln schnell ausbreiten. Der pH-Wert sollte zwischen 6 und 7 liegen. Bei der Standortwahl achten Sie darauf, dass zuvor keine Rosengewächse ansässig waren. Falls dies doch der Fall war, wechseln Sie den Boden großzügig aus.

ANLEITUNG

1. **Beachten Sie unbedingt die Pflanzzeit:** Wurzelnackte Rosen können in frostfreien Boden von Oktober bis Ende April gepflanzt werden. Eine Herbstpflanzung verschafft der Pflanze optimale Startbedingungen. Die Rose hat dann bis zum Frühjahr Zeit, Wurzeln zu entwickeln.
2. **Gründliches Wässern der Rosen vor dem Pflanzen** ist besonders im Frühjahr unerlässlich. Gönnen Sie den Pflanzen samt Trieben für zwölf bis 24 Stunden ein Wasserbad.
3. **Schneiden Sie die Wurzeln und Triebe** auf ca. 20 cm zurück. Kürzen Sie etwa 0,5 cm oberhalb einer Blattknospe, auch Auge genannt.
4. **Heben Sie großzügig ein Pflanzloch aus** von ca. 40 cm Durchmesser und Tiefe. Setzen Sie die Rose so ein, dass die Veredlungsstelle, so heißt der verdickte Teil oberhalb der Wurzeln, etwa 5 cm unterhalb des Erdniveaus liegt. Befüllen Sie das Pflanzloch mit etwas reifer Komposterde und dem Bodenaushub. Drücken Sie die Erde mit der geballten Faust an, damit die Wurzeln guten Bodenkontakt bekommen. Nach der Hälfte schlämmen Sie mit viel Wasser an. Füllen Sie das Loch weiter auf und drücken Sie die Erde an.
5. **Gießen Sie die Rose** noch einmal gründlich an.
6. **Zum Kälteschutz häufeln** Sie die Rose eine gute Handbreit mit Gartenerde an. Im Herbst sollte sie zudem mit Tannenzweigen abgedeckt werden.

BALLENWARE KANN im Unterschied zu wurzelnackten Rosen auch in den Sommermonaten gesetzt werden. Auch hier sollten Sie darauf achten, dass die Veredlungsstelle etwa 5 cm unter der Erdoberfläche liegt. Die Pflanzung ähnelt der des Hausbaumes (siehe Seite 66/67, Baumpflanzung).

ROSEN 1 × 1

Gute Pflege für die Königin der Zierbeete

Seit Jahrtausenden wird sie verehrt, vollkommen zu Recht! Für das Wohlergehen Ihrer Rosen können Sie einiges unternehmen. Hier einige Pflegetipps und Hintergrundwissen rund um ihre Majestät.

SCHNEIDEN, DÜNGEN UND SCHÜTZEN

Die Basis für ein üppiges Wachstum schaffen Sie wie immer mit der richtigen Pflanzenwahl. Suchen Sie gezielt Sorten aus, die gegen typische Rosenkrankheiten wie Mehltau und Sternrußtau widerstandsfähig sind.

Achten Sie auf eine gleichmäßige Nährstoffversorgung zur Gesundheitsvorsorge Ihrer Rose. Empfehlenswert ist hier ausnahmsweise ein organischer Volldünger. Dieser sollte während des Austriebs im März/April und während der Hauptblütezeit im Juni ausgebracht werden. Wichtig ist, unbedingt die vorgeschriebene Dosierung einzuhalten, da Sie sonst Pflanze und Umwelt schädigen!

Auch ein regelmäßiger Schnitt erhält die Gesundheit. Beim sogenannten Sommerschnitt entfernen Sie lediglich Verblühtes und regen so bei bestimmten Sorten ein erneutes Blühen an. Beim sogenannten Rückschnitt wird die Rose wesentlich stärker eingekürzt. Anfänger schrecken davor häufig zurück, doch die wichtigste Regel für den Rosenschnitt lautet: Ein starker Schnitt erhöht die Blühkraft und Wüchsigkeit der Rose! Trauen Sie sich also. Lediglich bei einmal blühenden Rosen ist etwas mehr Zurückhaltung gefragt: Diese blühen nicht am einjährigen, sondern erst am mehrjährigen Holz (Schnittmuster siehe Seite 64/65).

Zum Winter häufeln Sie die Rose auf ca. 15 cm an. Ein zusätzlicher Schutz kann aus Tannenreisig oder Jute bestehen.

GESTALTEN MIT ROSEN: SCHÖNE PFLANZNACHBARN

Rosen können auf vielfältige Weise verwendet werden. Wichtig ist, ihre Wuchsform bei der Gestaltung zu beachten. Zum Beranken von Bäumen [→ Foto], Pergolen oder Bögen eignen sich Kletterrosen. So erwecken Ramblerrosen einen morschen Obstbaum wieder zum Leben. Die Kombination von rankenden Rosen mit anderen Kletterpflanzen wie Waldrebe (Clematis), Weinrebe und Heckenkirsche (Geißblatt) wird von Gärtnern seit Jahrhunderten geschätzt und reicht damit weit vor die Anfänge der klassischen Rosenzucht im 19. Jahrhundert. Beliebte Pflanzpartner für Beet- und Strauchrosen, aber auch Hochstämmchen sind Lavendel, Schleierkraut und Steinquendel. Typisch für den Bauerngarten ist eine Umrandung aus Buchs. Mit hohen Stauden wie Rittersporn, Eisenhut und Königskerze können Sie den Beethintergrund gestalten.

KULTURHISTORIE: EINE INSPIRIERENDE UND HEILENDE GRAZIE

Die Schönheit und Anmut der Rose hat die Menschen seit Urzeiten fasziniert und zieht sich durch viele große Kulturen des Altertums. Schon die alten Perser, Chinesen, Ägypter, Griechen und Römer hegten und pflegten die „Königin der Blumen", wie sie die altgriechische Dichterin Sappho taufte, in eigenen Gärten. Neben der Bewunderung ihrer Schönheit und ihres Duftes erfreute sich die Rose ab dem Mittelalter in Europa aber aus einem anderen Grund großer Beliebtheit. Hier wurde sie vor allem wegen ihrer Heilkraft verehrt. In den Nutzgärten der Kloster- und Bauerngärten übernahm sie die leitende Funktion. Die ersten Kulturrosen, die wir heute so schätzen, wurden aber erst in der Renaissance aus den Wildarten gezüchtet. Im 20. Jahrhundert schließlich verfasste Gertrude Stein das Gedicht, dessen Anfangszeilen heute zum geflügelten Wort geworden sind: „Eine Rose ist eine Rose ist eine Rose ..."

ADR – DAS ABITUR FÜR ROSEN Die Auszeichnung der „Allgemeinen Deutschen Rosenneuheitenprüfung", kurz ADR, wird erst nach einer intensiven Testphase verliehen. Über einen Zeitraum von drei bis vier Jahren werden die Neuheiten in elf speziellen Sichtungsgärten, über ganz Deutschland verteilt, unter dem Verzicht des Einsatzes von Pflanzenschutzmitteln beobachtet. Getestet werden neben Blüheigenschaften und Duft auch die Widerstandsfähigkeit gegenüber Winterhärte und Krankheiten. Nur wenn die Sorte gesund und schön aus dieser Prüfung hervorgeht, erhält sie das Etikett mit dem ADR-Prädikat. Betrieben wird die Einrichtung, die in den 1950er-Jahren von dem Züchter Wilhelm Kordes initiiert wurde, von verschiedenen Rosenzüchtern, dem Bund Deutscher Baumschulen sowie unabhängigen Experten.

[1.]

[2.]

[3.]

[4.]

ROSEN
für jeden Gartenbereich

Seit über 150 Jahren wird die „Königin der Blumen" gezüchtet. Seitdem hat sich nicht nur eine unendlich große Sorten-, sondern auch eine große Klassenvielfalt entwickelt. Diese unterscheiden sich vor allem in ihrem Wuchs.

WILDROSEN [1.]

Die Mutter aller Rosen: Mitte des 19. Jahrhunderts entwickelte sich auf ihrer Grundlage die Züchtung der heutigen Kulturrosen. Ihre Wuchsform reicht von niedrigen Büschen bis hin zu 3 m hohen Kletterpflanzen. Die meisten sind einmal blühend. Sie sind robust und weniger krankheitsanfällig als Zuchtformen.

Bekannte Sorten und Arten: Essigrose, z. B. *Rosa gallica* 'Tuscany' in Dunkelrot [→1.], Hundsrose, Apfelrose, Apothekerrose, Kartoffelrose

Rückschnitt: Da Wildrosen nicht am einjährigen Holz blühen, werden im Frühjahr lediglich kranke und tote Zweige entfernt. Nach der Blüte im Frühsommer erfolgt dann ein vorsichtiger Auslichtungsschnitt. Hier werden alte und zu dicht wachsende Zweige entfernt.

BEETROSEN [2.]

Sie haben mit bis zu 80 cm Höhe einen eher niedrigen kompakten Wuchs. Mehrmaliges Blühen, häufig in Dolden. Besonders schön wirken sie, wenn sie in kleinen oder größeren Gruppen gepflanzt werden.

Bekannte Sorten: 'Leonardo da Vinci®' in Dunkelrosa [→2.], 'Pastella®' in Weiß, nostalgisch, 'Aprikola®' in Aprikosengelb, 'Ge-

brüder Grimm®' in Orangerot, 'Kronjuwel®' in Rot

Rückschnitt: wenn die Knospen gegen Ende März/Anfang April anschwellen auf ca. ein Drittel der ursprünglichen Wuchshöhe einkürzen

EDELROSEN [3.]

Straff aufrechte Wuchsform mit bis zu 1,20 m Höhe. Erhöhte Standortansprüche. Zur Kombination mit anderen Pflanzen eher ungeeignet. Dafür betören sie mit ihrem Duft und edler Blüte.

Bekannte Sorten: 'Schneeflocke®' in Weiß [→3.], 'Nostalgie®' in Weiß mit Rot, 'Berolina®' in Zitronengelb, 'Ingrid Bergmann®' in Dunkelrot

Rückschnitt: wenn die Knospen gegen Ende März/Anfang April anschwellen auf ca. ein Drittel der ursprünglichen Wuchshöhe einkürzen

STRAUCHROSEN [4.]

Buschige Wuchsform mit bis zu 2 m Höhe. Vielseitig verwendbar von der Alleinstellung (Solitär) über gemischte Pflanzungen bis hin zur Hecke.

Bekannte Sorten: 'Gateway®' in Rosa/Lachs [→4.], 'Schneewittchen®' in Weiß,

'Postillion®' in Gelb, 'Angela®' in Altrosa, 'Triade®' in Dunkelrot

Rückschnitt: Wichtig ist hier die Unterscheidung von einmal und öfter blühenden Sorten. Letztere blühen am einjährigen Holz und können daher im Frühjahr alle fünf Jahre stark auf ca. die Hälfte ihrer Wuchshöhe zurückgeschnitten werden. Bei einmal blühenden Strauchrosen erfolgt dagegen ein Auslichtungsschnitt nach der Blüte (siehe Wildrosen).

KLEINSTRAUCHROSEN

Auf Grund ihrer eher niedrigen und buschigen Wuchsform werden sie auch als Bodendecker- oder Flächenrosen bezeichnet. Häufig werden sie in großen Gruppen gepflanzt. Sie sind in der Regel sehr pflegeleicht und robust.

Bekannte Sorten: 'Diamant®' in Weiß, 'Loredo®' in Gelb, 'Heidetraum®' in Karminrosa, 'Mirato®' in Pink, 'Gärtnerfreude®' in Rot

Rückschnitt: Alle zwei bis drei Jahre im Frühjahr auf ca. ein Drittel der Wuchshöhe einkürzen.

KLETTERROSEN [5.]

Unterschieden werden sogenannte Climber- und Rambler-Rosen. Climber sind öfter blühend und müssen bei einer maximalen Wuchshöhe von 3 m aufgebunden werden. Die starkwüchsigen Rambler erreichen auch ohne Kletterhilfe eine Höhe von bis zu 10 m. Sie blühen einmal im Jahr, aber üppig über mehrere Wochen.

Bekannte Sorten: 'American Pillar' in Karminrosa mit weißem Auge [→5.], 'Bobbie James' in Weiß, 'Lykkefund' in Rahmweiß,

'Rosarium Uetersen®' in Tiefrosa, 'Dortmund®' in Blutrot

Rückschnitt: Junge kräftige Langtriebe, also die langen Ruten von denen sich Seitentriebe verzweigen, werden möglichst stehen gelassen. Gekürzt werden einige Seitentriebe und das alte Holz.

HOCHSTAMMROSEN [6.]

Sie sind in der Regel eine Kreuzung aus der Hundsrose, die das Stämmchen und die Wurzeln bildet sowie einer Edel, Beet- oder Kleinstrauchrose, die die Krone bildet. Sie zählen daher nicht zu den klassischen Rosengruppen. Auf Grund der Wuchsform sind sie empfindlicher gegenüber Witterungseinflüssen. Daher auf guten Frostschutz im Winter und regelmäßigen Rückschnitt achten. Schöne Unterpflanzung beispielsweise mit Lavendel, Buchs oder Staudenbeet.

Bekannte Sorten: 'Pat Austin' Englische Rose in Kupfergelb [→6.].

Rückschnitt: Er richtet sich nach der Sorte, mit der veredelt wurde. Bei Kleinstrauchrosenkronen findet also nur ein Auslichtungs- und Formschnitt statt, Edel- und Beetkronen können stärker beschnitten werden.

HISTORISCHE ROSEN [7.]

Zu ihnen zählt man alle Rosen, die es bereits vor der Einführung der ersten Edelrosen 1867 gab. Sie wachsen eher niedrig buschig und blühen meist nur einmal im Jahr. Betören mit ihrem Duft.

Bekannte Sorten: 'Comtesse de Murinais' in Zartrosa [→7.], 'Souvenir de la Malmaison' in Rosaweiß, 'Louise Odier' in Hellrosa, 'Rose de Resht' in Rot

Rückschnitt: Auslichtungsschnitt nach der Blüte (siehe Wildrosen)

ENGLISCHE ROSEN [8.] Bei diesen Rosen wurden die Vorzüge alter und moderner Rosen vereint. Sie sind eng mit dem Namen des englischen Rosenliebhabers und -züchters David Austin verknüpft. Die Sorten wachsen strauchartig und sind auf Grund ihrer großen, nostalgischen Blüten mit herrlichem Duft sehr beliebt. Es gibt ein großes Sortenangebot, z. B. 'Princess Margareta' [→8.]

[5.]

[6.]

[7.]

[8.]

[a]

DIE JUNGEN BÄUME BRAUCHEN EINEN FESTEN HALT

[b]

[c]

DAS IST
wirklich
WICHTIG

[a] PFLANZLOCH AUSHEBEN

[b] JUNGE BÄUME BRAUCHEN NOCH EINE STÜTZE. Bei ballenlosen Gehölzen können Sie den Pfahl relativ nah und parallel zum Stamm setzen. Bei Ballenware im 45°-Winkel.

[c] BEIM GRÜNDLICHEN ANGIESSEN wird die Erde an die Wurzeln geschwemmt.

[d] DER BAUM WIRD ZUM SCHLUSS mit dem Strick an seiner Stütze befestigt.

[d]

HAUSBÄUME PFLANZEN

Lebensräume schaffen

Bäume haben einen hohen ökologischen Wert: Sie filtern nicht nur Abgase aus der Luft und sind ein vielseitiger Lebensraum, sondern schützen auch vor Wind und Wetter und geben jedem Garten einen unverwechselbaren Charakter.

GUTER START INS NEUE LEBEN

Eine gute Bodenvorbereitung schafft auch für Gehölze die besten Startbedingungen. Zu dieser Pflanzengruppe zählen neben den Bäumen und Sträuchern auch Rosen.

Beachten Sie bei der Wahl des Gehölzes unbedingt, welche Wuchshöhe es voraussichtlich einmal erreichen wird! Und bedenken Sie bei der Standortwahl auch den Schatten, den die Pflanze später werfen wird.

Der mögliche Pflanzzeitpunkt richtet sich danach, ob es sich um Ballen-, Container- oder sogenannte wurzelnackte Ware handelt. Gewächse mit Ballen können an frostfreien Tagen fast über das ganze Jahr gesetzt werden, wurzelnackte hingegen nur im zeitigen Frühjahr oder Herbst. Eine Pflanzung im Herbst hat den Vorteil, dass sich schon während des Winters feines Wurzelwerk entwickelt. Der Austrieb im nächsten Frühjahr ist dann schneller und kräftiger.

PFLANZANLEITUNG

1. **Stellen Sie das Gehölz an den Pflanzplatz** und prüfen Sie noch einmal von allen Seiten seine optische Wirkung. Wenn Sie mit Ihrer Wahl zufrieden sind, stellen Sie die Pflanze in einen Wassereimer. Wurzelnackte Pflanzen sollten mindestens eine Stunde ziehen. Zudem müssen ihre Wurzeln leicht zurückgeschnitten werden. Heben Sie ein Loch aus, das ungefähr doppelt so groß ist wie das Wurzelwerk. Auch in der Tiefe sollte es gut aufgelockert sein. So vermeiden Sie Staunässe und die Wurzeln können sich leichter verzweigen.

2. **Vermengen Sie den Erdaushub** mit reifem Kompost und fügen Sie etwas Hornspäne hinzu. Stellen Sie das Gehölz ins Pflanzloch. Da es möglichst in der gleichen Tiefe wie in der Baumschule wachsen sollte, achten Sie insbesondere auf Verfärbungen am Stamm. Bei Ballenware schließt die Oberfläche mit Bodenniveau ab. Hier müssen Sie nun noch das Sackleinen lösen, damit die Pflanze ungehindert wachsen kann. Bäume benötigen zur Stabilisierung je nach Größe einen oder mehrere Stützpfosten. Bei Ballenware wird der Pfosten im 45°-Winkel eingeschlagen, um die Wurzeln nicht zu verletzen. Bei wurzelnackten Bäumen kann die Stütze parallel zum Stamm gesetzt werden.

3. **Befüllen Sie das Pflanzloch zur Hälfte** mit dem angereicherten Aushub und drücken Sie die Erde fest. Korrigieren Sie gegebenenfalls den Stand. Wässern Sie gründlich.

4. **Verfüllen Sie das Loch bis zum Bodenniveau** und drücken Sie gut an. Bilden Sie einen kleinen Erdwall als Gießkreis um das Gehölz und wässern Sie abermals reichlich. Die Bäume werden jetzt mit einem Kokosstrick am Stützpfosten festgebunden.

DIE WELT DER GEHÖLZE
Pflege und Schnitt

Gehölz ist nicht gleich Gehölz. Unterschiede gibt es nicht nur im Wert für die heimische Tierwelt, sondern auch in der Pflanzung.

HECKEN: EIN LEBENDIGER SICHTSCHUTZ

Bei Hecken werden Gehölze (gleiche oder verschiedene Pflanzenarten) dicht aneinandergereiht gepflanzt. Ihre Vorzüge sind augenscheinlich: Sie bieten nicht nur einen ansehnlichen Wind-, Wetter- und Sichtschutz, sondern sind zugleich Lebensspender [→ Foto]. Dies gilt vor allem für heimische Gewächse.

Kirschlorbeer und Nadelgehölze (Koniferen) sind zwar häufig seh⁻ schnellwüchsig, für unsere Tiere und Insekten bieten sie jedoch kaum Nahrungs- und Lebensraum. Zudem müssen ihre Schnittreste entsorgt werden, da sie nicht kompostierbar sind.

RICHTWERTE FÜR PFLANZ-ABSTÄNDE BEI HECKEN

HECKENTYP	PFLANZEN	PFLANZABSTÄNDE
Lockere/frei wachsende Hecken	mit verschiedenen heimischen Sträuchern oder Kirschlorbeer	1 bis 2 Pflanzen je Meter
Immergrüne Hecken	Eiben, Lebensbäume, Scheinzypressen	2 bis 3 Pflanzen je Meter
Strenge Hecken	Buchs, Liguster, Berberitzen	3 bis 5 Pflanzen je Meter

EINE FRAGE DES GESCHMACKS: SOMMER- ODER IMMERGRÜN?

Bei den Heckenpflanzen wird in Sommer- und Immergrüne unterschieden. Sommergrüne Hecken werfen zwar im Winter ihr Laub ab, dies kann aber auch ein Vorteil sein. Denn im Winterhalbjahr lassen sie mehr Licht einfallen. Immergrüne Hecken bieten, besonders wenn sie sehr dicht als sogenannte Schnitthecke gepflanzt werden, einen optimalen Sichtschutz. Oft wirken sie aber auch etwas trist und leblos. Wie der Name schon anzeigt, sollten Schnitthecken, z. B. aus Thuja und Buchsbäumen, regelmäßig ein- bis zweimal im Jahr beschnitten werden.

PFLANZEN EINER HECKE

Eine Hecke zu pflanzen ist nicht schwer (siehe Seite 66/67, Hausbaum). Möchten Sie eine sehr gerade und exakte Pflanzung, ziehen Sie am besten eine Pflanzschnur und befestigen sie mit Pflöcken. Entlang der gespannten Leine können Sie nun einen Pflanzgraben ausheben. Der Abstand richtet sich nach Wachstum und Verzweigung: Langsam wachsende Gehölze wie Buchsbaum werden enger gesetzt, starkwüchsige Arten wie der Kirschlorbeer eher

weiter. Bedenken sollten Sie: Ist der Pflanzabstand zu gering, schließt sich die Hecke zwar schnell, es besteht jedoch die Gefahr, dass die Pflanzen später auf Grund des Lichtmangels von innen verkahlen.

SCHNITT 1 × 1 FÜR GEHÖLZE

• Erkundigen Sie sich bereits beim Kauf nach den Schnittregeln für das Gehölz.

• Achten Sie auf scharfes Werkzeug, damit keine Zerfaserungen oder Quetschungen an der Schnittstelle auftreten. Je nach Astdicke verwenden Sie eine Säge oder Astschere. Eine kleine Gartenschere reicht für maximal fingerdicke Zweige.

• Entfernen Sie möglichst wenige der knospenbildenden Zweige (dies variiert: Blüten bilden sich entweder an den neu ausgeschlagenen Zweigen oder am älteren Holz).

• Bei dicken Ästen setzen Sie die Säge zunächst ca. zwei bis drei Handbreit vom Stamm entfernt von unten an und sägen bis zur Mitte. Ein zweiter Schnitt von oben lässt den Ast schließlich fallen. Mit einem dritten Schnitt entfernen Sie den Stummel direkt am Stamm. Mit dieser Technik minimieren Sie sowohl Ihr eigenes Verletzungsrisiko als auch das des Baumes. Dünnere Äste können auf Grund des geringeren Gewichtes mit einem Schnitt am Stamm abgesägt oder abgeschnitten werden. Ein Wundverschluss ist in der Regel nicht erforderlich. Der beste Schutz gegen Pilzerkrankungen etc. ist ein sauberer Schnitt.

- Erkundigen Sie sich, ob die Gehölzart einen starken Rückschnitt verträgt wie Flieder und Forsythie oder keinen wie die meisten Koniferen (Ausnahmen sind Mammutbaum, Eibe, Hemlocktanne).
- Entfernen Sie in jedem Fall im Frühling erfrorenes und störendes Holz. Dazu zählen z. B. sich überkreuzende Zweige, da sie sich in ihrem Wuchs beeinträchtigen. Entfernen Sie bevorzugt zur Mitte hin zeigende Zweige. Achten Sie auf eine ansprechende Gesamtform.
- Verjüngt ein Strauch von der Basis (d.h. sein Wachstum beginnt stetig am Fuße) wie z. B. Forsythie und Johannisbeere, sollten Sie bei sehr dichtem Wuchs auch kräftige Triebe am Boden abschneiden.
- Schnitthecken werden häufig trapezförmig geschnitten. Das Spannen einer Richtschnur hilft, die Hecke in die richtige Form und Höhe zu schneiden.

GRENZABSTAND ZUM NACHBARN

Hecken dürfen in der Regel nicht direkt auf die Grundstücksgrenze gepflanzt werden. Möchten Sie Ärger vermeiden, sollten bei der Pflanzung die geforderten Grenzabstände zu Nachbargrundstücken eingehalten werden. Der jeweilige Mindestabstand für Hecken variiert nach Kommunen und kann bei der zuständigen Gemeindeverwaltung erfragt werden.

[1.]

[2.]

[3.]

BÄUME UND STRÄUCHER
für den Hausgarten

Die ökologische Bedeutung von heimischen Gehölzen ist immens. Sie sind für viele unserer Tiere Nahrungsquelle und Lebensraum. Hier ein kleiner Überblick.

GEMEINE FELSENBIRNE [1.]
Amelanchier ovalis
Sommergrün
Wuchs: meist breitkronig, teilweise Hänge-form, Höhe 1 bis 6 m
Pflege: unkompliziert, kalkliebend
Ökologische Bedeutung: Bienenweide, Früchte bedeutsam
Besonderheit: sehr schöne Blüten und Früchte

SCHWARZER HOLUNDER [2.]
Sambucus nigra
Sommergrün
Wuchs: breit aufrecht oder schirmförmig, Höhe 3 bis 8 m
Pflege: sehr anpassungsfähig, alle vier bis fünf Jahre stärkerer Rückschnitt empfeh-lenswert, kalkliebend
Ökologische Bedeutung: Bienenweide, Vogelschutz, Früchte bedeutsam
Besonderheit: sowohl Blüten als auch Bee-ren lassen sich sehr schmackhaft verarbei-ten zu Limonade, Sirup, Saft oder Suppe. Beeren sind besonders Vitamin-C-haltig. Das Holz ist gut zum Basteln oder für In-sektenhotels geeignet, da es einen weichen Kern besitzt. Beeren sind ungekocht giftig! Dies gilt jedoch nicht für die Blüten.

HAINBUCHE [3.]
Carpinus betulus
Sommergrün
Wuchs: kegelförmig bis rundlich, Höhe 5 bis 20 m
Pflege: unkompliziert, sehr schnittverträg-lich, bei Pflanzung als Hecke zwei bis drei Pflanzen pro laufenden Meter
Ökologische Bedeutung: Bienenweide, Vogelschutzgehölz
Besonderheit: leuchtend gelbe Herbstfär-bung, gelbe und grüne Kätzchen

ROTE HECKENKIRSCHE [4.]
Lonicera xylosteum
Sommergrün
Wuchs: buschig, Höhe 2 bis 3 m
Pflege: unkompliziert
Ökologische Bedeutung: Bienenweide, Früchte bedeutsam
Besonderheit: hohle Zweige und schöne rote Beeren. Beeren sind schwach giftig!

GEWÖHNLICHE HASEL [5.]
Corylus avellana
Sommergrün
Wuchs: breit aufrecht, Höhe 3 bis 8 m
Pflege: von Zeit zu Zeit Verjüngungsschnitt durchführen, kalkliebend

Ökologische Bedeutung: Bienenweide, Vogelschutz, Früchte bedeutsam
Besonderheit: gelbliche Kätzchen, Haselnüsse

GEMEINER SCHNEEBALL [6.]

Viburnum opulus
Sommergrün
Wuchs: buschig, Höhe 1 bis 5 m
Pflege: mag keine extreme Trockenheit, kalkliebend
Ökologische Bedeutung: Bienenweide, Früchte bedeutsam
Besonderheit: sehr schöne kugelrunde weiße Blüten, denen er auch seinen Namen verdankt. Blüten und Früchte giftig!

GEWÖHNLICHER HARTRIEGEL

Cornus sanguinea
Wuchs: langsam, breit ausladend, Höhe 4 bis 5 m
Pflege: beste Pflanzung als Solitär oder Hecke. Anspruchslos, nach 2 bis 3 Jahren Rückschnitt der alten Triebe.
Ökologische Bedeutung: Bienenweide, Früchte bedeutsam
Besonderheit: schöne Laubfärbung im Herbst, atttraktive Rinde

EINGRIFFLIGER WEISSDORN

Crataegus monogyna
Wuchs: kegelförmig bis rundlich, Höhe 5 bis 7 m
Pflege: unkompliziert, kalkliebend
Ökologische Bedeutung: Bienenweide, Vogelschutz, Früchte bedeutsam
Besonderheit: viele verwandte Arten wie Rot- und Apfeldorn mit zum Teil sehr attraktiven Blüten und Früchten

WILD-BIRNE

Pyrus pyraster
Sommergrün
Wuchs: Vorkommen sowohl als Strauch (Höhe 2 bis 4 m) als auch als Baum (Höhe 4 bis 20 m), kalkliebend
Ökologische Bedeutung: Bienenweide, Früchte bedeutsam
Besonderheit: als Rosengewächs sind die Äste mit Stacheln besetzt. Kann bis zu 150 Jahre alt werden.

SAL-WEIDE

Salix caprea
Sommergrün
Wuchs: schnell, aufrecht und breit, Höhe 5 bis 7 m
Pflege: starker Rückschnitt nach der Blüte erhöht Wuchs- und Blühkraft
Ökologische Bedeutung: Bienenweide
Besonderheit: männliche Pflanzen haben eine besonders schöne Blüte. Einjährige Ruten können auf Grund ihrer extremen Biegsamkeit sehr gut zum Bauen von Zäunen, Tipis oder Beetumrandungen verwendet werden.

[4.]

[5.]

[6.]

71

[a]

[b]

[c]

DAS IST
wirklich
WICHTIG

[a] BODENVORBEREITUNG FÜR DIE RASEN-SAAT: Lockern Sie den Boden und entfernen Sie gründlich alle Pflanzen, Steine etc. Ebnen Sie anschließend die Fläche.

[b] AUSSAAT: Bringen Sie das Rasengut möglichst gleichmäßig aus und harken Sie die Saat leicht ein.

[c] ANWALZEN: Drücken Sie die Samen z. B. mit Brettern oder einer Walze leicht an.

[d] WÄSSERN: Gießen Sie die Fläche sanft, aber gleichmäßig an. Achten Sie darauf, dass das Saatgut während der Keimphase in den ersten vier Wochen nie austrocknet!

LASSEN SIE DIE SAAT NICHT AUS-TROCKNEN

[d]

RASEN AUSSÄEN
und verlegen

Säen oder rollen lautet hier die Frage. Entscheiden Sie selbst, was für Sie und Ihren Garten die sinnvollste Methode für einen grünen Boden ist.

SCHNELL AUSGEROLLT

Der schnellste Weg zu einer grünen Rasenfläche ist die Verlegung von Rollrasen. Ähnlich einem Teppich ist er zu ca. 40 cm breiten und 2,50 m langen Bahnen aufgerollt. Rollrasen ist etwas teurer in der Anschaffung und zu Beginn etwas pflegeintensiver als einfache Rasensaat. Dafür haben Sie sofort eine geschlossene Rasenfläche. Der günstigste Zeitpunkt für beide Verlegearten ist das späte Frühjahr oder der Spätsommer, an einem bedeckten, leicht regnerischen Tag. Da beide Methoden viele gleiche Arbeitsschritte beinhalten, sind sie hier gleichzeitig beschrieben.

ANLEITUNG: AUSSÄEN UND VERLEGEN

1. **Bodenvorbereitung und Planierung:** Die Bodenvorbereitung ist bei der Verlegung von Rollrasen und Rasenaussaat identisch. Entfernen Sie von der zukünftigen Rasenfläche Unkräuter, Wurzelreste, Steine etc. Lockern Sie den Boden tiefgründig. Danach harken Sie den Boden so lange, bis er frei von Senken und Bodenwellen ist. Schaffen Sie eine ebene Fläche, indem Sie den Boden mit einem Brett oder einer Walze gründlich glätten. Auf diese Weise verhindern Sie, dass sich später Kuhlen bilden.

2. **Verlegung/Aussaat:** Harken Sie die Fläche sowohl bei Aussaat als auch Verlegung noch einmal leicht an und befeuchten Sie sie.
   Säen Sie nun entweder den Rasen mit einem Streuwagen oder von Hand gleichmäßig aus.
   Oder legen Sie Rollrasen, in einer Ecke beginnend, Bahn für Bahn eng aneinander und walzen ihn für einen guten Bodenkontakt abschließend noch einmal an.
   Direktes Begehen sollte in beiden Fällen in den ersten Wochen, wenn möglich, vermieden werden.

3. **Bewässern:** Während der Keim- bzw. Anwachsphase sollte der Boden nicht austrocknen.
   Bei der Rasensaat beim Wässern auf einen sanften Strahl, z. B. mittels eines Regners, achten, da die Saat sonst leicht weggeschwemmt wird.
   Rollrasen benötigt in den ersten zwei Wochen, bis er angewachsen ist, besonders viel Wasser. Für das erste Angießen rechnet man hier ca. 15 bis 20 l pro qm.

4. **Erste Schritte:** Rollrasen kann witterungsabhängig nach ca. vier Wochen, Rasensaat nach ca. sechs Wochen das erste Mal gemäht werden. Dann ist die Fläche in der Regel auch voll begeh- bzw. belastbar. Die erste Düngung sollte bei Rollrasen ca. vier bis sechs Wochen nach der Verlegung erfolgen.

Entscheidend bei der Wahl des Rasens ist die Frage der späteren Nutzung. Es gibt Rasensorten für jeden Geschmack und Anspruch. Unterschieden wird vor allem nach Belastbarkeit und Lichtbedürfnis.

ERSTE HILFE FÜR RASEN

Auswahl, Pflege und Problembehebung

GRÄSER FÜR JEDEN ANSPRUCH

Zierrasen ist besonders fein und wächst sehr dicht. Daher ist er zwar hübsch anzuschauen, aber nicht besonders strapazierbar, sondern eher pflegeintensiv. Möchten Sie Ihre Rasenfläche intensiv nutzen, empfehlen sich daher eher spezielle Spiel- und Sportrasenmischungen. Für schattige Gärten gibt es zudem Schattenrasen, deren Samen auch bei weniger Licht gedeihen. Gerade an lichtarmen Plätzen ist das Verlegen von Rollrasen sehr praktisch, da den Pflanzen unter den erschwerten Bedingungen ein kleiner Vorsprung verschafft wird. Besonders hübsch anzusehen sind auch Wildblumenwiesen. Sollen die Gräser nicht nach kurzer Zeit überwiegen, benötigen Sie einen sonnigen Standort mit magerem Boden. Bedenken Sie aber, dass eine solche Wiese nicht zum Begehen oder gar Spielen taugt. Besonders reizvoll sind Wildblumenwiesen dann, wenn viel Platz vorhanden ist. Sollte dies nicht der Fall sein, können Sie die Wiese ähnlich einem Zierbeet pflanzen. Hübsch sieht die Wildblumensaat auch in Kästen oder größeren Kübeln aus (siehe Seite 126/127).

MÄHEN UND WÄSSERN

Auch die Pflege eines Rasens hängt von Geschmack und Nutzung ab. Möchten Sie die Rasenhalme kräftigen und Wildkräuter zurückdrängen, sollten Sie häufiger, d.h. etwa einmal pro Woche, mähen. Achten Sie auf die richtige Schnitthöhe, die Sie am Rasenmäher einstellen: Nutzrasen sollte nicht kürzer als 5 cm sein, da er sonst schnell eingeht!

Aber nicht jeder schätzt einen feinen englischen Zierrasen. Mögen Sie es etwas wilder, reicht eine Rasur nach Bedarf. Grundsätzlich sollten Sie aber immer die Witterung im Auge behalten. Denn das Wachstum variiert extrem: Bei warmfeuchtem Wetter explodiert der Rasen, bei heiß-trockenem Klima stagniert das Wachstum. In Hitzeperioden lassen Sie Ihren Rasen lieber etwas höher stehen. So können die Gräser sich gegenseitig Schatten spenden. Möchten Sie ihn zusätzlich wässern gilt: lieber einmal pro Woche und dafür tiefgründig etwa eine halbe Stunde lang. Am besten machen Sie dies am frühen Abend oder Morgen, damit die Fläche nicht noch weiter durch die Brennglaswirkung der Tropfen versenkt.

Tipp: Kontrollieren Sie an einer unauffälligen Stelle mit einem Spatenstich, wie tief das Wasser eingedrungen ist. 10 cm sind optimal.

DÜNGEN UND LÜFTEN

Neben dem häufigen Mähen ist Düngen das beste Mittel, um das Gräserwachstum anzuregen. Lieben Sie es allerdings eher naturnah, sollten Sie hierauf verzichten. Denn Wildblumen bevorzugen nährstoffarmen Boden. Gedüngt wird im Frühjahr am besten nach der Belüftung des Rasens (siehe unten). Ende Juni kann dann ein Langzeitdünger aufgebracht werden. Im Herbst können Sie Ihren Rasen noch mit Patentkali, einem Kaliumdünger, versorgen. Wer auf synthetische Dünger verzichten möchte, kann auch auf dem Rasen Kompost ausbringen.

Mit einem Vertikutierer werden Pflanzenfilz und Moos zwischen den Gräsern entfernt. Auf diese Weise bekommen die Gräser wieder mehr Luft und Platz zum Wachsen. Der beste Zeitpunkt hierfür ist das Frühjahr, wenn der Rasen langsam wieder beginnt zu sprießen und schon einmal gemäht wurde. Nach dem Belüften empfiehlt sich eine Neuaussaat, um etwaige Lücken zu schließen, und eine Düngung.

KÜCHENGARTEN

Gemüse und Kräuter

OB IN DER STADT ODER AUF DEM LAND: DIE MENSCHEN ENTDECKEN DIE VORZÜGE DES GEMÜSEGARTENS WIEDER. KEIN WUNDER, DENN SELBST GEZOGENES GEMÜSE SCHMECKT HÄUFIG NICHT NUR BESSER ALS GEKAUFTES, SONDERN IST AUCH NOCH GUT FÜR UMWELT, GEWISSEN UND NATURVERSTÄNDNIS. WAS WOLLEN WIR MEHR!

DAS IST *wirklich* WICHTIG

[a] DIE PASSENDE BODENVORBEREITUNG ist der erste Schritt zum großen Ernteglück. Nach dem tiefgründigen Einarbeiten von Kompost, Stroh oder Mist zur Bodenverbesserung rechen Sie das Beet glatt.

[b] MÖCHTEN SIE, DASS IHR GEMÜSE NICHT AUS DER REIHE TANZT, spannen Sie eine Schnur oder legen Sie einen geraden Stock ins Beet. Dann ziehen Sie eine Saatrille (z. B. mit einem Stöckchen). Die Tiefe richtet sich nach der Größe der Gemüsesaat: Sie sollte etwa so hoch mit Erde bedeckt sein, wie sie dick ist.

[c] VORGEZOGENE ODER GEKAUFTE JUNG-PFLANZEN können Sie ab April/Mai in Ihre Beete setzen.

[d] PFLANZENSCHILDER sind hilfreich, um das ausgesäte junge Gemüse gut auseinander halten zu können.

[a]

[b]

ACHTEN SIE AUF GUTE JUNGPFLAN-ZEN BZW. SAATGUT

[c]

[d]

GEMÜSEBEET ANLEGEN

Sortenreichtum schaffen

Die Zeit ist reif für eigenes Gemüse. Probieren Sie es aus.
Egal, ob im Garten, auf dem Balkon oder der Fensterbank.

GUT VORBEREITET: BODEN UND STANDORT

Sie wissen sicher längst Bescheid: Auch beim Anlegen eines Gemüsebeetes ist das Wichtigste eine gute Bodenvorbereitung. Für Gemüsepflanzen gilt dies noch 100-mal mehr als für Ziergewächse: In nährstoffarmer Erde wachsen die meisten Gemüse nicht nur kümmrig, sondern die Früchte werden auch nicht so geschmackvoll. Allerdings ist der Nährstoffbedarf der verschiedenen Gemüsearten sehr unterschiedlich. Bevor Sie mit dem Pflanzen beginnen, überprüfen Sie, welche Gemüse zueinander passen und auf welche Weise Sie den Boden hierfür vorbereiten müssen. Bei der Planung sollten Sie zudem den jeweiligen Platzbedarf berücksichtigen und gegebenenfalls eine Rankhilfe vorsehen (siehe Seite 80/82).
Ebenso wichtig wie ein guter Boden ist für fast alle Gemüsepflanzen ein sonniger Standort. Nur sehr wenige wie Kohlrabi, Mangold, Meerrettich, verschiedene Spinat- und Bohnensorten vertragen ein wenig Schatten. Die optimale Beetgröße haben Sie, wenn Sie die Rabatte von allen Seiten ohne Auftreten leicht erreichen können. Dies entspricht etwa einer Beetbreite von 1,20 m. Wenn Sie ein größeres Feld haben möchten, planen Sie Wege ein, damit der Boden im Wurzelbereich nicht verdichtet. Schön, aber keinesfalls notwendig sind Beetumrandungen aus Brettern, Weiden oder Ziegeln. Ihr praktischer Vorteil liegt vor allem darin, dass sie die Erde bei der Bodenverbesserung und Düngung sprichwörtlich im Rahmen halten. Schnecken und andere Schädlinge etc. können sie aber nicht verhindern.

JUNGPFLANZEN ODER SAATGUT

Und wie kommen Sie zum eigenen Gemüse? Am einfachsten und schnellsten geht es, wenn Sie sich Jungpflanzen, z. B. Zucchini, Kohl und Tomaten, in einer Gärtnerei oder auf einem Wochenmarkt besorgen. Achten Sie darauf, dass die Pflanze gesund, kräftig und grün aussieht. Gemüsepflanzen sind in der Regel sehr günstig, deshalb kaufen Sie ruhig eine oder zwei mehr als eigentlich benötigt. Falls ein Pflänzchen nach dem Auspflanzen eingeht, können Sie es direkt ersetzen. Wenn Sie Ihre Pflanze von Beginn an begleiten wollen, besorgen Sie sich Saatgut. Besonders unkompliziert sind Radies, Mangold, Spinat, Bohnen und natürlich Kresse. Die Arten- und Geschmacksvielfalt fördern Sie, wenn Sie seltene, fast vergessene Sorten ausprobieren. Wie wär's z. B. mit Erdbeerspinat, Bremer Scheerkohl oder bunten Möhren? Oder Sie gewinnen einfach Samen aus selbst verzehrtem Gemüse. Ein Versuch lohnt sich z. B. bei Paprika und Zucchini. Setzen Sie die Samen, solange sie noch nicht ausgetrocknet sind.
Für Pflanzen mit sehr feiner Saat, wie Möhren, werden auch sogenannte Saatbänder angeboten. Sie haben bereits einen optimalen Abstand, sodass sie nach dem Keimen nicht mehr vereinzelt werden müssen.

EXTRAPORTION FÜR NIMMERSATTES GEMÜSE Starkzehrende Gemüsepflanzen wie Kartoffeln, Kohl, Kürbis und Zucchini vertragen eine Extraportion Nährstoffe. Guter Mist kommt idealerweise von einem Biohof und hat einen geringen Stroh- bzw. Sägemehlanteil. Tomaten, Gurken und Zucchini vertragen ca. eine Schubkarre auf 2 qm. Bei Kartoffeln müssen Sie den Mist schon im Herbst ausbringen, ansonsten verzichten Sie lieber darauf.
Bringen Sie nur verrotteten Mist aus, sonst besteht die Gefahr der Überdüngung mit Ammoniak. Statt Mist können Sie auch mit einer Mischung aus angerottetem Laub und Hornspänen düngen.
Bohnen wie hier links auf dem Bild gehören zu den Schwachzehrern und brauchen diese Extraportion Mist nicht.

FRUCHTWECHSEL & CO.

Der Weg zum eigenen Ratatouille I

Gemüsepflanzen machen viel mehr Arbeit als ihre Genossen aus dem Zierbeet. So lautet ein altes Vorurteil. Doch während Sie in Planung und Bodenvorbereitung tatsächlich etwas mehr Zeit investieren sollten, sind viele Gemüsepflanzen später oft pflegeleichter als manch reines Ziergewächs.

PLANUNG IST DAS HALBE GEMÜSE

Der Name ist Programm. Als Fruchtwechsel oder -folge wird der meist jährliche Wechsel verschiedener Gemüsefamilien auf einem bestimmten Beet bezeichnet. Zugrunde liegt die Annahme, dass sich in der Erde schon nach einer Saison bestimmte Krankheiten und Schädlinge des angebauten Gemüses angesammelt haben. Um die Übertragung im nächsten Jahr zu verhindern, baut man daher ein anderes Gemüse an, das gegen eben diese Erreger weniger anfällig ist. Nach dem Anbau der Kartoffel folgt beispielsweise Kohlrabi und darauf Erbsen.

Besonders leicht lässt sich der Fruchtwechsel mit einem Rotationsprinzip aus mehreren Beeten umsetzen. Sinnvoll ist minimal ein vierjähriger Turnus, d.h. eine Mindestanzahl von vier Beeten. Mehr Beete vergrößern den potentiellen Schutz. Ein weiterer Vorteil des Fruchtwechsels ist, dass dem Boden über den Anbau unterschiedlicher Gemüsekulturen auch unterschiedliche Nährstoffe entzogen werden. Denn der Nährstoffbedarf einzelner Gemüsefamilien variiert stark.

Tipp: Bauen Sie nach einem Gemüse mit unterirdisch wachsender Frucht, wie der Kartoffel, eines mit oberirdischem Ertrag, wie die Buschbohne, an.

GEMÜSE MIT UNTERSCHIEDLICHEM APPETIT

Nach seinem jeweiligen Nährstoffbedarf wird Gemüse in die Gruppen sogenannter Stark-, Mittel- und Schwachzehrer eingeordnet. Beispielsweise gehören Kartoffeln mit ihrem hohen Nährstoffbedarf in die Kategorie der Starkzehrer. Erbsen als Schwachzehrer wachsen hingegen auch auf magerer Erde. Am besten verschaffen Sie sich im zeitigen Frühjahr per Bodenprobe einen Überblick darüber, welche Nährstoffe im Erdreich enthalten sind und welche noch hinzugefügt werden müssen. Die meisten Pflanzen schätzen eine reiche Kompostgabe und eine Bodenverbesserung mit gehäckseltem Stroh. Einige mögen es besonders reichhaltig und freuen sich über eine Gabe abgelagerten Mist. Dies gilt vor allem für Kohlgewächse. Bei Kartoffeln, die zudem in der Regel leichten Boden schätzen, sollte der Mist bereits im vorherigen Herbst ausgebracht werden. Ansonsten verzichten Sie besser darauf.

Merke: Pflanzen mit viel Blattmasse und/oder großen Früchten haben einen hohen Nährstoffbedarf. So benötigen die zumeist großblättrigen Kürbispflanzen als Starkzehrer viele Nährstoffe und vor allem Stickstoff, während die kleinblättrigen Erbsen eher einen schwachen Appetit haben.

EINE GUTE DÜNGERMISCHUNG FÜR STARKZEHRER

Nach der Saison ist vor der Saison: Bereits im Herbst arbeiten Sie organischen Dünger z.B. aus Mist, Kompost, Hornspänen oder verrottetem Laub spatentief ein. Etwa zwei Wochen später säen Sie eine passende Gründüngung aus, z.B. Bienenfreund für Kartoffeln.

Im folgenden zeitigen Frühjahr arbeiten Sie die Gründüngung in den Boden ein. Im Sommer während der Wachstumszeit stärken Sie das Gemüse mit Pflanzenjauchen und Mulchschichten aus Kompost oder Stroh.

[1.]

[2.]

[3.]

GEMÜSE

mit großem und mittlerem Appetit

Sehen Sie selbst, wer zu den wahren Vielfraßen im Gemüsebeet gehört und wer nur einen durchschnittlichen Appetit entwickelt.

KOPF-KOHL [1.]

Starkzehrer. Eine gesunde Augenweide.
Familie: Kreuzblütler
Sorten: frühe und späte Kulturen
Boden/Düngen: hohen Nährstoffbedarf über Kompost und Mist decken. Bestenfalls im Vorjahr mit Steinmehl einarbeiten. Stetig nachdüngen, z. B. Brennnesseljauche.
Auspflanzen: Setzlinge ab Mai ins Freiland. Algenkalk ins Loch geben.
Platz: ca. 40 bis 60 qcm (Angabe in Quadratzentimeter pro Pflanze)
Pflege: Insektenschutznetze gegen die gefürchtete Kohlfliege ausbringen
Mischkultur: Bohne, Borretsch, Dill, Endivie, Erbse, Gurke, Rote Bete, Salat, Sellerie, Spinat, Studentenblume, Tomate
Vor-/Nachkultur: Erbse, Salat, Spinat, Möhre/ Endivie, Möhre
Besonderheit: Rotkohl [→1.] sieht auch sehr attraktiv in Zierbeeten aus

KARTOFFEL [2.]

Starkzehrer. Unschlagbar lecker aus eigenem Anbau.
Familie: Nachtschattengewächse
Sorten: unendliche Vielfalt in Geschmack und Farbe. Frühe, mittlere, späte Sorten.
Boden/Düngen: liebt lockeren humosen Boden, Staunässe vermeiden. Im Herbst Rinder- oder Pferdemist spatentief einarbeiten. Beim Setzen etwas Hornspäne und Holzasche beigeben.
Auspflanzen: ab Ende März an hellem, aber trockenem und kühlem Ort vorkeimen. Vorgekeimte Kartoffeln ab Ende April setzen. Vorsicht: Erde darf nicht zu kalt sein.
Platz: ca. 10 bis 15 cm tief, Reihenabstand 30 bis 50 cm, Knollenabstand 35 bis 40 cm
Pflege: Wenn die Triebe 30 cm hoch sind, noch mal ein bis zwei Handbreit mit Erde anhäufeln.
Mischkultur: Bohne, Mais, Radies, Spinat, Kapuzinerkresse, Studentenblume
Vor-/Nachkultur: Radies, Spinat/ Erdbeeren, Salat, Zwiebeln, Blumen-, Rosen- oder Grünkohl
Besonderheit: kann auch im Topf oder Sack gepflanzt werden. Dort nach dem Austrieb stetig wieder anhäufeln.

ZUCCHINI [3.]

Starkzehrer. Pflegeleicht, liefert riesige Erträge.
Familie: Kürbisgewächse
Sorten: diverse, auch rund und bunt
Boden/Düngen: mit Kompost verbessern
Aussaat: ab Mitte April auf der Fensterbank. Nach dem Keimen bis zum Auspflanzen langsam abhärten.
Auspflanzen: Jungpflanzen ab Mitte Mai ins Freiland (nicht unter 5 °C)

Platz: 1 qm pro Pflanze
Pflege: mulchen mit Kompost oder Stroh. In kühlen Frühsommern schwarze Lochfolie unterlegen, das steigert die Temperatur um bis zu 4 °C. Bei Trockenheit gut gießen.
Mischkultur: Bohne, Erbse, Mais, Zwiebel
Vor-/Nachkultur: Kohlrabi/ Spinat, Feldsalat
Tipp: möglichst kleine Früchte ernten. Größere wie Kürbis verarbeiten.

MÖHRE [4.]

Mittelzeher. Dekorativ und lecker.
Familie: Doldenblütler
Sorten: von rund bis bunt, alte Sorten werden immer beliebter
Boden/Düngen: lockerer, humoser, leicht kalkhaltiger Boden. Mindestens einen Monat vor der Aussaat düngen.
Aussaat: im Freiland ab Mitte April bis Ende Juni. Lange Keimzeit, zum Markieren kann Radies gesät werden. Gegebenenfalls vereinzeln.
Platz: Reihenabstand 15 bis 25 cm, Pflanzenabstand 3 bis 7 cm
Pflege: Gegen Möhrenfliege und Schnecken helfen Vliese und Insektenschutznetze. Als natürlichen Schutz gegen Schädlinge pflanzen Sie Möhren an einen zugigen Ort, umgeben von Zwiebeln.
Mischkultur: Chicorée, Dill, Erbse, Erdbeere, Knoblauch, (Schnitt-)Lauch, Mangold, Radies, Rettich, Salat, Spinat, Tomaten, Zwiebeln
Vor-/Nachkultur: Erbse/ Blumenkohl, Endivie, Kohlrabi
Besonderheit: Sorten wie 'Maestro' weisen Resistenzen gegen die Möhrenfliege auf

MANGOLD [5.]

Mittelzehrer. Geschmack ähnlich wie Spinat und sieht dabei noch toll aus.

Familie: Gänsefußgewächse
Sorten: Stiele variieren in der Farbe von weiß, gelb bis rot, auch mehrfarbige Sorten
Boden/Düngen: humos, tiefgründig, nährstoffreich. Mit Kompost, Steinmehl, Brennnessel- oder Beinwelljauche düngen.
Aussaat: im Topf oder Freiland ab März/ April, bei einer Mindestbodentemperatur von 10 °C bis Juli
Platz: Pflanzabstand für Schnittmangold 15 bis 20 cm, Stielmangold ca. 40 cm
Pflege: für zarte Blätter den Boden feucht halten. Mulchen mit Brennnesseln.
Mischkultur: Artischocke, Borretsch, Buschbohne, Erdbeere, Kapuzinerkresse, Kohl, Kohlrabi, Möhren, Radies, Rettich, Salat
Vor-/Nachkultur: Erbse, Bohne/ Buschbohne, Kohlrabi, Radies, Salat
Besonderheit: verträgt Halbschatten. Zur Ernte einzelne Blätter ca. drei Fingerbreit über dem Boden abdrehen, danach düngen.

SALAT [6.]

Mittelzehrer. Schnell, unkompliziert und vielseitig. Zudem guter Lückenfüller.
Familie: Korbblütler
Sorten: diverse Formen, Farben und Geschmacksrichtungen
Boden/Düngen: liebt feuchten Boden mit mittlerem Nährstoffgehalt
Aussaat: im Frühbeet ab März, im Freiland ab April bis August. Für eine regelmäßige Ernte alle zwei Wochen neu aussäen.
Platz: ca. 25 bis 30 qcm pro Pflanze
Pflege: viel gießen, aber mäßig düngen
Mischkultur: Buschbohne, Fenchel, Kohlarten, Radies, Rote Bete, Stangenbohne, Pastinake
Vor-/Nachkultur: Bohne, Erbse, Kohlrabi/ Bohne, Brokkoli, Lauch, Rosenkohl und Zucchini

WEITERE MITTELZEHRER: Chinakohl (Kreuzblütler), Endivie (Korbblütler), Gurke (Kürbisgewächse), Kohlrabi (Kreuzblütler), Petersilie (Doldenblütler), Rettich (Kreuzblütler), Zwiebel (Zwiebelgewächse).

[4.]

[5.]

[6.]

WEITERE STARKZEHRER: Fenchel (Doldenblütler), Knollen-Sellerie (Doldenblütler), Kürbis (Kürbisgewächse), Lauch (Zwiebelgewächse), Mais (Süßgräser), Paprika (Nachtschattengewächse), Rhabarber (Knöterichgewächse), Tomate (Nachtschattengewächse).

[1.]

[2.]

[3.]

GEMÜSE
mit kleinem Appetit und Gründünger

Sehen Sie selbst, wer zu den Fastenkünstlern unter den Gemüsen zählt und welche Pflanzen den Boden sogar nähren.

BOHNE [1.]

Schwachzehrer. Vielseitig, schön zum Beranken.
Familie: Schmetterlingsblütler
Sorten: Vielfalt bei Wuchs und Frucht
Boden/Düngen: nahezu alle Böden, mag Kalk
Aussaat: ab Mitte Mai ins Freiland. Horstsaat bei Buschbohnen mit drei Bohnen, die stärkste verbleibt nach dem Keimen.
Platz: Pflanzenabstand ca. 10 cm, 40 bis 60 cm Reihenabstand bei Buschbohnen
Pflege: nicht zu feucht
Mischkultur: Erdbeere, Mais, Bohnenkraut, Zucchini, Kürbis
Vor-/Nachkultur: Kohlrabi, Radies, Spinat, Salat/ Möhre
Besonderheit: eigenes Saatgut eignet sich sehr gut zur Anzucht im nächsten Jahr. Bohnen kühl, trocken, aber luftig lagern. Vorsicht, ungekocht giftig!

SPINAT [2.]

Schwachzehrer
Familie: Gänsefußgewächse
Boden/Düngen: nährstoffreich, kalkliebend
Aussaat: in Reihen, gerne auch breitwürfig ins Freiland von März bis August
Platz: ca. 25 cm Reihenabstand, Pflanzenabstand 5 cm
Pflege: Sorten verwenden, die nicht zum Schießen neigen
Mischkultur: Erdbeere, Kartoffel, Möhre, Stangenbohne, Radies
Vor-/Nachkultur: alle Gemüse, die vor Mitte August geerntet werden/ Kartoffel, Fenchel, Kohl
Besonderheit: mag es eher kühl, halbschattig

RADIES [3.]

Schwachzehrer. Wachstumssprinter.
Familie: Kreuzblütler
Sorten: Form- und Farbenvielfalt
Boden/Düngen: locker, humos, feucht. Keinen frischen Dünger geben.
Aussaat: im Freiland ab März bis August
Platz: Reihenabstand 15 cm, Pflanzenabstand 3 bis 5 cm
Pflege: bei Trockenheit gießen
Mischkultur: Bohne, Erbse, Kapuzinerkresse, Kartoffel, Kohl, Möhre, Salat

WEITERE SCHWACHZEHRER: Bohnenkraut (Lippenblütler), Dill (Doldenblütler), Erbse (Schmetterlingsblütler), Feldsalat (Baldriangewächse), Kerbel (Doldenblütler), Löffelkraut (Kreuzblütler), Rauke (Kreuzblütler), Stielmus (Kreuzblütler)

Vor-/Nachkultur: alle Gemüse, die vor Mitte August geerntet werden/ Fenchel, Kartoffel, Mais, Tomate
Besonderheit: mag kühlere Temperaturen, bei Sommerkultur daher Anbau im Halbschatten

GRÜNDÜNGER: PFLANZEN NÄHREN DEN BODEN

Um der Auswaschung von Nährstoffen und Bodenverhärtung vorzubeugen, sollten Beete nicht brachliegen. Zur Überbrückung säen Sie sogenannte Gründüngerpflanzen aus. Sie reichern den Boden mit Nährstoffen an, lockern ihn und filtern Schadstoffe heraus. In der Regel werden sie vor der Blüte in den Boden eingearbeitet und sind somit humusbildend.

Um Krankheiten vorzubeugen, sollten Gründüngerpflanzen einer anderen Pflanzenfamilie angehören als die Nachkultur! Zur Orientierung ist daher die Familienzugehörigkeit bei den Beschreibungen angegeben.

LEIN [4.]

Gründüngerpflanze. Uralte, sehr attraktive und vielseitige Kulturpflanze.
Familie: Leingewächse
Düngewirkung: Pfahlwurzeln lockern den Boden tiefgründig, nach deren Einarbeitung in den Gartenboden Bildung von Humuskomplexen.
Ideale Vorkultur: nicht als Vorkultur geeignet, andere Leingewächse sollten wegen möglichem Schädlingsbefall erst nach sechs Jahren wieder angebaut werden
Saattermin: ab Ende März ins Freiland
Besonderheit: Lein ist nicht frostempfindlich.

BIENENFREUND/ PHACELIA [5.]

Gründüngerpflanze. Die vielen Blüten ziehen pollensammelnde Insekten magisch an. Flachwurzler.
Familie: Wasserblattgewächse
Düngewirkung: filtert Nitrate aus dem Boden
Ideale Vorkultur: überträgt keine Krankheiten, da sie als einzige Nutz-/Kulturpflanze zu den Wasserblattgewächsen zählt. Daher ist die Pflanze für sämtliche Gemüsesorten geeignet.
Saattermin: bis August
Besonderheit: verträgt auch Schatten, aber keine nasskalte Witterung

LUPINE [6.]

Gründüngerpflanze. Schöner Duft, außergewöhnliche Blätter. Pfahlwurzel bis 1,50 m Länge.
Familie: Schmetterlingsblütler
Düngewirkung: wie alle Hülsenfrüchte ist auch die Lupine ein Stickstoffsammler. Ideal für neue Böden, z.B. nach Bauarbeiten. Lockert den Boden auf.
Ideale Vorkultur: für Weizen
Nachkultur: nicht geeignet sind andere Schmetterlingsblütler wie alle Bohnen- und Erbsenarten, Linsen, Luzerne, Inkarnatklee, Sojabohne
Saattermin: bis Anfang August
Besonderheit: gute Trockenheitsverträglichkeit. Nicht verwechseln mit der Staudenform!

WEITERE GRÜNDÜNGERPFLANZEN: Buchweizen (Knöterichgewächse), Klee (Schmetterlingsblütler), Raps (Kreuzblütler), Roggen (Süßgräser), Senf (Kreuzblütler), Sonnenblume (Korbblütler), Studentenblume (Korbblütler; tötet Fadenwürmer/Nematoden im Boden ab)

[4.]

[5.]

[6.]

BIODIVERSITÄT: VIELFALT BEDEUTET REICHTUM Abgeleitet vom englischen Begriff biological diversity, also der biologischen Vielfalt, soll hiermit die Verschiedenheit jeglicher lebender Organismen, Ökosysteme und Komplexe umschrieben werden. Sämtliche Aspekte der Vielfalt werden als Lebensgrundlage für das menschliche Wohlergehen begriffen und gelten daher als erhaltenswert. Als Gärtner kann man beispielsweise die Artenvielfalt fördern, indem man samenfestes Saatgut einsetzt (siehe Pflege-ABC, F1-Hybride) und Raritäten probiert. Spinat und die Kartoffel 'Linda' kennt jeder. Aber probieren Sie doch einmal Neuseeländer Spinat, Meerkohl oder die Kartoffelsorten 'Bamberger Hörnchen', 'Blauer Schwede' oder die 'Rote Emma' aus.

MISCHKULTUR & CO.
Der Weg zum eigenen Ratatouille II

Verschiedene Gemüsefamilien, aber auch Zierpflanzen, werden hier gleichzeitig auf einem Beet angebaut. Das Ziel sind Wechselwirkungen zwischen den Nachbarn.

ZUSAMMEN SIND SIE STARK

Ähnlich wie beim Fruchtwechsel wird dem einseitigen Entzug von Nährstoffen vorgebeugt. Zudem wirken die richtigen Nachbarn Krankheiten und Schädlingen positiv entgegen oder lenken sie gar ab. So schützt die Zwiebel mit ihrem Duft die empfindlichen Möhren vor Fliegen und Schnecken. Ein weiteres Beispiel für eine gute Mischkultur ist der gleichzeitige Anbau in Reihen von Radies, Frühkartoffeln, Spinat und Kapuzinerkresse.

DER PLATZ MACHT DIE GRÖSSE

Entscheidend für das Größenwachstum einer Pflanze ist, neben der guten Nährstoffversorgung, ihr Platzanspruch. Zu eng gepflanzte Nachbarn oder Wildkräuter bewirken, dass Gemüse nicht die volle Größe erreicht. Z. B. benötigt eine Zucchinipflanze einen vollen Quadratmeter, um sich gut zu entfalten. Informieren Sie sich deshalb unbedingt auf Saattüten etc. über den optimalen Pflanzabstand. Zum Teil können Sie das Größenwachstum auch bewusst mit einem geringen Pflanzabstand steuern. Attraktiv und lecker sind beispielsweise eng gesetzte Rotkohlköpfe. Auf diese Weise ernten Sie im Herbst köstliche Miniaturgemüse.

PFLEGE-ABC FÜR GEMÜSE

Ausgeizen

Üblich bei Tomaten mit dem Ziel, den Ernteertrag zu erhöhen. Hierbei knipsen Sie mit den Fingern so früh wie möglich kleine Triebe zwischen den Blattachseln, gebildet aus Stängel und Seitentrieb, ab. Entfällt bei buschiger wachsenden Balkontomaten.

Blütenstände

Wenn Sie kein Saatgut oder Früchte ziehen wollen, sollten Sie diese unbedingt schnell entfernen. Die meisten Gemüsearten verlieren sonst ihren guten Geschmack, z. B. Salat und Radies.

F1-Hybride

Kein Alien, aber für manch ökologisch bewussten Gärtner dennoch unheimlich: Saatgut, das aus der Kreuzung zwischen Eltern verschiedener Arten hervorgegangen ist. Züchtungsziel ist in der ersten Nachkommengeneration, der sogenannten F1-Hybriden, die positiven Merkmale bei-der Elternteile zu vereinen. Die negativen Merkmale treten aber leider unkontrolliert, den Gesetzen der Mendelschen Vererbungslehre folgend, in der darauf folgenden Generation, der F2, wieder auf. F1-Pflanzen unterbinden daher die weitere Eigenanzucht. Das aus ihnen gewonnene Saatgut ist minderwertig. Achten Sie beim Kauf daher auf samenfestes Saatgut. F1-Hybriden müssen auf der Verpackung deklariert sein, zum Teil auch mit einem × für Kreuzung.

Gießen

Man glaubt es kaum: Weniger Wasser bedeutet häufig mehr Aroma! Denn Nährstoffe werden mit dem Wasser aus der Erde gespült. Das Gemüse kann so weniger Inhaltsstoffe sammeln.

Königsblüte/Frucht

Die erste Blüte/Frucht, die von Paprikapflanzen gebildet wird. Sie sollte entfernt werden. Sonst steckt die Pflanze ihre ganze Energie in diese Blüte/Frucht und bildet keine oder nur noch wenige, kleine Früchte aus. Dies ist oft die Ursache, wenn Gärtner sagen: „Hilfe, meine Paprika hat keine Früchte."

Rankhilfen

Am besten sehen Sie diese schon beim Pflanzen vor. Während Bohnen und Erbsen ihren Weg alleine finden, brauchen Tomaten Ihre Hilfe.

Wetterschutz

Viele, vor allem junge Pflanzen brauchen einen Wetterschutz. Statt eines Gewächshauses können Sie Folientunnel, Frühbeete, aufgeschnittene Plastikflaschen etc. verwenden. Die Temperatur können Sie mit einer schwarzen Lochfolie, die Sie um den Pflanzenfuß legen, um bis zu 4 °C erhöhen. Mit Folien können Sie auch vor Fliegen bzw. Madenbefall schützen, z. B. bei Kohlgewächsen.

[1.]

GEMÜSE
für die Mischkultur

Während manche Arten in der Mischkultur einen positiven Einfluss aufeinander haben, sollten Sie bestimmte Pflanzkombinationen meiden. Hier ein Überblick über gute und schlechte Nachbarn im Beet.

[2.]

[3.]

KARTOFFEL [1.]
Familie: Nachtschattengewächse
Guter Nachbar: Buschbohne, Dicke Bohne, Kapuzinerkresse, Kohlrabi, Kümmel, Mais, Meerrettich, Pfefferminze, Radies, Spinat, Studentenblume/Tagetes
Schlechter Nachbar: Erbse, Gurke, Kürbis, Rote Bete, Sellerie, Sonnenblume, Tomate, Zwiebel

MÖHRE [2.]
Familie: Doldenblütler
Guter Nachbar: Chicorée, Dill, Erbse, Knoblauch, Lauch, Mangold, Radies, Rettich, Salat, Schwarzwurzel, Spinat, Tomate, Zwiebel
Schlechter Nachbar: Rote Bete, Pfefferminze

TOMATE [3.]
Familie: Nachtschattengewächse
Guter Nachbar: Buschbohne, Chicorée, Knoblauch, Kohlrabi, Lauch, Möhre, Pastinake, Petersilie, Radies, Ringelblume, Salat, Sellerie, Spinat, Zwiebel
Schlechter Nachbar: Erbse, Fenchel, Gurke, Kartoffel, Rote Bete, Rotkohl

BOHNE [4.]
Familie: Schmetterlingsblütler
Guter Nachbar: Bohnenkraut, Borretsch, Chinakohl, Dill, Erdbeere, Gurke, Kapuzinerkresse, Kartoffel, Kohlrabi, Radies, Rettich, Rote Bete, Salat, Salbei, Sellerie, Spinat, Tomate
Schlechter Nachbar: Erbse, Fenchel, Knoblauch, Lauch, Paprika, Schnittlauch, Stangenbohne, Zwiebel

MANGOLD [5.]
Familie: Gänsefußgewächse
Guter Nachbar: Artischocke, Borretsch, Buschbohne, Erdbeere, Kapuzinerkresse, Kohl, Kohlrabi, Möhre, Radies, Rettich, Salat
Schlechter Nachbar: Rote Bete

ZUCCHINI [6.]
Familie: Kürbisgewächse
Guter Nachbar: Basilikum, Bohne, Erbse, Kapuzinerkresse, Mais, Zwiebel
Schlechter Nachbar: Gurke

ZWIEBEL [7.]
Familie: Zwiebelgewächse
Guter Nachbar: Dill, Bohnenkraut, Gurke, Kamille, Knoblauch, Möhre, Pastinake, Rote Bete, Salat, Tomate, Zucchini
Schlechter Nachbar: Bohne, Erbse, Kartoffel, Kohl, Lauch

ERBSE
Familie: Schmetterlingsblütler
Guter Nachbar: Borretsch, Dill, Fenchel, Gurke, Kohlarten, Kohlrabi, Kopfsalat, Mais, Möhre, Radies, Rettich, Sellerie, Spinat, Zucchini
Schlechter Nachbar: Bohne, Kartoffel, Knoblauch, Lauch, Tomate, Zwiebel

KOHL
Familie: Kreuzblütler
Guter Nachbar: Bohne, Borretsch, Dill, Endivie, Erbse, Gurke, Rote Bete, Salat, Sellerie, Spinat, Studentenblume/ Tagetes, Tomate
Schlechter Nachbar: andere Kohlarten, Kartoffel, Knoblauch, Kohlrabi, Rhabarber, Schnittlauch, Zwiebel

MAIS
Familie: Süßgräser
Guter Nachbar: Bohne, Gurke, Kartoffel, Kopfsalat, Kürbis, Tomate, Zucchini
Schlechter Nachbar: Rote Bete, Sellerie

RADIES
Familie: Kreuzblütler
Guter Nachbar: Bohne, Erbse, Kapuzinerkresse, Kartoffel, Kchl, Mangold, Möhre, Petersilie, Salat, Spinat, Tomate
Schlechter Nachbar: Gurke, Chinakohl

SPINAT
Familie: Gänsefußgewächse
Guter Nachbar: Erdbeere, Kartoffel, Kohl, Kohlrabi, Möhre, Radies, Rettich, Rhabarber, Stangenbohne, Tomate
Schlechter Nachbar: Rote Bete

PAPRIKA
Familie: Nachtschattengewächse
Guter Nachbar: Kohlarten, Möhre, Tomate
Schlechter Nachbar: Erbse, Fenchel, Rote Bete

[4.]

[5.]

[6.]

[7.]

[a]

[b]

[c]

[d]

DEN BODEN EINHEIZEN, Z. B. MIT STROH

[e]

DAS IST *wirklich* WICHTIG

[a] VERSCHRAUBEN SIE DIE HOLZBRET-TER mithilfe der Leisten zu einem Kasten.

[b] LEGEN SIE EINE PLANE FÜR DEN AUS-HUB unter, um Rasenflächen zu schützen.

[c] EIN GUTER SCHUTZ gegen unerwünschte Mitesser: Fügen Sie einen Maschendrahtkorb in die Grube ein.

[d] DIE VERROTTUNGSWÄRME der Füllmateria-lien wirkt wie eine natürliche Bodenheizung.

[e] VOR DEM BEPFLANZEN lüften Sie Ihr neues Prunkstück mindestens eine Woche.

FRÜHBEET BAUEN

Natürliche Wärme fürs Gemüse

Sie möchten möglichst früh im Jahr Gemüse aus dem eigenen Garten ernten, haben aber kein Gewächshaus? Kein Problem! Ein Frühbeet ist nicht nur für Garteneinsteiger eine tolle Sache.

KEINE KALTEN FÜSSE

Frühbeete erfreuten sich schon im 19. Jahrhundert großer Beliebtheit. Auch heutzutage können sie überzeugen: Sie sind einfach herzustellen und haben dennoch eine hohe Effizienz dank doppeltem Kälteschutz. Das Prinzip ist einfach: Ein einfacher Kasten wird mit einem lichtdurchlässigen Deckel, z. B. aus einem alten ausrangierten Holzfenster, versehen. Damit möglichst viel wärmendes Sonnenlicht einfällt, wird nicht nur der Deckel Richtung Süden geneigt, sondern die gesamte Konstruktion zur Sonne ausgerichtet. Eine Art natürliche Bodenheizung bauen Sie zusätzlich ein, wenn Sie den Boden unter dem Kasten im zeitigen Frühjahr mit hitzigem Pferdemist, Stroh, Laub und Häcksel auffüllen. Dank der entstehenden Verrottungswärme kriegt Ihr Gemüse so bestimmt keine kalten Füße.

MATERIAL UND WERKZEUG

- 1 längliches altes Holzfenster als Deckel. Fragen Sie doch einfach bei dem Tischler um die Ecke nach.
- 3 lange Holzbretter à etwa 1,50 m für die Längsseiten
- 3 kurze Holzbretter à etwa 70 cm für die Seiten. Die genauen Maße richten sich natürlich nach Ihrem Fenster. Verwenden Sie möglichst witterungsbeständige Holzarten wie Lärche oder Eiche.
- 4 Leisten als Verbindung
- 16 Holzschrauben

- für die natürliche Bodenheizung: Pferdemist, Stroh, Laub, Häcksel
- Werkzeug: Akkuschrauber, Säge, Spaten, gegebenenfalls eine Rolle Maschendraht

ANLEITUNG FÜR DAS FRÜHBEET

1. **Sägen Sie eins der kurzen Holzbretter so zu,** dass zwei gleich große Dreiecksteile entstehen. Verschrauben Sie die Bretter mithilfe der Leisten zu einem Kasten mit hoher Rück- und niedriger Vorderfront. Die Leisten sollten dabei ein Stückchen nach unten ragen, sodass sie später im Boden stehen können.
2. **Stellen Sie den Kasten an seinen Bestimmungsort.** Richten Sie die niedrige Längsseite zur Sonne aus. Heben Sie innerhalb des Kastens eine Grube von etwa 40 cm aus.
3. **Als Schutz gegen** Wühlmäuse und Co. biegen Sie aus Maschendraht einen passenden Korb für die Grube und setzen ihn ein.
4. **Füllen Sie das Loch lagenweise** mit Pferdemist, Stroh, Laub und Häcksel auf. Treten Sie die Mischung immer wieder fest. Sehr wichtig: Füllen Sie am Ende eine mindestens 10 cm hohe Schicht mit dem Bodenaushub auf. So vermeiden Sie den direkten Kontakt der empfindlichen Wurzeln mit dem Mist.
5. **Setzen Sie den Fensterdeckel auf** und befestigen Sie ihn gegebenenfalls mit Scharnieren. Wichtig: Lassen Sie den Kasten zunächst offen stehen. So entweichen giftige Ammoniakdämpfe. Nach etwa einer Woche können Sie das Frühbeet z. B. mit Salat, Radies und Rauke bepflanzen.

GEWÄCHSHAUS & CO.
Schutz für empfindliches Gemüse

Die meisten Gemüsesorten gedeihen in der Wärme am besten. Daher ist es schon für Gartenneulinge durchaus sinnvoll, sich Gedanken um einen passenden Wärmeschutz zu machen. Für den Gartenanfänger gibt es viele praktikable Alternativen zu teuren Gewächshäusern.

FRÜHBEETE
Neben der beschriebenen selbst gebauten Variante des Frühbeetes gibt es zahlreiche fertige Produkte im Handel. Häufig sind sie aus sogenannten Doppelstegplatten gefertigt. Die Hohlkammern in diesen Plastikscheiben sorgen für eine besonders gute Erwärmung. Ein weiterer Vorteil besteht darin, dass in der Regel auch die Seitenteile lichtdurchlässig sind. Und besonders Familien müssen sich nicht vor Glasbruch im Garten und dem daraus entstehenden Verletzungsrisiko fürchten. Im Herbst sind Frühbeetkästen zusätzlich ein guter Lagerplatz fürs geerntete Gemüse.

FOLIEN UND VLIESE
Gärtner verwenden sie sowohl als Hauben oder Tunnel zum Abdecken sowie zum direkten Verlegen auf dem Boden. Sie schützen vor Kälte und Regen, aber auch vor Schädlingen und Krankheiten. Neben Spezialprodukten aus dem Handel können Sie auch einfache durchsichtige Plastiktüten verwenden, die Sie zur besseren Belüftung durchlöchern. Einen einfachen Folientunnel können Sie z. B. mit gebogenen Weidenruten herstellen, die Sie in die Erde stecken. Den entstehenden Gang decken Sie mit einer perforierten Folie ab. Am Fuß können Sie diese mit Heftzwecken an den Weiden befestigen oder sie mit einigen Steinen beschweren. In kühlen Zeiten erhöhen Sie mit einer am Boden ausgelegten schwarzen Lochfolie die Temperatur um bis zu 4 °C.

PFLANZGLOCKEN
Auch sie sind ein wunderbarer Schutz für Pflanzen. Schaffen sie doch direkt im Beet ein angenehmes Mikroklima. Wichtig ist wiederum eine gute Belüftung. Entweder gönnen Sie sich eine schöne Glasglocke mit Belüftungsloch oder Sie gestalten Fundstücke aus dem Haushalt mit einfachen Mitteln um. Stülpen Sie z. B. alte Einmachgläser über Ihre Pflanzen. Zur Belüftung legen Sie ein Steinchen unter den Rand oder bohren ein hohes Stöckchen neben der Pflanze in den Boden, sodass zwischen Glas und Boden ein Luftspalt bleibt. Sehr praktisch sind auch große Plastiktrinkflaschen. Für größere Pflanzen geeignet sind hier Tornister mit 5 l oder mehr Fassungsvermögen. Entfernen Sie mit einem Messer den Boden und fertig ist die Haube mit eingebauter Belüftung via Flaschenöffnung. Dass sich aus solchen Flaschen sogar ganze Gewächshäuser herstellen lassen, konnte man 2010 bei der Chelsea Flower Show, der renommiertesten Gartenschau der Welt, bestaunen (siehe www.rhs.org.com).

HOCHBEETE
Ähnlich dem mit Mist und Kompostmaterialien gefüllten Frühbeet entsteht auch bei einem neu angelegten Hochbeet Verrottungswärme. Bauen Sie einfach einen hohen Kasten und füllen Sie ihn mit starken Ästen, Rasensoden, Kompost, Pferdemist und anderem Material auf.

GEWÄCHSHÄUSER
Sie bedeuten natürlich die Königsklasse für den Gärtner. Es gibt sie in vielfältigen Ausführungen mit dementsprechenden Preisunterschieden. Achten Sie auch hier auf Belüftung und Heizmöglichkeiten.

ÜBERWINTERUNG Im abgedeckten Frühbeetkasten oder Gewächshaus lassen sich praktischerweise kälteempfindliche Pflanzen gut überwintern.

DIE MAGISCHEN FÜNF GRAD

Dass viele Gemüsepflanzen keine frostigen Temperaturen vertragen, ist bekannt. Weniger geläufig ist aber, dass für die meisten Sorten auch Temperaturen unter 5 °C bedenklich sind. Und das gilt nicht nur für typisch mediterrane Gemüse wie Zucchini, Peperoni und Tomate. Auch Salat und Sellerie vertragen keine zu große Kälte. Ein wichtiger Stichtag im Gartenjahr sind die sogenannten Eisheiligen Mitte Mai. Erst nach deren Verstreichen sollte kälteempfindliches Gemüse endgültig ausgepflanzt werden, da nun keine Nachtfröste mehr zu erwarten sind. Gewöhnen Sie vorgezogenes Gemüse aber auf jeden Fall schon vorher an die kühleren Außentemperaturen und stellen Sie es tagsüber an einen geschützten Ort nach draußen.

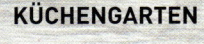

GEMÜSE
mit Wärmebedürfnis

[1.]

Viele unserer Gemüse kommen aus mediterranen und subtropischen Gefilden und sind in unserer Küche lieb gewonnene Gaumenfreuden. Wenn Sie etwas Schutz bekommen, gedeihen sie auch in unseren Gärten gut.

[2.]

[3.]

GURKE [1.]
Cucumis sativus in Sorten
Das erfrischende Gemüse
Familie: Kürbisgewächse
Sorten: diverse von groß bis klein, Gewächshaus- und Freilandgurken
Boden/Düngen: nährstoffreich. Pferdemist oder halb garen Kompost einarbeiten. Kein Mineraldünger.
Auspflanzen: Jungpflanzen von Freilandgurken ab Mitte Mai ins Freiland
Platz: kletternd 50 qcm, kriechend 100 qcm
Pflege: gießen, mulchen, Folien auslegen, Rankhilfe bei Gewächshausgurken
Mischkultur: Basilikum, Bohne, Dill, Erbse, Fenchel, Kohlarten, Kopfsalat, Kümmel, Lauch, Mais, Rote Bete, Sellerie, Zwiebel
Vor-/Nachkultur: Kohlrabi, Radies, Rettich/Spinat, Feldsalat
Ernte: wenn die Früchte groß und ausreichendes Gewicht haben
Besonderheit: empfindlich gegenüber Temperaturschwankungen (Tag und Nacht)

ARTISCHOCKE [2.]
Cynara scolymus
Blütenköpfe sind nicht nur eine wahre Zierde, sondern auch eine Delikatesse.

Familie: Korbblütler
Sorten: nahe Verwandte der Kardy
Boden/Düngen: liebt warmen nährstoffreichen Standort
Auspflanzen: Jungpflanzen ab Mitte Mai
Platz: 1 qm
Pflege: regelmäßig gießen, mulchen mit Kompost, nur bedingt frosthart, daher guten Winterschutz aus Reisig etc. oder ausgraben
Mischkultur: sehr verträglich
Vor-/Nachkultur: praktischerweise standorttreu
Ernte: August bis September. Entwickelt Blütenkopf jedoch erst ab dem zweiten Standjahr. Zum Verzehr Kopf vor der Blüte abschneiden!
Besonderheit: hierzulande noch eher unbekannt, bringt Abwechslung ins Beet und auf den Teller!

AUBERGINE [3.]
Solanum melongena
Empfindliche Wärmeliebhaberin
Familie: Nachtschattengewächse
Sorten: zum Teil sehr schöne Zeichnung, Formen- und Farbenvielfalt
Boden/Düngen: nährstoffreich, locker

Auspflanzen: Kübelsaat oder Kälteschutz den gesamten Sommer über ratsam. Jungpflanzen ab Mitte Mai ins Freiland setzen.
Pflege: anbinden (Stütze), gut gießen
Mischkultur: weiße Bohnen
Vorkultur: Radies, Spinat, Salat
Ernte: August bis September
Besonderheit: wunderschöne Blüten in Lila

KÜRBIS [4.]
Cucurbita maxima
Das Wachstumswunder
Familie: Kürbisgewächse
Sorten: extreme Vielfalt
Boden/Düngen: sehr hoher Nährstoffbedarf. Viel Kompost und abgelagerten Stallmist einarbeiten.
Auspflanzen: Jungpflanzen ab Ende Mai auspflanzen
Platz: 150 qcm und mehr
Pflege: braucht regelmäßig extrem viel Wasser, um Früchte zu entwickeln. Mit Kompost mulchen. Damit Früchte nicht faulen, Stroh, Brett oder Ähnliches unterlegen.
Mischkultur: Erbse, Zwiebel und siehe Mais
Vor-/Nachkultur: Kohlrabi/ Buschbohnen, Spinat, Feldsalat
Ernte: im Frühherbst
Besonderheit: kann auch am sonnigen Kompost gezogen werden

PAPRIKA [5.]
Capsicum annuum
Peperoni ist ihre scharfe Verwandte
Familie: Nachtschattengewächse
Sorten: diverse für jeden Geschmack
Boden/Düngen: nährstoffreich, nachdüngen in der Wachstumsphase
Aussaat/Auspflanzen: März bis April, ab Mitte Mai ins Freiland
Platz: 30 qcm
Pflege: hoher Wasserbedarf, an drei bis vier Haupttrieben ziehen, stützen
Mischkultur: Kohl, Möhre, Tomate
Vorkultur: Kohlrabi, Radies, Spinat
Ernte: Spätsommer bis Herbst

Besonderheit: Die erste Blüte/Frucht (Königsblüte/Frucht) abknipsen, sonst steckt die Pflanze ihre ganze Energie in diese Frucht.

MAIS [6.]
Zea mays
Der Kinderklassiker!
Familie: Süßgräser
Sorten: neben klassisch gelben gibt es auch weiße, rote und sogar blaue Sorten. Zuckermais ist besonders süß.
Boden/Düngen: nährstoffreich, locker. Mit Kompost düngen
Auspflanzen: ab Mitte April. Ab Mitte Mai ins Freiland. Zur leichteren Befruchtung und für bessere Standfestigkeit immer mehrere Pflanzen setzen.
Platz: Reihenabstand 70 cm, Pflanzenabstand 20 cm
Pflege: feucht halten, Seitentriebe regelmäßig entfernen
Mischkultur: mit (Busch-)Bohne und Zucchini oder Kürbis pflanzen
Vorkultur: Radies, Spinat
Ernte: im Herbst
Besonderheit: männliche und weibliche Blüten befinden sich auf einer Pflanze. Achten Sie auf genetisch unverändertes Saatgut.

[4.]

[5.]

[6.]

[1.]

[2.]

[3.]

KRÄUTER

für Kiesbeete und Trockenmauern

Vor allem mediterrane Kräuter lieben es warm und mögen keine nassen Füße. Ideal sind daher sonnige Standorte auf der Trockenmauer. In einer Kräuterspirale stehen sie am besten im oberen Drittel. Alle gehören zur Familie der Lippenblütler.

LAVENDEL [1.]
Lavandula angustifolia
Der Klassiker aus der Provence
Wuchs: Halbstrauch, bis 80 cm hoch
Sorten: niedrige und hohe Sorten
Vermehrung: Aussaat im Frühjahr, Stecklinge vor der Blüte
Boden/Düngen: locker, kalkreich
Blüte: lila. Juli/August.
Pflege: alle ein bis zwei Jahre mit Magnesiumkalk düngen
Gute Nachbarn: Bohnenkraut, Leinkraut, Oregano, Rosmarin, Thymian, Ysop sowie Fetthenne, Schafgarbe, Schleierkraut, Teppich-Phlox, Wollziest und Rosen
Küche: verleiht Süßspeisen eine besondere Note z. B. in Aprikosenkuchen, als Kräutertee. Honig aus der Provence.
Heilwirkung: Öl lindert Beschwerden bei Verbrennungen, Stichen etc.
Ernte: junge Blätter während der gesamten Vegetationsperiode, Triebe zur Vollblüte
Tipp: in kleinen Beuteln im Kleiderschrank soll er Motten fernhalten. Hilft auch gegen Ameisen.

YSOP [2.]
Hyssopus officinalis ssp. *officinalis*
Betört mit starkem Duft
Wuchs: Halbstrauch, bis 60 cm hoch
Sorten: in Weiß und Rosa
Vermehrung: Aussaat im Frühjahr, Stecklinge oder Teilung
Boden/Düngen: locker, kalkreich
Blüte: lila, blau. Juli bis August.
Pflege: Rückschnitt im Frühjahr. Frostschutz aus Reisig oder Jute.
Gute Nachbarn: Lavendel, Salbei und Thymian sowie sämtliche Kohlsorten, Rote Bete, Radies und Rettich
Küche: als Tee, zu Schweinefleisch, Kräuterquarks etc.
Heilwirkung: krampf- und schleimlösend
Ernte: blühendes Kraut und Triebspitzen
Tipp: hilft als Randbepflanzung gegen Schädlinge

GARTEN-THYMIAN
Thymus vulgaris
Ideal als Polster im Steingarten oder für Duftbeete
Wuchs: immergrüne Polsterstaude, bis 40 cm hoch

Sorten: viele Sorten mit angenehmen Duftaromen wie Zitrone und Orange. Als geschmacklicher Ersatz für den Garten-Thymian dient auch der Feld-Thymian *(Thymus pulegioides)* [→ 3.], er ist etwas milder.

Vermehrung: Aussaat (Lichtkeimer) im Frühjahr, Teilung, Stecklinge oder Absenker

Boden/Düngen: locker, kalkreich, aber insgesamt niedriger Nährstoffbedarf

Blüte: rosa. Juli bis September.

Pflege: leichter Rückschnitt im Frühjahr

Gute Nachbarn: Dachwurz, Fetthenne, Steinkraut

Küche: am besten frisch verwerten

Heilwirkung: als Tee oder Badezusatz, z. B. bei Erkältungskrankheiten und Beschwerden der Atemwege

Ernte: Blätter vor der Blüte, blühende Spitzen vom Spross

SALBEI [4.]
Salvia officinalis

Wuchs: aufrecht buschig, bis 70 cm hoch

Vermehrung: Aussaat im Frühjahr, Stecklinge

Boden/Düngen: mittlerer Nährstoffbedarf

Blüte: lilablau. Juni bis August.

Pflege: im Frühjahr Rückschnitt bis zum alten Holz. Winterschutz empfehlenswert.

Gute Nachbarn: auch schön als Ergänzung zu Staudenpflanzungen

Küche: viele tolle Rezepte aus der mediterranen Küche

Heilwirkung: als Tee oder Gurgellösung bei Erkältungskrankheiten und Beschwerden der Atemwege

Ernte: junge Blätter, Triebspitzen vor der Blüte

Tipp: schöne Sorten wie Ananas-Salbei und Muskateller-Salbei

OREGANO
Origanum vulgare ssp. *vulgare*
Auch bekannt als Gewöhnlicher Dost oder Wilder Majoran

Wuchs: lange Stängel, bis 60 cm hoch

Sorten: Goldmajoran [→ 5.] *(Origanum vulgare 'Aureum')*, ein Bodendecker für den Halbschatten

Vermehrung: Aussaat im Frühjahr oder Stecklinge

Boden/Düngen: locker und kalkhaltig

Blüte: lila oder weiß. Juli bis September.

Pflege: stets feucht halten

Gute Nachbarn: Kartoffeln, Lauch, Möhren, Schnittlauch, Tomaten, Zwiebeln

Küche: vielseitig verwendbar

Heilwirkung: hilft auch gegen Blähungen

Ernte: Stängel handbreit über dem Boden abschneiden, lässt sich gut trocknen

ROSMARIN [6.]
Rosmarinus officinalis
Neue Züchtungen zum Teil winterhart, ansonsten besser als Topfkultur

Wuchs: immergrüner Strauch mit nadelähnlichen Blättern, bis 2 m hoch

Sorten: auch weiße und rosafarbene Sorten

Vermehrung: Stecklinge im Sommer nehmen, Bewurzelung kann sich allerdings Monate hinziehen

Boden/Düngen: kalkreiche Böden

Blüte: lila. Mai/Juni.

Pflege: Kiesschicht als Wärmespeicher, Frostschutz aus Reisig oder Jute

Gute Nachbarn: Salbei, Schnittlauch, im Zierbeet Rosen und Stauden

Küche: Tee, Grillgewürz, Rosmarinwein

Heilwirkung: anregend, desinfizierend und antioxidativ

Ernte: ganze Zweige sowie Blättchen

[4.]

[5.]

[6.]

WEITERE PFLANZEN FÜR DEN STEIN- BZW. KIESGARTEN Kräuter: Sommer-Bohnenkraut *(Satureja hortensis)*, Majoran *(Origanum majorana)*, Weinraute *(Ruta graveolens)*, Wermut *(Artemisia absinthium)*.

Andere: Schafgarbe *(Achillea millefolium)*, sämtliche Gräser inklusive Bambus, sämtliche Steingartenpflanzen, Buchsbaum *(Buxus)*, Koniferen, Ahorn *(Acer)* sowie Zwiebel- und Knollengewächse

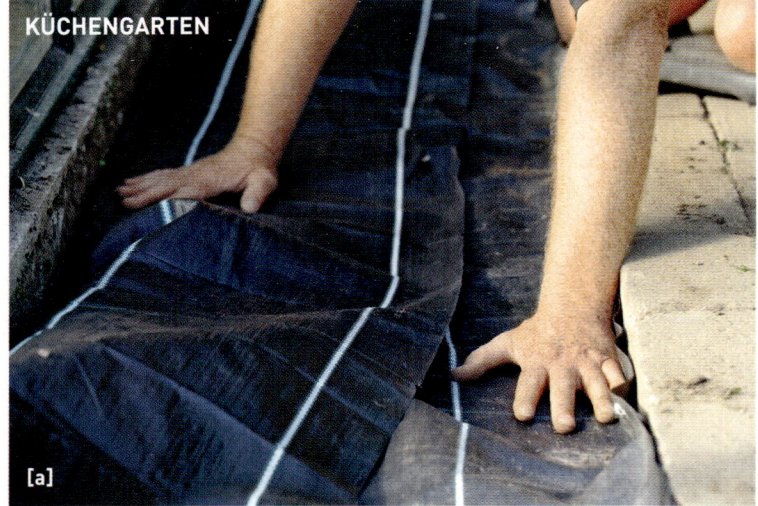

[a]

DAS IST
wirklich
WICHTIG

[a] HIER WIRD DER KIES durch das Gewächshaus und die Pflastersteine in Form gehalten. Verlegen Sie eine dunkle Unkrautfolie, nachdem Sie eine ca. 10 cm tiefe Erdschicht ausgehoben haben.

[b] SCHÜTTEN SIE DEN KIES auf die Unterlage und ebnen Sie die Fläche.

[c] VOR DER PFLANZUNG werden die Kräutertöpfe auf dem Kiesbeet in der gewünschten Weise angeordnet, um die optische Wirkung zu prüfen.

[d] UM DIE KRÄUTER EINZUPFLANZEN, wird die Folie mithilfe eines Messers kreuzförmig eingeschnitten.

[c]

[d]

[b]

DER KIES
DIENT ALS WÄRMESPEICHER

EIN KIESBEET
für mediterrane Kräuter

Kräuter haben unterschiedliche Standortansprüche. Südländern wie Thymian, Lavendel, Salbei und Rosmarin schaffen Sie mit einem einfachen Kiesbeet ideale Bedingungen.

PRAKTISCHE WÄRMESPEICHER

Steine speichern Wärme und geben sie an ihre Umgebung ab, auch wenn die Sonne längst nicht mehr scheint. Verwenden Sie kalkhaltige Steine, die meisten sonnenhungrigen Kräuter freuen sich über diesen Nährstoffsnack, auch wenn sie es sonst eher mager mögen. Voraussetzung für einen Steingarten, gleich welcher Art, sind ein sonniger Standort mit einem nach Süden ausgerichteten Beet und ein möglichst sandiger Boden. Besonders leicht lassen sich diese Bedingungen mit einem Kiesbeet schaffen. Um Wildwuchs zu vermeiden, legen Sie ein Unkrautvlies unter den Kies. So wird Ihr Beet besonders pflegeleicht. Sie müssen nun nur noch in besonders trockenen Perioden gelegentlich gießen und hin und wieder etwas Kies auffüllen. Ästhetisch bedenken sollten Sie, dass Steingärten von der Vegetation naturgemäß verhalten sind. Der Reiz entsteht hier eher in der Spannung zwischen Grün- und Steinfläche.

MATERIAL UND WERKZEUG

- Kies
- gegebenenfalls Kantensteine
- Unkrautfolie oder Vlies
- mediterrane Kräuter im Topf
- Spaten und Messer

ANLEITUNG

1. **Um in der gewünschten Form zu bleiben,** benötigt Kies eine Begrenzung. Eine Kante kann beispielsweise aus Ziegeln, Dachpfannen etc. gebildet werden. Möchten Sie Rundungen einbauen, formen Sie die Beetlinie z. B. mit einem Gartenschlauch vor.
2. **Damit die Kiesschicht nicht über Bodenniveau kommt,** heben Sie eine ca. 10 cm tiefe Erdschicht aus. Lockern Sie den Boden tiefgründig und arbeiten Sie, je nach Nährstoffbedarf der gewünschten Bepflanzung, Komposterde ein.
3. **Wässern Sie Ihre Pflanztöpfe gründlich** in einer Wanne, bis keine Luftblasen mehr aufsteigen.
4. **Verlegen Sie** eine dunkle Unkrautfolie.
5. **Schütten Sie den Kies auf die Unterlage.** Ordnen Sie die Kräutertöpfe auf dem Kiesbeet in der gewünschten Weise an. Bedenken Sie, dass die Kräuter sich durch Kies und Folie nicht weiter ausbreiten. Pflanzen Sie also gegebenenfalls mehrere Töpfe nebeneinander.
6. **Schneiden Sie die Folie** an den gewünschten Pflanzstellen kreuzförmig ein und setzen Sie die Kräuter hinein.
7. **Gießen Sie** wie nach jeder Pflanzung Ihre Kräuter noch einmal gründlich an.

KRÄUTERBEETE

für jeden Gartengeschmack

Je nach Herkunft haben Kräuter einen unterschiedlichen Nährstoff- und Feuchtigkeitsbedarf. Die meisten, allen voran die mediterranen Kräuter, lieben aber einen sonnigen, windgeschützten Standort mit leichter, eher kalkhaltiger Erde.

NÄHRSTOFFANSPRÜCHE VON KRÄUTERN

Schwachzehrer: Basilikum, Garten-Kresse, Thymian, Rosmarin, Ysop
Mittelzehrer: Bohnenkraut, Borretsch, Dill, Estragon, Kapuzinerkresse, Kerbel, Knoblauch, Majoran, Petersilie, Salbei, Schnittlauch
Starkzehrer: Liebstöckel, Pfefferminze, Zitronenmelisse

PLANUNG UND ANBAU

Kräuter können auf vielfältige Weise angebaut werden. Berücksichtigen sollten Sie bei der Anlage eines Kräutergartens ihr unterschiedliches Licht- bzw. Feuchtigkeitsbedürfnis. Praktischerweise sind Kräuter aber sehr flexibel in ihrem Platzbedarf und passen sich Ihren Gegebenheiten mühelos an. So können sie in kleinen Gärten oder auf dem Balkon problemlos in Kübeln gezogen werden (siehe Seite 104/105).

Optik: von spiralförmig bis formal

Größere Gärten bieten sich für besondere Pflanzungen wie eine Kräuterspirale **[→ Foto]**, an. Sie benötigen dafür eine Fläche mit mindestens 3 m Durchmesser. Mittels der Schneckenform schafft man hier verschiedene mikroklimatische Zonen von trocken bis feucht.

Ein schattigeres Plätzchen bevorzugen die typischen Salatkräuter wie Bärlauch, Kerbel und Sauerampfer. Trockenmauer und Kiesbeet sind hingegen vor allem für mediterrane Kräuter wie Rosmarin, Lavendel und Thymian geeignet. Im Bauerngarten, der klassischerweise in vier Quadrate mit Wegekreuz und Rondell in der Mitte angelegt ist, werden Kräuter in Mischkultur sowohl mit einjährigen Sommerblumen als auch mit Gemüse gepflanzt. Besonders geeignet sind hierfür Schnittlauch, Petersilie, Majoran, Bohnenkraut, Kapuzinerkresse und Dill.

Dufterlebnisse: von Ananas bis Zitrone

Diese Pflanzung hat ihren eigenen Reiz. Dabei fassen Sie verschiedene, besonders intensiv duftende Kräuter in einem Beet zusammen. Viele Duftrichtungen gibt es beispielsweise von Thymian und Salbei. Sie verströmen z. B. den Geruch von Zitrone, Orange, Ananas oder Pfirsich. Nicht nur für Kinder ein echtes Sinneserlebnis. Im eigenen Garten angebaute Heilkräuter wie Pfefferminze, Zitronenmelisse oder Johanniskraut entfalten ihre Wirkung meist optimal als frischer Teeaufguss.

Tiefenwirkung: von niedrig bis hoch

Bei der Kombination verschiedener Kräuter sollten Sie neben dem unterschiedlichen Licht- und Feuchtigkeitsbedarf auch an die Höhenstaffelung denken. Hohe Pflanzen wie Engelwurz oder Dill wirken besser im Hintergrund oder in der Mitte, niedrige Kräuter wie Thymian oder Bärlauch bilden eine schöne Einfassung im Vordergrund.

Gute Mischung: von ein- bis mehrjährig

Bei jeder Pflanzung lohnt es, die Lebensformen der Kräuter zu bedenken: Ausdauernd/mehrjährig wachsende Kräuter mit einer hohen Lebenserwartung wachsen meist üppig strauchartig. Sie bilden daher das Grundgerüst in einem Kräuterbeet. Dazwischen setzen Sie einjährige Kräuter wie Borretsch, Dill und Bohnenkraut.

EINE WICHTIGE FAUSTREGEL für Kräuter lautet: Je sonniger, desto aromatischer!

[1.]

[2.]

[3.]

KRÄUTER
für die Normal- und Feuchtzone

Neben Kräutern, die es eher trocken mögen, gibt es auch sehr schöne Vertreter für die normale und feuchte Zone in Ihren Gartenbeeten, insbesondere in Anpflanzungen wie der Kräuterspirale.

BASILIKUM [1.]
Ocimum basilicum
Normalzone. Beliebtes Gewürzkraut, jedoch recht empfindlich in der Haltung.
Familie: Lippenblütler
Wuchs: aufrechter, stark verzweigter Wuchs, bis 60 cm Höhe
Sorten: interessante Sorten wie Zitronen-Basilikum oder 'Rubin' mit rotem Laub sowie kleinblättriges Basilikum [→ Foto 1.]
Vermehrung: Aussaat (Lichtkeimer), ab März bei Temperaturen von 20 °C
Boden/Düngen: nahrhaft, durchlässiger Boden
Standort: gute Topfpflanze. Das aus Indien stammende Gewürz benötigt gleichzeitig viel Wärme und Feuchtigkeit, direkte Sonne aber vermeiden.
Blüte: weiß, auch rosafarben, von Juni bis September
Pflege: täglich gießen, Staunässe vermeiden, regelmäßig düngen, Blütenansätze entfernen
Küche: für mediterrane Gerichte, Pesto, Salate. Blätter stets frisch verarbeiten.
Heilwirkung: soll bei Magen- und Darmproblemen helfen
Ernte: vor der Blüte Triebe und junge Blätter

ESTRAGON [2.]
Artemisia dracunculus
Normalzone. Mehrjährige Staude.
Familie: Korbblütler
Wuchs: aufrecht buschig, bis 80 cm hoch
Sorten: Der Mitteleuropäische Estragon benötigt Winterschutz, der Russische ist resistenter, dafür nicht so aromatisch.
Vermehrung: im Frühjahr im Topf, ab Mitte Mai ins Freiland. Im Frühjahr durch Teilen des Wurzelstockes, im Sommer über Stecklinge.
Boden/Düngen: nahrhafter Boden
Standort: sonnig. Breitet sich an passenden Plätzen stark aus.
Blüte: gelb, von Juli bis September
Pflege: liebt gleichmäßige Feuchte, aber keine Staunässe, mäßig düngen, im Frühjahr Rückschnitt auf ca. 15 cm
Küche: Gewürz der mediterranen Küche, auch zur Herstellung von Kräuteressig geeignet
Ernte: Triebspitzen vor der Blüte, am besten frisch

ECHTER KÜMMEL [3.]

Carum carvi
Normalzone
Familie: Doldenblütler
Wuchs: rosettenartig, aufrecht, bis 1,20 m hoch
Vermehrung: Aussaat im Frühjahr und Spätsommer möglich (Lichtkeimer)
Boden/Düngen: nährstoffreich, tiefgründig, regelmäßig düngen
Standort: sonnig bis halbschattig
Blüte: meist weiß, von Mai bis Juli
Pflege: regelmäßig gießen
Küche: Tee, Gebäck, Likör, Würze für herzhafte Speisen
Heilwirkung: gegen Blähungen, Gallenbeschwerden
Ernte: Blätter im Frühjahr, die Samen/Früchte vor der Vollreife im zweiten Jahr

ZITRONENMELISSE [4.]

Melissa officinalis
Feuchtzone. Mehrjährige Staude.
Familie: Lippenblütler
Wuchs: buschig, bis 90 cm hoch
Vermehrung: Stecklinge oder Teilung
Boden/Düngen: nährstoffreich und feucht
Aussaat: ins Freiland ab Mai
Standort: sonnig
Blüte: kleine weiße Blüten, von Juni bis August
Pflege: verträgt bis zu dreimal im Jahr einen Rückschnitt
Küche: zum Würzen von Salaten, Saucen, Fischgerichten und Süßspeisen
Heilwirkung: als Tee oder Kräuterbad, z. B. bei Einschlafproblemen
Ernte: junge Blätter und Triebspitzen vor der Blüte
Tipp: duftet, wie der Name schon sagt, stark nach Zitrone. Breitet sich an ihr zusagenden Plätzen stark aus.

PETERSILIE [5.]

Petroselinum crispum
Feuchtzone. Zweijährige Pflanze.
Familie: Doldenblütler
Wuchs: im ersten Jahr buschig flach, im zweiten bilden sich hohe Blütentriebe aus
Vermehrung: besser jährlich aussäen, da während der Blüte ungenießbar
Boden/Düngen: nährstoffreicher, feuchter Boden
Standort: halbschattig bis sonnig
Blüte: im zweiten Jahr grünlich gelb, von Juni bis Juli
Pflege: reichlich gießen und düngen
Küche: vielfältig
Heilwirkung: hilft bei Verdauungsstörungen
Ernte: Blätter der einjährigen Pflanze
Tipp: unbedingt Fruchtwechsel einhalten. Krause- und Blatt-Petersilie erhältlich.

SCHNITTLAUCH [6.]

Allium schoenoprasum
Feuchtzone. Ausdauernd.
Familie: Zwiebelgewächse
Wuchs: aufrecht, bis 30 cm hoch
Vermehrung: Teilung im Herbst
Boden/Düngen: nahrhafte, aber nicht zu feuchte Böden
Aussaat: ins Freiland ab April
Standort: halbschattig bis sonnig
Blüte: hübsche lila Kugelblüten, von Juni bis Juli
Pflege: regelmäßig gießen und düngen
Küche: am besten ungekocht zum Würzen
Heilwirkung: regt den Appetit an und ist gut für die Verdauung
Ernte: Blattröhren bis in den Spätsommer
Tipp: hübsche, essbare Blüten, auch als essbare Dekoration

[4.]

[5.]

[6.]

WEITERE KRÄUTER FÜR DIE NORMALZONE: Bohnenkraut *(Satureja hortensis)*, Borretsch *(Borago officinalis)*, Dill *(Anethum graveolens)*, Knoblauch *(Allium sativum)*, Kapuzinerkresse *(Tropaeolum majus)*, Johanniskraut *(Hypericum perforatum)*, Koriander *(Coriandrum sativum)*, Minze *(Mentha)*

[a]

[b]

DAS IST *wirklich* WICHTIG

[a] VERMISCHEN SIE ALLE BAUSTOFFE mit gerade so viel Wasser, bis eine weiche, aber nicht flüssige Masse entsteht.

[b] FÜLLEN SIE DAS GANZE in die größere, mit einer Folie ausgekleideten Gießform.

[c] DRÜCKEN SIE DIE KLEINERE FORM in die Masse, sodass eine etwa 2 bis 3 cm dicke Wand entsteht. Entfernen Sie die Innenform und überprüfen Sie mit einem kleinen Ast o. Ä. die Bodentiefe, die ebenfalls mindestens 2 bis 3 cm betragen sollte. Setzen Sie die Innenform wieder ein und beschweren Sie sie mit einem Stein.

[d] NACH EINER TROCKENZEIT von zwei bis drei Tagen an einem ebenen, schattigen Ort entfernen Sie die Innenform. Stürzen Sie den Trog vorsichtig wie einen Kuchen aus seiner Gussform.

[e] MIT EINER STAHLBÜRSTE und einem Schraubenzieher können Sie den Trog noch von außen bearbeiten und so den Eindruck eines behauenen Steines schaffen. Zur besseren Drainage bohren Sie ein paar Löcher in den Gefäßboden.

[e]

[c]

[d]

DIE GUSS-FORMEN SIND NACH OBEN HIN BREITER

PFLANZTRÖGE GIESSEN

Ab in den Kübel

Viele Gemüse- und Kräuterkulturen lassen sich hervorragend in Pflanzgefäßen ziehen. Manchmal ist dies sogar die intelligentere Lösung.

Dies gilt nicht nur für Mehrjährige, die nicht frosthart sind, wie Artischocke und Rosmarin. Insbesondere für ausbreitungsfreudige Pflanzen ist ein Topf optimal. Es sind Gewächse, deren Wurzeln sich über Ausläufer besonders stark ausbreiten oder wuchern, wie Topinambur, Meerrettich, Pfefferminze und Oregano. Setzen Sie die Pflanzen in einen größeren Plastiktopf, den sie vorher großzügig am Boden durchlöchern und vergraben Sie diesen in der Erde. Wetterschutz dank Mobilität ist hingegen das Argument für eine Topfpflanzung von Tomate, Paprika und Aubergine. Bei starkem Regen oder Sturm können Sie die Pflanzen einfach unterstellen.

TIPPS ZUM PFLANZEN IN GEFÄSSEN

Versorgung hungriger Mäulchen. Achten Sie auf eine ausreichende Nährstoff- und Wasserversorgung. Beides ist in Gefäßen erhöht.

Auf die Größe kommt es an! Damit die Wurzeln ausreichend Platz haben und die Pflanze gut mit Nährstoffen und Wasser versort werden kann, benötigen Sie ein ausreichend großes Pflanzgefäß.

Urlaubsvertretung gesucht! Füllen Sie eine Flasche mit Wasser und bohren Sie sie mit der Öffnung nach unten in die Erde. So wird die Pflanze in Ihrer Abwesenheit automatisch mit Wasser versorgt.

Seien Sie kreativ! Es muss nicht Terrakotta sein. Recycling de luxe gibt es z. B. mit Mangold aus der großen Olivendose, Kartoffeln aus Reissäcken oder Pflücksalat aus Weinkisten. Zum Schutz vor Staunässe ein paar Löcher in den Boden bohren und eine Drainageschicht aus Steinen oder Tonscherben schaffen.

Aus neu mach alt! Einfache neue Tontöpfe oder Steintröge können Sie aufwerten, indem Sie sie mit einer Patina versehen. Pinseln Sie die Gefäße dazu mit verdünnten Milchprodukten wie Joghurt, Quark oder Buttermilch ein.

Oder haben Sie vom Fundamentgießen für den neuen Gartenzaun noch etwas Zement übrig? Dann gießen Sie sich doch einfach ein paar schöne und zudem noch frostharte Pflanzgefäße.

MATERIAL FÜR EINEN 10-LITER-TROG

- 2 Teile Zement (2 l)
- 3 Teile Sand (3 l)
- 2 Teile Torf (2 l)
- Rinden- oder Kokoserde

Als Gussformen können zwei ausrangierte Farbeimer, Holzkisten, Kuchenformen etc. dienen. Sie benötigen zwei Formen, von denen die eine etwa 2 bis 3 cm kleiner als die andere ist. Achten Sie darauf, dass die Behälter nach oben hin breiter werden. Sonst lassen sie sich nicht stürzen.

WERKZEUG

Spachtel, Bohrmaschine, harte Stahlbürste, große Plastikfolien oder -tüten

ERNTEDANK

Die Zeit ist reif

Endlich ist es so weit: Stunden des Ackerns, Hegens und Pflegens zahlen sich in reicher Ernte, vielen Vitaminen und exzellentem Geschmack aus. Worauf es bei der Ernte ankommt, erfahren Sie hier.

ERNTETIPPS UND -TRICKS

Halten Sie sich nicht an starre Terminangaben zur Ernte! Denn die Reifezeit ist von vielen Faktoren wie Sortenwahl, Aussaatzeitpunkt, Wetter und geografischer Lage abhängig.

Beobachten Sie Ihre Pflanzen genau. Veränderungen wie welkes Laub bei Erdgemüsen wie Kartoffel, Zwiebel und Knoblauch zeigen an, dass die Erntezeit gekommen ist.

Blattgemüse und -kräuter verlieren ihr Aroma während der Blütezeit oder werden sogar ungenießbar. Beispiele hierfür sind sämtliche Salate, Spinat, Mangold und Blattkohlarten. Ernten Sie entweder vor der Blüte oder knipsen Sie Blütenstände und -triebe schnellstmöglich ab.

Ernten Sie bei Sonnenschein! Feuchtes Gemüse verdirbt schneller. Trockenes Wetter ist daher optimal zur Ernte. Bestimmte Gemüse wie Kürbisse oder Tomaten werden mittels eines kurzen Sonnenbades noch aromatischer.

Auf die Tageszeit kommt es an! Die Inhaltsstoffe einer Pflanze können sich nach Tageszeit stark unterscheiden. Salat sammelt beispielsweise Nitrate an und sollte bevorzugt abends geerntet werden. Das Gleiche gilt für Möhren. Heben Sie die Möhren am Morgen mit einer Grabegabel so weit an, dass ihre Feinwurzeln abreißen und ziehen Sie sie dann am Nachmittag aus der Erde.

Kräuter ernten Sie hingegen am besten vormittags, bevor in der Mittagssonne die ätherischen Öle entweichen.

Auf die Größe kommt es an! Während für manche Gemüse wie Zucchini und Kürbis der Spruch „Klein, aber fein" gilt, reichern andere wie Paprika und Chili ihr Aroma gerade bei längerer Reifezeit an.

Vermeiden Sie eine Ernteschwemme! Bestimmte Pflanzen liefern Ihnen schnell eine reiche Ernte. Z. B. kann eine einzige Zucchinipflanze in der Woche mehrere Kilo Fruchtfleisch produzieren und dies von Juni bis September! Setzen Sie also lieber eine Pflanze weniger, verschenken Sie großzügig oder machen Sie ein.

Ständige oder einmalige Ernte? Um den ganzen Sommer über mit frischem Gemüse versorgt zu sein, sollten Sie die Aussaattermine von schnell reifenden Arten wie Radies, Salat, Erbsen oder Bohnen variieren. Manches Gemüse können Sie zudem stetig ernten. Bei Pflücksalat, Mangold, Spinat und Blattkohl zupfen Sie die äußeren Blätter und warten, bis die Pflanze nachwächst.

Ernterückstände wie Blätter und Stiele von gesunden Pflanzen können Sie entweder direkt auf dem Beet liegen lassen und später zur Düngung in den Boden einarbeiten oder kompostieren.

LANGE ERNTEFREUDEN

Doch was tun mit der Ernte? Nicht alles kann schließlich frisch verzehrt werden. Möchten Sie Ihr Gemüse einlagern, verwenden Sie nur gesunde, feste Früchte ohne Druckstellen. Geeignet sind beispielsweise Kartoffeln, Möhren, Rüben, diverse Kohlarten, aber natürlich auch Äpfel und Birnen. Ein geeigneter Lagerplatz ist kühl, trocken und dunkel. Packen Sie die Ernte in sauerstoffdurchlässige Kisten aus Holz oder Plastik. Wurzelgemüse und Kartoffeln lagern Sie klassisch in sogenannten Erdmieten. Hierzu legen Sie das Gemüse lagenweise mit Sand in eine luftdurchlässige Kiste. Säubern Sie das Gemüse vorher gründlich und entfernen Sie gegebenenfalls Kraut und Blätter. Stellen Sie die Erdmiete an einen kühlen Ort oder verwenden Sie einfach direkt Ihr Frühbeet (vor Nagetieren schützen). Selbstverständlich können Sie Ihr Gemüse und vor allem Ihre Beeren und Obst aber auch konservieren, indem Sie sie einmachen oder einfrieren. Für Tipps und Anregungen blättern Sie doch einfach weiter auf Seite 121.

[1.]

[2.]

[3.]

VITAMINE IM WINTER
mit Gemüse

Auch im Herbst und Winter muss man nicht auf schmackhaftes, frisches Grün verzichten. Hier eine kleine, aber feine Auswahl.

LAUCH [1.]

Familie: Zwiebelgewächse
Sorten: Sommer-, Herbst- und Wintersorten
Boden/Düngen: locker, fruchtbar, Kompost oder abgelagerten Stallmist, zweimal mineralisch (kalireich) nachdüngen, z. B. mit Holzasche
Aussaat: im August
Platz: Reihenabstand 30 cm, Pflanzenabstand 15 cm
Pflege: vor den ersten Frösten anhäufeln und mit Reisig, Laub oder Vlies abdecken
Mischkultur: Basilikum, Borretsch, Erdbeere, Kamille, Kohl, Kohlrabi, Möhre, Pastinake, Petersilie, Rettich, Ringelblumen, Salat, Sellerie, Spinat, Tomaten
Vor-/ Nachkultur: Frühkartoffel/ Möhre
Ernte: den ganzen Winter
Tipp: hinterlässt gute Bodengare. Um lange weiße Schäfte zu erhalten, dem Keimling ein Rohr überstülpen oder anhäufeln.

FELDSALAT [2.]

Auch bekannt als Rapunzel- oder Ackersalat.
Familie: Baldriangewächse
Sorten: auch rote Sorten
Boden/Düngen: nährstoffreich, kalkhaltig
Aussaat: ins Freiland zur Überwinterung ab September, Saatrillentiefe ca. 2 cm, Dunkel- und Kaltkeimer (optimal um 15 °C)
Platz: Reihenabstand 15 cm, Pflanzenabstand 3 cm
Pflege: unkompliziert. Ab Mitte Dezember mit Reisig oder Vlies abdecken. Während der Keim-/Anfangszeit nicht austrocknen lassen, daher gegebenenfalls mit Folie abdecken.
Mischkultur: (Grün-)Kohl, Lauch, Tomaten und Wirsing
Vor-/Nachkultur: Fruchtwechsel einhalten, nicht nach Kopfsalat
Ernte: zwischen Oktober und März
Tipp: frostunempfindlich

GRÜNKOHL [3.]

Typisch norddeutsch
Familie: Kreuzblütler
Sorten: ehemals große Sortenvielfalt, die droht verloren zu gehen
Boden/Düngen: nährstoffreich, gerne etwas lehmig und kalkhaltig
Aussaat: ins Freiland ab Mitte Mai mit 2 cm Aussaattiefe
Platz: 50 qcm
Pflege: Mulchschicht, damit Boden gleichmäßig feucht bleibt
Mischkultur: Radicchio, Rote Bete, Salat, Sellerie, Spinat, Tomaten
Nachkultur: Kartoffeln

Ernte: Oktober bis Februar
Tipp: wird aromatischer, wenn er einmal Frost bekommen hat, da dann der Zuckergehalt steigt

RADICCHIO [4.]

Wie seine nahen Verwandten Endivie und Zuckerhut leicht bitter im Geschmack
Familie: Korbblütler
Sorten: Typ A wird vor dem Frost geerntet (gut für Norddeutschland), Typ B verträgt mäßigen Frost (gut für Süddeutschland)
Boden/Düngen: locker, mäßig nahrhaft
Aussaat: Juni/Juli
Platz: 30 qcm
Pflege: regelmäßig gießen, verträgt aber keine Staunässe. Nach Kopfbildung anhäufeln.
Mischkultur: Bohne, Erbse, Fenchel, Kohl, Lauch, Salat
Vor- /Nachkultur: frühe Kartoffeln, Erbsen, Sommermöhren
Ernte: bis Dezember
Tipp: Es wird nur der kleine runde Kopf im Inneren der Pflanze verwendet.

STECKRÜBE [5.]

Sehr nahrhaft. Verträgt Frost bis minus 8 °C.
Familie: Kreuzblütler
Sorten: nur noch wenige erhalten, wie 'Wilhelmsburger'
Boden/Düngen: sandiger, aber nahrhafter Boden. Vordüngen mit Kompost.
Aussaat: Vorzucht ab Ende Mai, ab Juli ins Freiland
Platz: Reihenabstand 50 cm, Pflanzenabstand 40 cm
Pflege: regelmäßig gießen, mulchen, jäten
Mischkultur: nicht gemeinsam oder als

Vor-/Nachkultur von Kohlgewächsen
Vorkultur: Hülsenfrüchte, Kartoffeln, Zwiebeln
Ernte: Oktober/November. Gute Lagerfähigkeit.
Tipp: verwandt mit Raps und Kohlrabi

PASTINAKE [6.]

Weißes Wurzelgemüse ähnlich der Möhre
Familie: Doldengewächse
Boden/Düngen: lehmig, humos, tiefgründig
Aussaat: ab Mitte April ins Freiland
Platz: Saatrillentiefe 1 bis 2 cm, Reihenabstände ca. 30 bis 50 cm, vereinzeln von 40 auf 15 cm Pflanzenabstand. Wie die verwandte Möhre lange Keimzeit (22 bis 40 Tage). Nur neues Saatgut verwenden.
Pflege: nach dem ersten Frost Abdeckung aus Stroh als Schutz. Verträgt keine Staunässe.
Mischkultur: Dill, Erbsen, Majoran, Radies, Ringelblumen, Rote Bete, Salat, Sellerie, Sonnenblumen, Spinat, Zuckermais und Zwiebeln
Vorkultur: Gründüngung, Lippenblütler, Zwiebelgewächse, nicht nach anderen Doldengewächsen
Ernte: ab Oktober
Tipp: sowohl roh als auch gekocht essbar und besonders verträglich, daher sehr gut geeignet für Allergiker und Kleinkinder

[4.]

[5.]

[6.]

OBSTGARTEN

Sommer in Bestform

OHNE SIE HAT EIN GARTEN KEIN GESICHT. GERADE DIE OBSTBÄUME SCHENKEN GÄRTEN INNERHALB WENIGER JAHRE ATMOSPHÄRE UND CHARAKTER. UND WANN IST ES SO HERRLICH, VON DER HAND IN DEN MUND ZU LEBEN, WIE ZUR BEEREN- UND OBSTREIFE?

[b]

DAS IST
wirklich
WICHTIG

[a] BEI DICKEREN ÄSTEN verwenden Sie die Säge und setzen den Schnitt oben, etwa zwei Handbreit vom Stamm, an.

[b] NACH DER HÄLFTE DES SCHNITTES wechseln Sie und sägen den Ast von unten weiter. Auf diese Weise verhindern Sie, dass der Ast vor Beendigung des Schnittes abbricht und den Stamm verletzt.

[c] WÄHLEN SIE DAS RICHTIGE WERKZEUG. Neben einer Leiter brauchen Sie je nach Dicke der Äste und Zweige eine Säge oder eine Astbaumschere.

[c]

OBSTBAUMSCHNITT
mit Gefühl und Verstand

Für Obstbauern, die einen maximalen Ertrag mit ihren Bäumen erzielen wollen, ist der richtige Schnitt eine Wissenschaft für sich. Für alle anderen heißt es unter Beachtung einiger Grundregeln: Probieren geht über studieren!

FAUSTREGELN ZUM OBSTBAUMSCHNITT

Je häufiger Sie sich an den Schnitt wagen, desto besser entwickeln Sie ein Gefühl dafür. Bedenken Sie, dass Sie selbst Ihren Baum am besten kennen. Blüte, Ertrag, Zuwachs, all dies sind wichtige Hinweise. Beobachten Sie, wie der Baum auf den Schnitt reagiert und berücksichtigen Sie dies fürs nächste Mal.

Immer der Reihe nach. Entfernen Sie erst tote und kranke, dann abfallende, sich überkreuzende oder nach innen wachsende Zweige und Äste. Dann legen Sie die Mitte frei.

Lassen Sie einen Hut fliegen. Und zwar mitten durch Ihre Obstbaumkrone! Das ist kein Scherz, sondern eine alte Obstbauernweisheit. Denn nach dem Schnitt sollte das Kroneninnere licht und frei gestellt sein, sonst hat das hier reifende Obst zu wenig Licht und Platz. Zudem erleichtert es die Ernte im Herbst, da sich eine Leiter besser anstellen lässt.

Weniger ist mehr! Wer einmal loslegt mit dem Schneiden, ist oft schwer zu stoppen. Hier noch ein abfallender Zweig und dort ein überkreuzender Ast. Gemach! Schneiden Sie in einer Saison nicht mehr als ein Drittel der Krone ab. Diese Menge kommt schneller zusammen, als Sie denken. Kontrollieren Sie per Augenmaß die Schnittmenge auf der Erde. Steigen Sie immer wieder von der Leiter und schauen Sie von der Ferne und allen Seiten, wie der Rückschnitt wirkt. Der Blickwinkel ändert nicht selten die Meinung darüber, welche Äste weichen sollten!

Ein Obstbaum im Hausgarten sollte Charakter zeigen dürfen! Gönnen Sie gerade älteren Bäumen eine ansehnliche Krone. Nichts sieht trauriger aus als brutal zurückgeschnittene Obstbäume.

Oben gleich unten! Hinter jeder großen Krone steckt ein starkes Wurzelsystem. Je stärker Sie die Krone beschneiden, desto kräftiger wird Ihr Baum in der nächsten Wuchsperiode mit der Bildung von sogenannten Wasserschossen reagieren. Dies sind Wildtriebe, die kerzengerade nach oben wachsen und sich ohne Rückschnitt zu dicken Ästen entwickeln. Steinobst wie Pflaume und Zwetsche neigen besonders dazu und sollten daher mäßig beschnitten werden.

Nehmen Sie sich Zeit! Bäume, die lange nicht beschnitten wurden, erziehen Sie nicht von heute auf morgen um. Pro Blütenperiode verträgt Ihr Baum einen stärkeren Rückschnitt. Im ersten Schnittjahr können Sie also einmal an frostfreien Tagen im zeitigen Frühjahr und einmal im Herbst schneiden. Der nächste Schnitt sollte dann erst im nächsten Herbst folgen. Oder Sie schneiden jeweils nur im Herbst.

OBSTBÄUME

Atmosphäre für den Garten

DIE BESTEN PARTNER

Fragen Sie beim Kauf nach, ob es sich um eine selbstbefruchtende Sorte handelt. Falls nicht, müssen Sie zur Fruchtbildung in der näheren Umgebung einen Befruchtungspartner pflanzen. Bei mehreren Bäumen achten Sie auf verschiedene Reifezeitpunkte des Obstes. Dies verlängert den Genuss und erleichtert die Ernte.

WUCHSFORMEN: FÜR JEDEN GARTEN UND GÄRTNER

Obstbäume werden in verschiedenen Wuchsformen angeboten. Bedürfnisse und Platzbedarf variieren gewaltig. Nicht jedermann hat den Platz oder schätzt den Schatten eines Baumriesen. Buschbaum, Halb- oder Hochstamm zeigen an, in welcher Höhe das Kronenwachstum beginnt. Die Stammhöhe variiert hier von 50 cm bis 2 m. Je niedriger der Stamm ist, desto erntefreundlicher ist der Baum. Hochstämme sind hingegen gute Schattenspender, bieten zahlreiche Spielmöglichkeiten und geben Ihrem Garten Charakter. Die Form der Krone bestimmen Sie maßgeblich selbst über den Schnitt. Das gilt insbesondere für spezielle Wuchsformen wie Spindelbaum und Spalierobst. Unbeschnitten wird die gewünschte Form bald dem Wildwuchs zum Opfer fallen. Regelmäßige fachgerechte Rückschnitte sind hier unerlässlich.

KLEINES OBSTBAUM-LATEIN

Fruchtholz

Es werden sogenannte Frucht- und Holztriebe unterschieden. Ihre Ausbildung sollte sich in einem guten Gleichgewicht befinden. Ein guter Schnitt fördert dies. Fruchtholz ist der Teil eines Baumes (Äste, Zweige, Triebe), an dem die Blütenknospen entstehen. Sie sind nicht Teil des Baumgerüstes. Holztriebe entwickeln das Fruchtholz sowie die Leit- und Seitenäste eines Baumes, die zum Kronenaufbau benötigt werden. In den Holztrieben werden die Nährstoffe zur Versorgung des Baumes transportiert und gespeichert.

Leittrieb

Beim Jungbaum legen Sie drei bis vier kräftige, schräg aufrecht nach außen wachsende Triebe fest, aus denen mit den Jahren die dickeren Leitäste werden. Aus ihnen wachsen die tragenden Fruchtholztriebe.

Mitteltrieb

Bildet die Verlängerung des Stammes. Kürzt bzw. entfernt man ihn von Beginn an, minimiert sich das Höhenwachstum des Baumes. Zudem wird das Kroneninnere zweckmäßig ausgelichtet.

OBSTBAUMSCHNITT: DAS ALTER ENTSCHEIDET

Wie viel Geäst Sie bei einem Schnitt entfernen sollten, hängt maßgeblich davon ab, welches Alter der Baum hat und wie er in der Vergangenheit beschnitten wurde. Schauen Sie sich das Fruchtholz genau an und versuchen Sie, den Zuwachs des letzten Jahres zu bestimmen. Bevor Sie loslegen, machen Sie sich klar, um welche Art von Schnitt es sich bei Ihrem Baum handelt:

Pflanzschnitt

Wenn Sie Ihren Baum einpflanzen, sollten Sie seine Wurzeln und seine Krone jeweils etwa um ein Drittel zurückschneiden. Das tut zwar weh, erhöht aber die Wüchsigkeit des Neulings in den nächsten Monaten und erleichtert den Start ungemein. Die Veredlungsstelle, also die Verdickung am Stammfuß, muss bei Obstbäumen in jedem Fall über dem Erdniveau liegen.

Erziehungsschnitt

Bei jungen Bäumen bauen Sie die gewünschte Kronenform aus drei bis vier Leittrieben und nach Geschmack noch mit einem Mitteltrieb auf. Zudem sollte die Fruchtholzbildung durch ein vorsichtiges Zurückschneiden der Holztriebe gefördert werden. Ältere Bäume können Sie nur noch bedingt und mit viel Zeit umerziehen.

Erhaltungsschnitt

Bei Bäumen mit gut aufgebauter Krone dient der Schnitt dazu, möglichst lange einen maximalen Ertrag zu sichern. Frucht- und Holztriebe werden im Gleichgewicht gehalten.

Verjüngungsschnitt

Bei alten Bäumen versuchen Sie, das Fruchtholz mittels des Schnittes zu verjüngen und den Ertrag wieder zu steigern.

Sommerschnitt

Im Gegensatz zum Winterschnitt schränkt er das Wachstum des Baumes durch den entstehenden Blattverlust ein. Einjährige Triebe können gekürzt oder sogar ganz entfernt werden.

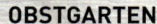

[1.]

OBSTBÄUME

Eine Auswahl an Kern- und Steinobst

Vielseitig, gesund und lecker, all das ist Obst aus unseren Gärten. Hier eine Übersicht von A wie Apfel bis Z wie Zwetsche.

[2.]

[3.]

APFEL [1.]

Malus domestica
Große Geschmacks- und Wuchsvielfalt
Sorten: frühe und späte Sorten
Wuchsform: als Hoch- und Halbstamm, Busch-, Spindel- oder Spalierbaum
Höhe: bis 8 m hoch
Befruchtung: andere Sorte als Pollenspender pflanzen
Pflege/Schnitt: Erziehungsschnitt, im Spätwinter dann Auslichtungsschnitt
Ernte: sortenabhängig von August bis Oktober
Lagerung: kühl und trocken, nicht unter 4 °C
Verwertung: frisch, als Kompott, Saft, Kuchen
Besonderheit: Unterscheidung zwischen Erntezeitpunkt und sogenannter Genussreife, denn Äpfel reifen stark nach. Die Genussreife einzelner Sorten liegt Monate nach der Ernte (Pflückreife).

BIRNE [2.]

Pyrus communis
Ein Clou: Stülpen Sie direkt am Baum eine Flasche über eine Blüte und lassen Sie diese im Glas weiterreifen.

Sorten: diverse
Wuchsform: sehr geeignet für Spalier
Höhe: bis 8 m
Befruchtung: Pollenspender pflanzen
Pflege/Schnitt: Erziehungsschnitt, im Spätwinter dann Auslichtungsschnitt
Ernte: August bis Oktober
Lagerung: optimal knapp über dem Gefrierpunkt bei 0,5 °C
Verwertung: frisch, als Kompott, Saft, Likör

SÜSSKIRSCHE [3.]

Prunus avium
Sorten: von früh- bis spät reifend
Wuchsform: Halb- und Hochstamm, Spindel und Spalier
Höhe: bis 6 m
Befruchtung: brauchen Pollenspender
Pflege/Schnitt: vor Vogelfraß mit Netzen schützen. Nach der Ernte gelegentlich auslichten. Ein weißer Kalkanstrich ist auch bei diesen Obstbäumen gegen Frostrisse sinnvoll.
Ernte: Juni bis August
Verwertung: frisch, Kuchen, Saft

SAUERKIRSCHE

Prunus cerasus

Sorten: von früh- bis spät reifend
Wuchsform: Halb- und Hochstamm, Spindel und Spalier
Höhe: bis 6 m
Befruchtung: überwiegend selbstbefruchtend
Pflege/Schnitt: herabhängende, abgeerntete Zweige zurückschneiden, regelmäßiger Verjüngungsschnitt. Vor Vogelfraß mit Netzen schützen.
Ernte: Juni bis August
Verwertung: frisch, Kuchen, Saft

ZWETSCHE [4.]

Prunus domestica ssp. *domestica*

Wuchsform: Busch-, Halb- und Hochstamm
Höhe: bis 10 m
Befruchtung: selbstbefruchtend
Pflege/Schnitt: gelegentlich leicht auslichten
Ernte: August bis Oktober
Verwertung: frisch, Kuchen, Kompott, Mus, Saft, Dörren, Likör
Besonderheit: Verwandte der Pflaume. Bei Pflaumen löst sich im Vergleich zu Zwetschen der Kern schwerer vom Fruchtfleisch.

MIRABELLE [5.]

Prunus domestica ssp. *syriaca*

Wuchsform: Halb- und Hochstamm, Spalier
Höhe: bis 6 m
Befruchtung: selbstbefruchtend
Pflege/Schnitt: regelmäßig auslichten

Ernte: August
Verwertung: frisch, Kompott, Marmelade, Gelee, Saft, Likör
Besonderheit: lecker, pflegeleicht und ertragreich

RENEKLODE [6.]

Prunus domestica ssp. *italica*

Wuchsform: Busch-, Halb- und Hochstamm
Höhe: bis 8 m
Befruchtung: selbstbefruchtend
Pflege/Schnitt: gelegentlich auslichten
Ernte: August
Verwertung: vorwiegend frisch, Kompott, Saft
Besonderheit: lecker und pflegeleicht, dennoch eher unbekannt

PFIRSICH

Prunus persica

Wuchsform: Halb- und Hochstamm, Spalier
Höhe: bis 6 m
Befruchtung: meist selbstbefruchtend
Pflege/Schnitt: frostempfindlich. Regelmäßiger Frühjahrsschnitt, da Früchte sich an den letztjährigen Trieben bilden.
Ernte: Juli bis September
Verwertung: vor allem frisch, aber auch Kompott, Saft, Kuchen und Likör
Besonderheit: bevorzugt mildes Klima

[4.]

[5.]

[6.]

DAS IST
wirklich
WICHTIG

[a] PFLANZUNG: Die Pflanzzeit ist von April bis September. Viele Himbeeren werden im Herbst gepflanzt. Herbsttragende jedoch besser im Frühjahr. Containerware können Sie nahezu ganzjährig setzen. Geben Sie dabei etwas Kompost mit ins Pflanzloch.

[b] RÜCKSCHNITT: Bei sommertragenden Himbeeren werden die abgetragenen Ruten nach der Ernte direkt über dem Boden abgeschnitten. Bei Herbsthimbeeren schneiden Sie im Winter alle Ruten bodennah ab.

[c] STÜTZEN UND AUFBINDEN: Die meisten Himbeeren benötigen eine Stütze und werden daher an einem Rankgerüst mit parallel verlaufenden Drähten gezogen. Hier werden die jungen Triebe immer wieder aufgeleitet.

[a]

[b]

[c]

HIMBEEREN PFLANZEN

und aufbinden

Die Pflanzzeit für Beeren ist von April bis September.
Die meisten Beerensträucher werden idealerweise im
Herbst gepflanzt.

EIN GUTER START

Wenn Sie den Herbst zum Pflanzen verpasst haben, grämen
Sie sich nicht. Auch eine Pflanzung im Frühjahr wird von den
meisten Beeren akzeptiert.
Für herbsttragende Himbeersorten ist dieser Zeitpunkt sogar
optimal. Und Containerware, also Pflanzen mit Erdballen,
können Sie theoretisch an allen frostfreien Tagen im Jahr
pflanzen.

EIN SICHERER HALT

Himbeeren zählen ebenso wie Brombeeren zu den Halbsträu-
chern. Dies bedeutet, dass ihre Zweige, Ruten genannt, besonders langwüchsig sind. Als Halt benötigen sie ein Rankgerüst.
Meist besteht es aus einer Reihe schulterhoher Pfähle, die mit
einigem Abstand in die Erde gerammt und dann mit Drähten in
etwa 80 cm und 1,40 m Höhe verbunden werden.

SOMMERTRAGENDE HIMBEEREN: AUFBINDEN UND BESCHNEIDEN

1. Jahr: Belassen Sie nur die drei kräftigsten Ruten.
2. Jahr: Diese tragen nun an den Seitentrieben. Schneiden Sie
sie nach der Ernte direkt über dem Boden ab.

3. Jahr: Lassen Sie nun die sieben kräftigsten Ruten, bis sie
ca. 30 cm hoch sind, stehen. Danach schneiden Sie alle anderen direkt über dem Boden ab. Später nach der Ernte
schneiden Sie die Tragruten zurück. Die fünf besten Jungruten lassen Sie stehen und befestigen sie am Gerüst.
In den Folgejahren lassen Sie nicht mehr als zehn bis zwölf
Ruten je Quadratmeter stehen.

PFLANZANLEITUNG: HERBSTTRAGENDE HIMBEEREN

1. Pflanzen Sie die herbsttragenden Himbeerruten nach der
Bodenvorbereitung in einer Reihe mit 50 cm Abstand.
2. Schlagen Sie paarweise Pflöcke links und rechts der Ruten-
reihe ein, mit höchstens 3 m Abstand.
3. Über die Pfähle schieben Sie waagerecht einen weiten Maschendrahtzaun in Bodennähe, sodass die Ruten hindurch-
zeigen.
4. Schneiden Sie die Ruten ca. 30 cm über dem Boden ab.
Früchte bilden sich an Seitentrieben im zweiten Standjahr,
im ersten Sommer gibt es also noch keine Ernte.
5. Sobald die Himbeeren ein Stück weiter durch die Öffnungen
gewachsen sind, schieben Sie den Maschendraht stetig weiter nach oben.

BITTEN SIE FREUNDE ODER NACHBARN UM STECKLINGE von gesunden Johannis-, Josta- oder
Himbeeren. Aus diesen können Sie ganz leicht eine neue Pflanze züchten (siehe Seite 155, Pflanzenvermehrung).

FÜR DEN EINSTEIGER KANN DIE ALTERSUN-
TERSCHEIDUNG DER ZWEIGE bei Beerenobst
verwirrend sein. Mit der Zeit werden Sie aber
ein Gespür dafür entwickeln. Wenn Sie sich
nicht sicher sind, ob ein Trieb noch einmal tragen kann oder nicht, warten Sie einfach mit dem
Schnitt bis zur nächsten Saison. Denn der richtige Schnitt ist die halbe Ernte. Rote Johannisbeeren [→ Foto] tragen ihre Früchte beispielsweise am mehrjährigen Holz.

FÜR EINE HANDVOLL BEEREN
Auswahl, Schnitt und Ernte

Was gibt es Köstlicheres als frisch gepflückte Beeren? Während Obstbäume sich bis zum ersten üppigen Fruchtstand oft Zeit lassen, können Sie Beeren ab dem ersten Sommer ernten. Und wie immer heißt das Zauberwort für gesunde tragfähige Pflanzen: vorbeugen.

GESUND IN DIE SAISON

Geben Sie bei der Pflanzenauswahl widerstandsfähigen Sorten den Vorzug. Krankheiten und Schädlinge haben so keine Chance in Ihrem Garten. Günstig wirkt sich das Setzen mehrerer Pflanzen aus. Denn Beeren sind zwar in der Regel selbstbefruchtend, Fremdbestäubung erhöht aber den Ernteertrag. Zudem können Sie Ihre persönliche Erntezeit verlängern, wenn Sie mehrere Sorten mit unterschiedlichen Reifestadien kombinieren. Bei Himbeeren beispielsweise ist so eine Ernte von Juni bis in den Oktober möglich.

RICHTIGER SCHNITT IST DIE HALBE ERNTE

Regelmäßiges Beschneiden und Auslichten der Beerensträucher erhöht den Ernteertrag ungemein. Die Kraft soll schließlich in die Frucht und nicht in das Gehölz gehen. Die entscheidende Information beim Beerenschnitt ist, an welchen Trieben die Früchte gebildet werden. Hier bestehen nicht nur Unterschiede zwischen den einzelnen Beerenarten, sondern auch zwischen den Sorten. Ein Beispiel: Sommerhimbeeren tragen an den neu ausgebildeten Seitentrieben der einjährigen Ruten, also im zweiten Standjahr. Hier können Sie die Tragruten direkt nach der Ernte abschneiden. Herbsthimbeeren bilden im Sommer Früchte an den zweijährigen Ruten und im Herbst an den diesjährigen Ruten. Hier kürzen Sie die zweijährigen Triebe nach der Ernte.

Bei der Johannisbeere bilden sich die besten Früchte an den Enden der Haupttriebe. Deshalb werden diese nicht eingekürzt. Wie alle Sträucher, die sich von der Basis erneuern, vertragen Johannisbeeren einen kräftigen Rückschnitt. Zunächst entfernen Sie alle Seitentriebe, die im unteren Viertel des Strauches wachsen. So geht die Energie in die Beeren an der sonnenbeschienenen Krone und Sie haben mehr Platz zum Schneiden. Entfernen Sie nun alle Zweige, die älter als vier Jahre sind. Das Altholz erkennen Sie leicht an seiner dunklen Farbe. Haupttriebe schneiden Sie so tief wie möglich auf Bodenniveau ab. Eine Gesamtzahl von sieben bis zehn Haupttrieben ist optimal. Seitentriebe, die dicker als ein Bleistift sind, werden ebenfalls abgeschnitten. Achten Sie wie immer beim Schneiden darauf, dass kein Stummel stehen bleibt. Schneiden können Sie direkt nach der Ernte im Sommer bis in das zeitige Frühjahr hinein. Laublose Sträucher sind dabei etwas leichter zu beschneiden, da sie eine bessere Übersicht bieten. Achten Sie beim Winterschnitt auf frostfreie Tage!

LANGE BEERENFREUDEN: ERNTEN UND KONSERVIEREN

Am besten schmecken Beeren von der Hand in den Mund. Aber natürlich können Sie die Genusszeit mit verschiedenen Konservierungsmethoden verlängern. Verwenden Sie hierfür immer nur einwandfreie Früchte ohne Druckstellen oder Risse. Beim Einfrieren sollten Sie, um ein Verklumpen zu vermeiden, zunächst die Beeren „einzeln" auf einem Blech ins Gefrierfach legen. Nach einigen Stunden können Sie die schockgefrorenen Beeren in einer Tüte erneut einfrieren. Oder Sie pürieren die frischen Beeren und frieren Sie dann ein. Klassisch kochen Sie die süßen Früchtchen mit Gelierzucker als Brotaufstrich ein. Damit es gelingt, achten Sie auf sauber ausgekochte Einmachgläser! Mit der Gelierprobe können Sie feststellen, ob die Masse auch fest wird. Halten Sie einen Holzlöffel in die noch heiße Flüssigkeit. Geliert diese nach dem Abkühlen am Löffel nicht, rühren Sie noch etwas Zitronensaft ein. Und wer es alkoholisch mag, konserviert seine Ernte mit Kandis und Hochprozentigem, wie z. B. Wodka, zu einem leckeren Likör.

[1.]

[2.]

[3.]

BEEREN

Die besten für den Hausgebrauch

Ob rot, grün oder blau, süß oder sauer, glatt oder perlig: Beeren gibt es für jeden Geschmack!

GARTEN-ERDBEERE [1.]

Fragaria × ananassa
Fast drei Kilo essen die Deutschen im Schnitt pro Jahr.
Sorten: große Vielfalt, z. B. Monats-, Kletter- oder Hänge-Erdbeeren
Wuchsform: niedrig buschig. Kletternde Sorten können bis 1,50 m hoch werden.
Standort: sonnig
Befruchtung: Fremdbestäubung über Insekten oder Wind
Platzbedarf: Pflanzabstand 20 bis 30 cm, Reihenabstand 40 bis 60 cm
Boden: humushaltiger, leicht saurer Boden
Pflege: bei Pflanzung und nach der Ernte mit Kompost düngen. Nicht im Frühjahr, da die Pflanze sonst schießt! Vor der Ernte mit Stroh mulchen.
Schnitt: Alte Blätter können nach der Ernte zurückgeschnitten werden. Vorsicht, das Herz der Pflanze dabei nicht verletzen.
Ernte: je nach Sorte vom Frühsommer bis in den Herbst. Aroma morgens stärker.

HIMBEERE [2.]

Rubus idaeus
Anspruchsvolles Wald- und Rosengewächs
Sorten: Herbstsorten tragen im Sommer an den zweijährigen Ruten, im Herbst an den einjährigen Ruten
Wuchsform: gut am Spalier

Standort: Sommertragende Sorten können auch im Halbschatten gepflanzt werden.
Befruchtung: selbstfruchtbar
Platzbedarf: 1 qm, Pflanzabstand 40 bis 50 cm
Boden: locker, nährstoffreich. Verträgt keine Staunässe und verdichteten Boden, pH-Wert zwischen 5,5 und 6,5.
Pflege: Flachwurzler, deshalb lieber Mulchschicht anlegen als jäten. Aufbinden.
Schnitt: Bei Herbstsorten die zweijährigen Ruten nach Ernte auf ca. 30 cm einkürzen. Jungruten der Sommersorten im Frühjahr auf vier Augen zurückschneiden. Ausschneiden der Altruten nach der Ernte.
Ernte: Juni bis Oktober. Die Beeren sind extrem empfindlich.

BROMBEERE [3.]

Rubus fruticosus
Leckere Aromen. Braucht gute Schnittpflege, sonst nimmt sie schnell den Garten ein.
Sorten: rankende und aufrechte Sorten, mit und ohne Stacheln
Wuchsform: bevorzugt am Spalier/Rankgitter, auch als Hecke. Kann wuchern.

Standort: sonnig bis halbschattig
Befruchtung: selbstfruchtbar
Platzbedarf: zwischen 2 qm bei aufrechten und 4 qm bei rankenden Sorten. Pflanzabstand: 80 cm bis 1,20 m und 2 bis 3 m.
Boden: pH-Wert bei 6,5
Pflege: Um den Schnitt und die Ernte zu erleichtern, trennen Sie tragende und neue Ruten voneinander, indem Sie sie separat aufbinden. Dafür drei bis vier Drähte waagerecht übereinander an die Pfosten spannen. Neue Ruten nach rechts, tragende nach links.
Schnitt: Im Frühling werden alte Triebe, die bereits im letzten Jahr Früchte getragen haben, bodentief abgeschnitten. Neu gewachsene Ruten, die noch keine Frucht getragen haben, auf sechs bis zehn reduzieren. Seitentriebe auf zwei Knospen, auch Augen genannt, zurückschneiden.
Ernte: Juli bis September

JOHANNISBEERE [4.]

Ribes rubrum
Pflegeleicht und lecker sauer
Sorten: neben dem roten Klassiker auch Sorten in Weiß erhältlich. Die Schwarze Johannisbeere *(R. nigrum)* ist in Wuchs, Pflege und Ernte der Roten und Weißen sehr ähnlich.
Wuchsform: Strauch oder Hochstämmchen
Standort: sonnig bis halbschattig
Befruchtung: selbstfruchtbar
Platzbedarf: 2 qm, Pflanzabstand 1,50 bis 2 m
Boden: ideal lehmhaltig und nährstoffreich, pH-Wert zwischen 5,5 und 7
Pflege: pflegeleicht, hin und wieder ausschneiden
Schnitt: Fruchtholz sollte maximal vier Jahre alt sein. Kann an der Basis entfernt werden.
Ernte: Juni bis August

JOSTABEERE [5.]

Ribes × nidigrolaria
Pflegeleichte Kreuzung aus Stachel- und Johannisbeere. Hoher Vitamin-C-Gehalt.
Sorten: 'Jocheline', 'Josta', 'Rikö'
Wuchsform: Strauch, auch als Hochstämmchen
Standort: sonnig bis halbschattig
Befruchtung: selbstfruchtbar
Platzbedarf: 4 qm, Pflanzabstand 1,50 bis 1,80 m
Boden: lehmhaltig und nährstoffreich
Pflege: Mulchen vorteilhaft
Schnitt: fruchtet am ein- und mehrjährigen Holz. Ab dem dritten Standjahr Auslichtungsschnitt. Triebe, die älter als sechs Jahre sind, werden an der Basis entfernt.
Ernte: Juni bis Juli

STACHELBEERE [6.]

Ribes uva-crispa
Pflegeleicht
Sorten: mit grünen, gelben, rötlichen Beeren
Wuchsform: Strauch oder Stämmchen
Standort: sonnig bis halbschattig
Befruchtung: selbstfruchtbar
Platzbedarf: 1,50 qm, Pflanzabstand 1,50 m
Boden: lehmhaltige, nährstoffreiche Böden, pH-Wert zwischen 5,5 und 7
Pflege: mulchen günstig
Schnitt: nach der Ernte. Fruchtet am einjährigen Holz und an vorjährigen Seitentrieben. Triebe, die älter als vier bis fünf Jahre sind, können an der Basis zurückgeschnitten werden.
Ernte: Juli bis August

[4.]

[5.]

[6.]

123

KINDER IM GARTEN

Pflanzen, spielen, selber machen

DEN HIMMEL ÜBER DEM KOPF, ENTDECKERLUST IM HERZEN, EIN KLEINES STÜCKCHEN FREIRAUM, UM DIE NATUR ZU ERFAHREN. SOLCHE GLÜCKSGEFÜHLE KÖNNEN NICHT MEHR VIELE KINDER ERLEBEN. SCHENKEN SIE IHREM KIND DIESEN PLATZ IM GARTEN. DENN NATURERLEBNISSE SIND UNBEZAHLBAR!

[a]

DAS IST
wirklich
WICHTIG

[a] IN EINEN ALTEN BALKONKASTEN LEGT IHR wie Iva eine Lage Steine oder Tonscherben, denn nicht jeder hat so viel Platz, dass er gleich eine große Wiese säen kann. Dann füllt ihr mit Erde auf, die ihr mit etwas Sand, z. B. aus eurer Sandkiste, vermischt.

[b] MIT EINEM KLEINEN BRETTCHEN DRÜCKT ihr die Erde fest. Nun verteilt ihr eure Wildblumensamen möglichst gleichmäßig auf der Erde.

[c] DANN SIEBT ihr noch etwas Erde darüber.

[d] JETZT DÜRFT IHR EURE SAMEN BEGIESSEN. Damit sie auch keimen, darf die Erde nicht austrocknen. Gießt also regelmäßig und deckt den Kasten dann mit einer durchlöcherten Tüte oder Folie ab.

[e] SO SCHÖN BLÜHT DIE KLEINE WIESE nach ein paar Wochen vor dem Fenster.

LASST DIE ERDE BEIM KEIMEN NIE AUSTROCKNEN

[b]

[c]

[d]

[e]

BLUMEN AUSSÄEN

Schnelle Freuden für kleine Gärtner

Für die ersten gärtnerischen Schritte sind kleine, von der Arbeit überschaubare Pflanzprojekte ideal. Sie wecken Lust auf mehr. Schon eine einzige Pflanze kann einen Nachwuchsgärnter stolz machen.

RIESE IM BEET: DIE SONNENBLUME

Aus dem im April ausgesäten Samen **[→ Fotos]** einer Riesensonnenblume *(Helianthus annuus)* entsteht beispielsweise innerhalb weniger Wochen eine bis zu 3 m hohe Pflanze. Da staunen nicht nur kleine Menschen!
Dieses riesenhafte Wachstum entwickeln die Blumen an einem sehr sonnigen Platz mit besonders nährstoffreicher Erde und regelmäßigem Gießen. Ist der Gigant im September endgültig verblüht, können ein paar Samen für den nächsten Frühling zur Aussaat aufbewahrt werden. Die dunklen Kerne sind ein äußerst gesunder Knabberspaß, der reich an Mineralien und essentiellen Fettsäuren ist. Auch Vögel freuen sich im Winter über diesen leckeren Snack. Und ganz nebenbei wird hier noch das Konzept der Nachhaltigkeit erklärt. Wer noch nicht weiß, was dies bedeutet und es wissen möchte, siehe Seite 19.

TAUSENDSASSA-PFLANZE: DER LEIN

Ein wegen seiner ungeheuren Vielseitigkeit interessantes, aber mittlerweile leider äußerst seltenes Gartengewächs ist Lein *(Linum)*. Doch nicht ohne Grund zählt er zu den ältesten Kulturpflanzen überhaupt. Die Geschichte seiner Verwendung reicht bis zu 10.000 Jahre zurück! Noch heute werden aus diesem Tausendsassa Textilien wie Leinenstoff, Lebensmittel wie Leinsamen und -öl, Fußbodenbeläge wie Linoleum, Heilmittel, z. B. Abführmittel, ja sogar Papier, Dämmstoffe und Kosmetika hergestellt.
Es gibt unzählige Leinarten. Als Gartenpflanze eignen sich besonders der Gemeine Lein *(Linum usitatissimum)*, auch Saat-Lein oder Flachs genannt, sowie der Ausdauernde bzw. Stauden-Lein *(Linum perenne)*. Flachs kann auch im Gemüsebeet als Gründüngerpflanze gesät werden. Und wer Stauden-Lein anbaut, setzt sich besonders für die Natur ein, da er auf der sogenannten Roten Liste für gefährdete Arten steht und in Deutschland vom Aussterben bedroht ist.

INSEKTENMAGNET: DIE WILDWIESE

Für Tier- und Insektenliebhaber, die möglichst wenig Arbeit und mehr Zeit zum Beobachten haben möchten, ist eine Mini-naturwiese die richtige Wahl. Sie lockt zahlreiche Insekten, Falter und Kleintiere an. Aber aufgepasst: Damit auf Dauer die Wildblumen und nicht die Gräser die Überhand behalten, benötigen die Samen einen nährstoffarmen Boden und einen sonnigen Platz.
Ein schöner Kontrast zum Wildwuchs entsteht, wenn in einer klaren geometrischen Form, wie z. B. einem runden Kübel oder einem quadratischen Kastenbeet, ausgesät wird.

[a]

FORMT DIE FIGUREN MIT STÖCK-CHEN UND SCHNUR

[b]

DAS IST
wirklich
WICHTIG

[a] MIT EINEM STÖCKCHEN ODER DEM FINGER MALEN wir die Form einer Schnecke in die Erde. Schafft ihr es, die Schnecke mit einem einzigen Strich zu malen?

[b] NUN STECKEN WIR ETWA BLEISTIFTLANGE HÖLZCHEN in die Schneckenspur. Wir knoten eine Schnur in der Gehäusemitte fest und führen sie an den Stöckchen entlang.

[c] IN DIE SAATRILLE SÄEN WIR Kresse, Salat und Radies aus und bedecken alles mit etwas Erde.

[d] VORSICHTIG GIESSEN WIR DIE SCHNECKE AN, damit die Saat nicht aufschwemmt. Bis zum Keimen darf sie nun nicht durstig werden. Deshalb eventuell auch mehrmals täglich gießen. Schon nach zwei bis drei Tagen zeigt sich die grüne Schnecke in eurem Beet.

[c]

[d]

GEMÜSESCHNECKE SÄEN

Malen mit Samen

Ein besonderer Spaß ist das Aussäen von essbaren Pflanzen. Dieses Vergnügen kann sogar noch gesteigert werden, wenn fast über Nacht Bilder von Häusern, Menschen oder Tieren im Beet heranwachsen.

SCHNELLES GEMÜSE FÜR DIE SCHNECKE

Wir säen hier eine kleine Gemüseschnecke in Ivas Beet aus [→ Fotos]. Dazu verwenden wir nur Samen, die besonders schnell, innerhalb von zwei bis drei Tagen, keimen. Kresse, Radies und Salat strapazieren die Geduld der Nachwuchsgärtner nicht zu viel. Der hoch aufschießende Salat eignet sich besonders für das Gehäuse, die mittelgroßen Radies für Kopf und Fühler und die kleine, aber schnell keimende Kresse zum Vorzeichnen des gesamten Körpers.

ECHTE VITAMINE NASCHEN!

Wer schon etwas mehr Geduld und Appetit hat, kann sich z.B. an folgende Pflanzen wagen: Eine besonders reiche Gemüseernte versprechen Zucchini, Kürbis und Kartoffelpflanzen. Ist der Boden mit ausreichend Nährstoffen angereichert, sind sie sehr pflegeleicht. Auch Möhren sind bei Kindern sehr beliebt. Sie können zudem direkt an Ort und Stelle verspeist werden. Eine dekorative Nutzpflanze ist die Feuerbohne. Ungekocht ist sie allerdings schwach giftig. Ältere Kinder können mit den bunt gesprenkelten Bohnen prima spielen. Eine bedenkenlose Alternative ist die hohe Kapuzinerkresse. Beide erklimmen mit passendem Rankgerüst schnell Höhen. Die niedrigere Kapuzinerkresse eignet sich besonders zur Beeteinfassung.

Statt Bohnen sind bei kleinen Kindern auch Zuckererbsen empfehlenswert. Sie schmecken lecker süß und können sogar samt Schote vernascht werden. In Frankreich werden sie deshalb auch „Mange-tous"– Iss alles – genannt.
Oder wie wäre es mit etwas Naschobst? Besonders geeignet sind Spalier- oder Spindelobst. Sie sind platzsparend und können von den kleinen Gärtnern spielend geerntet werden. Eine andere schöne Idee ist das Pflanzen eines schnell wachsenden Obstbaumes am Geburtstag. Nach einem Jahr kann verglichen werden, wer schneller gewachsen ist: das Kind oder der Baum. Auch einige Beerensträucher sollten natürlich in keinem Garten fehlen. Interessanterweise wachsen viele Erdbeeren, Himbeeren und Heidelbeeren als ursprüngliche Waldgewächse besonders gut im (Halb-)Schatten und nicht in der Vollsonne. So eignen sie sich hervorragend zur Einfassung einer schattigen Spielecke.

BEET NACH KINDERMASS
Die Breite eines Beetes richtet sich immer nach Größe und Alter seines Gärtners. Als Faustregel gilt: Kein Punkt im Beet sollte weiter als eine Armlänge seines Gärtners vom Rand entfernt sein. Wer es größer haben möchte, plant zusätzliche Wege, z. B. aus Rindenmulch, Ziegeln oder Holzplanken, ein. Hierauf kann zudem noch balanciert werden.

EIN KINDERBEET

Bereit für Größeres

Ein schönes Kinderbeet spricht besonders die Sinne an und bietet gleichzeitig Raum für Aktivität. Kinder wollen nicht nur staunend bewundern, sondern auch anfassen, fühlen, riechen und schmecken.

Optimalerweise wird das mit robusten Pflanzen versehene Beet in die Spielecke eingegliedert. Doch auch einige Spielregeln lohnt es, zu beachten, damit die Arbeit Früchte trägt. Wiederholtes Foulspiel bestrafen Pflanzen bei Kindern genauso unnachgiebig wie bei Erwachsenen.

BERÜCHTIGTE FOULSPIELE AN PFLANZEN
- falsche Bodenbedingungen
- unpassende Lichtverhältnisse
- zu viel oder zu wenig Wasser
- schlechte Nachbarn (vor allem bei Gemüsepflanzen)
- Vernachlässigung

WAS IST LOS IM GARTEN?
Auch gilt das Erfolgsrezept aus dem Eingangskapitel: Setze die Pflanze an den geeigneten Platz!
Wir erinnern uns: Die Grundlage für reich sprießendes Grün sind ein guter, nährstoffreicher Boden und die richtige Platzierung der Gewächse. Vor der Auswahl der Pflanzen lauten die beiden wichtigsten Fragen daher? Genau!
- Was für einen Boden haben wir?
- Wie viel Sonne scheint auf das Beet?
Es gilt also, erst einmal den eigenen Garten zu beobachten. Wer Lust und Zeit hat, kann z. B. ein Sonnentagebuch führen. Dort tragt ihr ein, wann und wo im Garten die Sonne scheint. Dies kann sich in den Jahreszeiten durch Sonnenstand und Laub stark unterscheiden. Prima lässt sich dies mit ein paar Fotos dokumentieren. So könnt ihr z. B. eine bestimmte Stelle im Garten jeden Monat um die gleiche Uhrzeit fotografieren und ablesen, wie sich der Lichteinfall dort im Laufe der Zeit verändert. Auch Bodenproben sind ein interessantes Unternehmen (siehe Seite 14/15). Hier darf gebuddelt, gefühlt und gerochen werden. Und wer es bequemer mag, schaut einfach, was beim Nachbarn gut wächst und hofft, dass dies auch im eigenen Garten funktioniert.

DAS PFLANZENMÄRCHEN: DIE EWIGE LIEBE VON GRETEL UND HANS
Es war einmal ein armer Bauernsohn namens Hans. Der verliebte sich in die schöne Gretel, die reiche Tochter vom Nachbarhof. Doch die verwöhnte Gretel würdigte Hans keines Blickes. Der arme Hans wusste nicht ein noch aus. Um seiner Angebeteten nah zu sein, bat er Gretels Vater um Arbeit. „Was kannst du Nichtsnutz schon helfen?", war die barsche Antwort. Doch Hans gab nicht auf: „Überlasst mir den Küchengarten vor eurem Haus. Ich will ihn pflegen und euch eine reiche Ernte bescheren." „Wenn du diese Weibsarbeit tun willst, sei's drum." Der Vater glaubte jedoch nicht, dass Hans dieses verwahrloste Stück Land zum Blühen bringen würde. Aber Hans machte sich an die Arbeit, pflügte den Boden, säte und jätete. Er steckte seine ganze Liebe in den Garten, sodass dieser von Tag zu Tag prachtvoller erstrahlte. Am Ende des Sommers schließlich zeigte der Garten eine solche Fülle an Farben und Formen, Früchten und Blüten, dass Gretel und ihr Vater sprachlos davorstanden. Und plötzlich sah Gretel auch Hans mit neuen Augen.
Als jedoch Gretels Vater von der Liebe seiner Tochter erfuhr, wurde er sehr zornig und sperrte seine Tochter ein. Hans jagte er vom Hof. Tag ein, Tag aus, ob Sonne, ob Regen, stand der Liebeskranke nun voller Sehnsucht am Gartenzaun und versuchte einen Blick seiner Geliebten zu erhaschen. Und auch Gretel versuchte sich mit aller Macht aus ihrem Versteck zu befreien. Und endlich in einer Gewitternacht gelang es ihr. Gretel stürmte aus dem Haus zu ihrem Geliebten, der dort wartete. Die Liebenden fielen sich in die Arme und küssten sich. „Jetzt will ich immer bei dir bleiben", schwor Gretel, und als Hans dieses Versprechen erwiderte, passierte es: Mit einem gewaltigen Knall wurden beide in Blumen verwandelt. Als „Gretel in den Stauden" und „Hans am Weg", heute besser bekannt als „Jungfer im Grünen" und „Vogelknöterich", sind sie seitdem für immer vereint. Habt ihr die beiden schon einmal zusammen am Wegesrand entdeckt?

[1.]

[2.]

[3.]

[4.]

PFLANZEN

zum Basteln, Riechen und Naschen

Kleine Gärtner suchen fachmännisch, von den Eltern beraten, ihre Pflanzen selbst aus.

Hierzu vergleicht ihr die Bedingungen im eigenen Garten mit den Angaben auf Verpackungen und Schildchen der Pflanzen. Die Pflanzen sollten möglichst pflegeleicht, ungiftig und schnellwüchsig sein. Und wenn sie auch noch wohl duften, lecker schmecken und hübsch anzusehen sind, umso besser, oder? Eine Mischung von Gemüsesamen und Sommerblumen kann all diese Wünsche erfüllen. Diese Sommerblumen verführen mit Farbe, Duft oder Wuchs.

SONNENBLUME [1.]
Helianthus annuus
Kann eine gigantische Größe erlangen, vielseitige Verwendung der Kerne (siehe Seite 127). Hohe Pflanzen benötigen eventuell eine Stütze. Auch Ringelblumen sind wie kleine Sonnen im Beet und erfreuen die Kinderherzen.
Familie: Korbblütler
Wuchs: je nach Sorte bis 3 m hoch
Blütenfarbe: gelb, orange, rot, auch zweifarbig. Juli bis September.
Standort: sonnig, großer Nährstoff- und Wasserbedarf
Aussaat: ab April direkt ins Freiland
Kulturzeit: einjährig

SCHOKO-SCHMUCKKÖRBCHEN [2.]
Cosmos atrosanguineus
Der viel versprechende Name deutet es an: sie duftet intensiv nach Schokolade.
Familie: Korbblütler
Wuchs: bis 80 cm hoch
Blüte: burgunderfarben. Mai bis August.
Standort: sonnig. Mittlerer Nährstoff- und Wasserbedarf.
Aussaat: ab Mai direkt ins Freiland
Kulturzeit: einjährig

GUMMIBÄRCHENBLUME [3.]
Cephalophora aromatica
Kleine kugelrunde Blüten, duften stark süßlich nach dem Naschzeug, das auch Namensgeber war. Beliebt bei allen nektarsuchenden Insekten.
Familie: Korbblütler
Wuchs: 30 bis 50 cm hoch
Blüte: zitronengelb. Lange Blütezeit von Juni bis Oktober.
Standort: sonnig. Niedriger Nährstoff- und Feuchtigkeitsbedarf.
Aussaat: langsam keimendes Saatgut. Daher eher für Fortgeschrittene geeignet! Drei bis sechs Wochen bei 10 bis 15 °C. Voranzucht im Haus empfehlenswert. Ab Mai ins Freiland.
Kulturzeit: einjährig

JUNGFER IM GRÜNEN [4.]

Nigella damascena

Sogar Märchen ranken sich um diese besondere Schönheit, die man auch unter dem Namen „Gretel im Busch" oder „Braut in den Haaren" kennt (siehe Seite 130). Besondere Blütenform, die sich auch in getrockneter Form gut macht.

Familie: Hahnenfußgewächse
Wuchs: bis 50 cm hoch
Blüte: blau und weiß. Juli bis August.
Standort: sonnig. Mittlerer bis hoher Nährstoff-, aber eher geringer Wasserbedarf.
Aussaat: im Herbst oder März/April
Kulturzeit: einjährig

VANILLEBLUME [5.]

Heliotropium arborescens

Auch diese Blume betört mit leckerem Duft, diesmal nach Vanille.

Familie: Borretschgewächse
Wuchs: bis 80 cm hoch
Blüte: lila. Mai bis September.
Standort: sonnig. Eher kleiner Nährstoffappetit, aber großer Wasserdurst.
Aussaat: ab Februar/März. Auch Vermehrung aus Stecklingen möglich.
Kulturzeit: mehrjährig, jedoch nicht winterhart. Lichtkeimer.

KAPUZINERKRESSE [6.]

Tropaoelum majus in Sorten

Kaum eine andere Pflanze lässt sich im Garten so vielseitig einsetzen wie sie. Sehr schön als Umrandung in Zier- und Gemüsebeeten, als Unterpflanzung von Obstbäumen, aber auch im Topf. Absolut pflegeleicht und zudem noch samt Blüte essbar.

Familie: Kreuzblütler
Wuchs: variiert. Als Beeteinfassung eignen sich vor allem nicht rankende, bodendeckende Sorten, zur schnellen Begrünung von Zäunen kletternde Sorten.
Blüte: knallig in Gelb, Orange und Rot, auch zweifarbig. April bis September.

Standort: sonnig bis halbschattig. Normaler Nährstoffhunger bei großem Durst.
Aussaat: frostempfindlich, ins Freiland daher erst ab Mitte Mai aussäen. Voranzucht möglich.
Kulturzeit: ein- und zweijährig, häufig Selbstaussaat

STROHBLUME [7.]

Helichrysum-Cultivars

Die strohigen Blüten sind gut zum Basteln geeignet, z. B. lassen sich die Blüten als Art Perlen auf Band ziehen.

Familie: Korbblütler
Wuchs: je nach Sorte 30 bis 80 cm hoch
Blüte: viele zum Teil sehr leuchtende Farben wie Gelb, Orange, Pink oder Blau; auch mehrfarbige Blüten. Mai bis Oktober.
Standort: sonnig, mittlerer Nährstoffhunger, normaler bis großer Wasserdurst
Aussaat: ins Freiland ab Ende April
Kulturzeit: ein- oder mehrjährig

LÖWENMÄULCHEN [8.]

Anthirrhinum majus

Bei sanftem seitlichem Druck auf die Blüte öffnet sich das „Maul". Die zarte Schönheit hat dank ihrer „großen Klappe" übrigens auch in anderen Sprachen interessante Namen: Im Englischen wird sie z. B. „snap dragon", also „Schnappender Drache" genannt, während sie auf Französisch „guele-de-loup", also Wolfsmaul heißt.

Familie: Wegerichgewächse
Wuchs: 25 cm bis 1 m hoch
Blüte: weiß, gelb, orange, rosa, rot. Juli bis September.
Standort: normaler bis großer Nährstoffhunger, kleiner bis normaler Wasserdurst
Aussaat: zu Hause von Januar bis April unter Glas, Jungpflanzen dürfen ab Mitte Mai dauerhaft ins Freie
Kulturzeit: einjährig

[5.]

[6.]

[7.]

[8.]

[a]

[b]

DIE HOLZ-KASTEN MIT LÖCHRIGER FOLIE AUS-KLEIDEN

DAS IST
wirklich
WICHTIG

[a] HIER SEHT IHR, WAS IHR ALLES AN MATERIAL benötigt, um die Kästen zu bauen. Bei dem fertigen Kasten erkennt ihr gut die eingerückten Beine. Damit der Turm später nicht kippelt, müssen sie in gleicher Höhe an-gebracht werden.

[b] JETZT LEGT IHR EIN STÜCK VLIES in den fertigen Kasten. Statt Vlies könnt ihr auch etwas Folie, z. B. von einem Sack mit Erde, nehmen. Diese müsst ihr nur mit ein paar Löchern ver-sehen, damit das Wasser ablaufen kann.

[c] NACHDEM DIE KÄSTEN MIT ERDE UND KOMPOST aufgefüllt wurden, werden die Erd-beerpflanzen eingesetzt.

[d] BEVOR DIE KÄSTEN ÜBEREINANDER GESTELLT WERDEN, könnt ihr sie noch mit Wasser versorgen.

[c]

[d]

EIN HOCHHAUS

mit Erdbeeren bauen

Ein schönes Projekt, nicht nur bei Platzmangel, ist der Bau eines Erdbeerhochhauses. Unschöne Ecken können damit kaschiert werden und bei Bedarf zieht es einfach um.

Das Haus besteht aus drei gleich großen Holzkästen, die übereinandergestellt werden. Am besten verwendet man Lärchenholz, da es relativ witterungsbeständig ist. Ansonsten benötigt das Holz vor Beginn der Arbeiten noch einen Schutzanstrich. Zum Bepflanzen verwendet man zumindest in den beiden unteren Kästen am besten Wald-Erdbeeren, da sie sich an schattigeren Plätzen besonders wohl fühlen.

Tipp: Wem das Bauen der Kästen zu schwierig ist, der kann auch einfache Holzkästen wie Schubladen verwenden. Dann müsst ihr nur ein paar Kanthölzer als Beine befestigen.

MATERIAL FÜR RECHTECKIGE KÄSTEN
- (A) Front: 6 Bretter ca. 400 x 140 x 21 mm
- (B) Seite: 6 Bretter ca. 200 x 140 x 21 mm
- (C) Boden: 3 Bretter ca. 355 x 140 x 21 mm
- (D) Beine: 8 Leisten ca. 420 x 30 x 30 mm
- (E) Beine: unten 4 Leisten ca. 350 x 30 x 30 mm
- (F) Auflager: 6 Leisten ca. 140 x 30 x 30 mm
- Bauvlies: 3 Stücke ca. 600 x 400 mm

WERKZEUG
- Akku-Bohrschrauber
- Holzbohrspitze ca. 3 mm
- Holzschrauben ca. 20 mm
- Schraubzwingen

BAUEN DER KÄSTEN
1. **An einem Seitenbrett** (B) werden zwei Beine (D) so an der Außenkante mit Schraubzwingen befestigt, dass sie genau mit dem Rand abschließen. Handwerker nennen das bündig. Damit sich die Kästen später einfach ineinander stecken lassen, sind die Beine jeweils 5 cm vom oberen Rand nach unten gerückt. Achtet darauf, dass alle Beine in der gleichen Höhe angebracht werden, sonst „kippeln" die aufeinander gesetzten Kästen später.
2. **Nun bohrt man ein Loch** mit einem Holzbohrer vor und befestigt die Beine (D) mit zwei Schrauben an den Seitenbrettern (B). Auf die gleiche Weise schraubt man alle Beine (D) sowie die etwas kürzeren Leisten (E) für den untersten Kasten an die übrigen Seitenbretter.
3. **Jetzt werden die Auflager** (F) bündig mit der Unterkante des Seitenbretts (B) zwischen die Beine (D) geschraubt. Auch hier kann man sich die Arbeit mit einer Schraubzwinge und einem kleinen Holzbohrer erleichtern.
4. **Nun schraubt man die Front** (A) an die Seitenbretter (B).
5. **Abschließend werden die Bodenbretter** (C) in den Kasten auf die Auflager (F) gelegt und verschraubt.
6. **Bepflanzen der Kästen:** In die fertigen Kästen legt ihr jeweils ein leicht überlappend großes Stück von dem Bauvlies und füllt sie mit Erde auf. Nun setzt ihr eine stark rankende Erdbeersorte ein und gießt die Pflanzen an.

DAS IST *wirklich* WICHTIG

[a] EIN EINFACHER SPITZBOGEN aus zwei Weiden bildet das Grundgerüst des späteren Ladens. Die Höhe der Durchreiche richtet sich nach der Größe des Kindes.

[b] DIE WEIDENRUTE, DIE ALS GROSSER RUND-BOGEN im Spitzbogen sitzt, wickelt ihr um die Spitzbogenruten. Mit Wäscheklammern könnt ihr das Ganze vorübergehend fixieren, bevor ihr es mit einem Band festbindet.

[c] HIER SORTIERT IVA frisch geerntetes Gemüse aus ihrem eigenen Beet in ihren neuen Kaufmannsladen. Wenn das keine Lust auf Vitamine weckt?

BAUEN MIT WEIDEN

Ein Kaufmannsladen im Grünen

Weiden sind auf Grund ihrer extremen Biegsamkeit ein hervorragender Werkstoff im Garten. Vom Kriechtunnel bis zum Tipi lässt sich so mancher Kindertraum schnell verwirklichen.

AUF RUTENJAGD

Weiden können an frostfreien Tagen im gesamten Winterhalbjahr geschnitten werden. Geeignet sind die einjährigen Triebe. Sie wachsen gerade nach oben und haben noch keine Verzweigungen. Ein wichtiger Stichtag für die Weidenernte ist der 15. März jeden Jahres. Denn danach dürfen die Bäume wegen der beginnenden Vogelbrut nicht mehr beschnitten werden. Besonders geeignet sind Weiden mit länglichen Blättern, da sie am leichtesten Wurzeln schlagen. Dazu müssen sie vor und nach dem Pflanzen reichlich gewässert werden. Besonders gut wachsen sie im Frühjahr an. Bedenken sollte man bei der Planung aber, dass angewachsene Weiden jedes Jahr größer werden und stark ausschlagen. Wollt ihr das Wurzeln vermeiden, schneidet die Weiden bereits im Herbst. Entweder verbaut ihr sie dann sofort oder ihr lagert sie aufrecht stehend als Bündel an einem trockenen kühlen Ort, z.B. einem Dachunterstand. Vor dem Verbauen müsst ihr sie dann noch gründlich für mindestens 24 Stunden in einer großen Wanne oder Tonne wässern, damit sie wieder biegsam werden.
Und wo bekommt ihr das Material her? Weiden wachsen häufig an Knicks oder Flussufern. Macht doch einen kleinen Familienausflug oder fragt beim örtlichen Bauern oder dem Gartenbauamt nach. Auch die meisten Baumschulen bieten Weidenruten zum Verkauf. Neben Weiden sind auch die einjährigen Triebe von Hasel und Forsythie zum Flechten geeignet.

MATERIAL UND WERKZEUG

- (A) zwei ca. 2 m lange Weidenruten
- (B) drei ca. 1,60 m lange Weidenruten
- (C) drei ca. 1,10 m lange, etwas dickere Weidenruten oder Äste
- festes Band, Tontöpfe, eventuell mit Balkonkastenhalter
- Schere, Schaufel, Gießkanne

Wichtig! Die Länge der Ruten richtet sich nach der Körpergröße des Kindes. Die drei kleinen Bögen sollten so hoch sein, dass sie eine bequeme Durchreiche bilden.

ANLEITUNG

1. **Die zwei längsten Ruten** (A) am oberen Ende mit dem Band verbinden, sodass ein oben spitz zulaufender Bogen entsteht. Die drei Äste (C) quer in der unteren Hälfte am großen Bogen verknoten. Die Höhe des obersten Astes der Größe des Kindes anpassen, sodass eine bequeme Durchreiche entsteht.
2. **Die dritte 2 m lange Rute** (A) formt ihr zu einem Rundbogen in der oberen Hälfte und befestigt diesen links und rechts am äußeren Bogen. Dazu wickelt ihr das Ende der Rute etwas unterhalb der Durchreichhöhe um die Spitzbogenweiden und bindet sie mit Band fest.
3. **Auf ähnliche Weise** werden in der unteren Hälfte des Ladens drei Bögen (B) befestigt. Der höchste Punkt der Bögen liegt an dem obersten Querast, der die Durchreiche bildet. Zwei Bögen werden jeweils links und rechts am Grundgerüst (dem hohen Spitzbogen) befestigt und so gebogen, dass sie sich in der Mitte treffen. Ein dritter Bogen wird mittig davor gesetzt.
4. **Im Abstand von ca. 1 m** grabt ihr zwei etwa 30 cm tiefe Löcher, setzt den Bogen ein und schaufelt das Ganze zu. Soll euer Laden wachsen, wässert ihr die Ruten regelmäßig.
5. **Für die Verkaufswaren** hängt ihr z. B. verschiedene Tontöpfe an Bändern auf oder platziert einen alten Balkonkasten in das Fenster. Hier können Kräuterpflanzen, Blumen, Spielsand, Steine oder andere Dinge als Verkaufswaren eingefüllt werden. Viel Spaß beim Verkaufen!

ÜBERÄNGSTLICHKEIT ENTMUTIGT IHRE KINDER. Eltern sollten sich deshalb manchmal etwas zurücknehmen, um an anderer Stelle dann wieder aufmunternd und helfend zur Seite zu stehen. Dieser Balanceakt fällt mitunter schwer und gelingt auch nicht immer, lohnt sich aber.

EIN REICH FÜR KINDER

Erlebnisraum Garten

Kinder lieben Gärten. Hier können sie mit allen Sinnen die Natur erleben, sammeln, basteln, bauen, forschen und experimentieren. Aber natürlich nur, wenn die Großen ihnen den nötigen Spiel- und Freiraum dazu lassen.

JEDER IST ANDERS

Nicht jedes Kind möchte ein eigenes Beet. Ein gemeinsames Gespräch hilft, die Vorlieben herauszufinden: Iva möchte einen Pfad zum Balancieren, Theda eine Matschkiste und Lasse Tiere beobachten. Nicht alles lässt sich realisieren, ausprobieren jedoch vieles. Klein anfangen kann für alle ein inspirierendes Motto sein.

VERTRAUEN IM BESCHÜTZTEN GARTENRAUM

Nichts ist für die Eltern unentspannter, als wenn sie sich ständig sorgen müssen. Vor allem wenn regelmäßig Kleinkinder in Ihrem Garten spielen, ist es wichtig, Gefahrenquellen zu entschärfen oder ganz zu beseitigen (siehe Seite 142/143). Trotzdem sollten Sie Ihrem Kind auf jeden Fall ermöglichen, eigene Erfahrungen zu sammeln. Dazu gehört, diese überhaupt zu ermöglichen und nicht immer zu helfen, einzugreifen oder vorwegzunehmen. Überwinden Sie eigene Ängste und vertrauen Sie Ihrem Kind und seinen Fähigkeiten! Aber seien Sie sich bewusst: Selbst wenn Sie es schaffen sollten, sämtliche Gefahrenherde aus Ihrem Garten zu verbannen, gilt dies nicht für die gesamte Nachbarschaft und Umgebung. Zeigen Sie Ihrem Kind daher, worauf es achten muss. Führen Sie ihm z. B. regelmäßig giftige Pflanzen vor, und weisen Sie auch auf andere Gefahren hin.

MATERIAL BEREITSTELLEN

Die meisten Gärten, in denen Kinder spielen, sind mit den gleichen Dingen ausgestattet, die man häufig schon recht günstig im Baumarkt kaufen kann: ein Schaukel- bzw. Klettergerüst, eine Sandkiste, eine Rutsche oder sogar ein großes Trampolin. Doch häufig ist weniger mehr. Schön und zudem noch nahezu kostenlos ist es, Kindern gewissermaßen „Material" bereitzustellen. Das können z. B. Steine, Äste, Erdhaufen oder alte Tontöpfe sein. Auf einfache Weise wird so die Fantasie angeregt. Weitere individuelle Spielideen finden Sie auf der nächsten Seite.

MEHR FREIRAUM IM GARTEN

Fachleute sprechen schon von der „Indoor-Krankheit". Gemeint ist, dass sich der Aktionsradius der Kinder nicht nur verkleinert, sondern auch zunehmend nach drinnen verlagert. Naturerlebnisse finden heute kaum noch statt. Und das hat erschreckende Folgen. Nicht nur für die Gesundheit, sondern auch für den Geist.
So haben Gehirnforscher herausgefunden, dass ohne die Gegenwart von Pflanzen und Tieren die emotionale Bindungsfähigkeit der Kinder verkümmert: Sie empfinden nicht nur weniger Mitgefühl für andere, sondern sind auch nicht so kreativ, fantasievoll und lebenslustig wie Altersgenossen mit regelmäßigem Naturkontakt. Warum? Weil unser Gehirn und seine Leistungsfähigkeit mit der Beanspruchung wächst. Nirgendwo sonst werden wir auf so vielfältige und komplexe Weise gefordert wie in der freien Natur. Für jede neue Nervenbahn belohnt das Gehirn uns mit der Ausschüttung von Glückshormonen. Gönnen Sie sich und Ihren Kindern, den Freiraum dieses Glück zu erfahren. Ob im eigenen Garten oder anderswo.

[1.]

[2.]

[3.]

SPIELEN IM GARTEN
Kreativ und fantasievoll

Gekauftes Spielzeug ist schön, aber manchmal auch etwas uniform und langweilig. Versuchen Sie es doch mal mit Spielmaterial aus gebrauchten Fundstücken und Utensilien aus dem Garten, die Fantasie und Spieltrieb wecken.

AUSRANGIERTE BAU-MATERIALIEN [1.]

Wie alte Ziegelsteine, Firstpfannen und Holzabschnitte. Was sich so alles aus einem Materialberg machen lässt! Hier auf dem Foto wurde aus ausrangierten Firstpfannen und Ziegeln ein einfacher Wasserlauf gebaut.
Fragen Sie einfach beim Handwerker um die Ecke nach, er kann Ihnen bestimmt weiterhelfen.

EIN ECHTER ALTER PFERDE-SATTEL [2.]

Davon träumen nicht nur kleine Mädchen. Der Sattel kann in den Baum gehängt oder über einen alten Baumstamm gelegt werden. Alexander, das Pferd auf dem Bild, besteht aus einem einfachen Jutesack, der mit Stroh gefüllt wurde. Sein Kopf wird aus der Astgabel einer Birke gebildet.
Leicht defekte Sättel gibt es häufig schon für kleines Geld. Halten Sie Ausschau auf Flohmärkten, Reiterhöfen oder in Internetauktionen.

FAMILIENERBSTÜCKE: ALTE SPIELE [3.]

Diese Spiele auf dem Foto bringen schon seit langer Zeit Spaß für kleine und große Leute in unseren Garten: das alte Krocketspiel von Onkel Michi, die alten Tennisschläger von Opa Peter.
Fragen Sie doch einmal bei Oma und Opa nach und stöbern dort in Keller, Garage oder auf dem Dachboden. Auch auf dem Flohmarkt lässt sich oft ein Schnäppchen machen.

BLECHDOSEN ALLER ART [4.]

Ob Groß oder Klein, bedruckt oder silbrig, aus Blechdosen lässt sich eine Menge machen: eine kleine Gartenküche, Pflanztöpfe, ein Gartentelefon oder Stelzen für die jungen Gärtner. Halten Sie Ausschau nach schön bedruckten Dosen, z. B. im Urlaub. Große Dosen bekommen Sie auf Nachfrage bei vielen Ständen und Geschäften, die Oliven verkaufen.
Für Telefon und Stelzen einfach die Dosen mit einem großen Nagel durchstoßen und eine Schnur in gewünschter Länge durchfädeln. Zum Telefonieren muss die Schnur auf Spannung gehalten werden.

EIN XYLOPHON AUS ÄSTEN [5.]

Äste und Baumstämme werden leicht in wunderbare Spielgeräte verwandelt wie dieses Xylophon auf dem Foto: Einfach in einige Astabschnitte unterschiedlicher Länge ein Loch am oberen Ende bohren, eine Schnur einfädeln und die Hölzer nach ihrer Länge sortieren und aufhängen, fertig ist ein schönes und dekoratives Musikinstrument.

Andere Ideen aus Schnittholz: eine Wippe aus dem Abschnitt eines dicken Baumstammes und einem einfachen Brett, eine Sitzecke aus mehreren Abschnitten eines Baumstammes oder ein quadratischer Rahmen aus vier Ästen, der mit Schnur umwickelt wird, sodass Blätter und andere Fundstücke darin getrocknet werden können. Schnittabfälle von Bäumen bekommt man im zeitigen Frühjahr und Herbst umsonst, beispielsweise bei Baumpflegefirmen.

BALANCIERPFAD, SPANNGURT ODER SLACKLINE [6.]

Nicht nur Kinder lieben das Balancieren. Auch die Zahl der Großen, die diesen Sport schätzen, wächst. Für Einsteiger reicht ein einfacher Balancierpfad, z. B. aus Ziegeln oder Findlingen. Fortgeschrittene können, wie die Begründer dieser Sportart, einen einfachen Spanngurt zwischen zwei Bäumen spannen [→ Foto]. Wer es professioneller mag, leistet sich eine echte Slackline.

EIN ALTER LKW-SCHLAUCH

Er ist an Multifunktionalität kaum zu überbieten. Auf dem Boden liegend kann darauf gehüpft oder balanciert werden, man kann ihn in einen Baum als Schaukelmöglichkeit hängen und auch im Wasser bereitet er viel Spaß!

[4.]

[5.]

[6.]

DAS SCHNELLE PFLANZENQUIZ Es werden zwei Parteien gebildet mit mindestens je zwei Mitspielern. Die Gruppen stellen sich etwa 10 m entfernt voneinander auf. In ihrer Mitte steht der Spielleiter mit einer Liste verschiedener Pflanzennamen. Vor Beginn hat er aus den Pflanzen, es können Blumen, aber auch Blätter von Bäumen etc. sein, zwei identische Sträuße gebunden und sie an zwei Punkten in etwa 10 m Entfernung vom Start abgelegt. Zu Spielbeginn laufen die Staffelersten zum Spielleiter, der ihnen die erste Pflanze auf seiner Liste nennt, z. B. Löwenzahn. Die Staffelläufer rennen zu ihrem jeweiligen Strauß, suchen die genannte Pflanze heraus und bringen sie dem Spielleiter. Wird eine falsche Pflanze gebracht, muss der Läufer sein Glück erneut versuchen. Stimmt die Pflanze, klatscht er den nächsten Läufer ab und stellt sich wieder hinten an. Gewonnen hat die Mannschaft, die als erstes den Strauß beisammen hat. Das Spiel kann dem Alter der Spieler angepasst werden, indem z. B. die Laufentfernungen gelängt werden. Die Pflanzen können auch vor Beginn zusammen gepflückt und benannt werden.

DAS IST
wirklich
WICHTIG

[a] BEWAHREN SIE GIFTIGE FLÜSSIGKEITEN sicher auf und stellen Sie sie nach der Benutzung sofort zurück.

[b] WASSER BILDET DIE GRÖSSTE GEFAHRENQUELLE, nicht nur für kleine Kinder, im Garten. Auch kleine Tiere und Insekten können in der Regentonne ertrinken. Daher bekommt sie einen Deckel.

[c] SCHARFES WERKZEUG wird unzugänglich für Kinder aufgehängt.

[d] VERWECHSLUNGEN VON ESSBAREN UND GIFTIGEN PFLANZEN. Zeigen Sie Ihren Kindern die giftigen Pflanzen im Garten und bei den Nachbarn.

[a]

[b]

[c]

[d]

GIFTIG UND GEFÄHRLICH
Aktion beschützter Garten

Der Garten sollte für Kinder ein Raum sein, in dem sie sich weit gehend gefahrlos bewegen können. Damit Klein und Groß Freiräume genießen können, sollten Erwachsene einige Vorkehrungen treffen.

GEFAHRENQUELLEN IM GARTEN VERMEIDEN

Das größte Risiko geht dabei nicht unbedingt von giftigen Pflanzen aus, wie viele meinen. Unbeschwert kann Ihr Kind spielen, wenn Sie folgende Gefahrenquellen sichern:

Wasserflächen

Teiche sichern Sie mit stabilen Gittern wirkungsvoll. Regentonnen bekommen einen Deckel auf. Generell: Lassen Sie Kleinkinder nicht unbeaufsichtigt in Wassernähe spielen, auch nicht bei kleinsten Wasserstellen. Ertrinken ist eine der häufigsten Todesursachen bei Unfällen mit Kindern!

Giftige Flüssigkeiten

Wie Benzin, Spiritus, Brennanzünder, (farbiges!) Lampenöl, Alkohol, Pflanzenschutzmittel und Dünger. Versuchen Sie im Vergiftungsfall nicht, das Kind aktiv zum Brechen zu bringen. Die Speiseröhre könnte weiter geschädigt werden. Geben Sie Wasser und alarmieren Sie den Notarzt.

Giftige Pflanzen

Nicht selten kommt es zu Verwechslungen, z. B. vom essbaren Bärlauch mit dem giftigen Maiglöckchen. Entfernen bzw. vermeiden Sie Giftpflanzen im Garten. Gänzlich wird dies aber kaum möglich sein. Zeigen Sie daher Ihrem Kind giftige Pflanzen, auch in Nachbargärten, und weisen Sie auf die Gefahr hin!

Feuer- und Grillstellen

Lassen Sie Kinder nicht unbeaufsichtigt zündeln! Ein Sicherheitsabstand sollte eingehalten werden.

Spitze und scharfkantige Gegenstände

Dazu zählen Zäune, Stützen/Stöcke für Blumen, Steine etc. Versehen Sie den Spielbereich mit einem federnden Untergrund, z. B. mit einer Rasenfläche, und entfernen Sie Steine etc. Auch altes brüchiges Spielgerät kann zu Verletzungen führen.

Scharfes Werkzeug

Dazu gehören Astscheren, Sägen, Rasenmäher etc. Lassen Sie gefährliches Gartengerät nicht unbeaufsichtigt liegen, sondern räumen es stets weg!

Kleidung zum Spielen

Achten Sie auf angemessene Spielkleidung. Insbesondere kleinen Kindern können auch Schnüre und Kordeln am Spielzeug gefährlich werden.

WEITERE GEFAHRENSTELLEN KÖNNEN SEIN: (Keller-)Treppen, Tüten/Säcke, Fenster/Glas, (Außen-)Steckdosen

GIFTIGE PFLANZEN
im Garten

Diese allesamt stark giftigen Pflanzen sollten Sie lieber meiden, wenn Kinder in Ihrem Garten spielen.

EISENHUT [1.]
Aconitum-Arten
Die giftigste Pflanze in Europa!
Wuchs: Staude mit aufrechtem Wuchs, bis 1,50 m hoch
Blüte: hübsche Blüten in Blau, auch weiß, lila. Juli bis August.
Giftige Pflanzenteile: Alle Pflanzenteile sind giftig. Bei sensibler Haut kann die bloße Berührung zu Ausschlag führen.

HERBSTZEITLOSE [2.]
Colchicum autumnale
Weit verbreitet, teilweise massenhaftes Auftreten, z. B. auf Wiesen etc.
Wuchs: aufrecht, bildet bereits im Frühjahr Blätter, blüht jedoch erst im Herbst. Höhe bis 30 cm.
Blüte: rosafarben. September bis Oktober.
Giftige Pflanzenteile: Alle Teile sind sehr giftig, insbesondere aber die Blüte. Auf Grund der großen Ähnlichkeit ist eine Verwechslungsgefahr mit dem Krokus möglich, der jedoch schon im zeitigen Frühjahr blüht. Die Blätter ähneln zudem denen des ungiftigen Bärlauchs. Dieser blüht jedoch nur im Frühjahr und zieht sich dann vollständig zurück.
Vorsicht: Beschwerden können erst verzögert auftreten!

ENGELSTROMPETE [3.]
Brugmansia-Arten
Weit verbreitet. Nahe Verwandte des ebenfalls giftigen Stechapfels *(Datura)*.
Wuchs: Strauch mit aufrechtem Wuchs, zwischen 1,50 bis 4 m hoch
Blüte: auffällige lilien- bzw. trichterförmige Blüten, die häufig herunterhängen. Blüten in Weiß, Gelb, Rosa und Lila, auch zweifarbig. Juni bis September.
Giftige Pflanzenteile: Alle Pflanzenteile sind giftig.

ECHTE TOLLKIRSCHE [4.]
Atropa bella-donna
Wuchs: strauchartiger Wuchs, zwischen 30 cm und 1,50 m Höhe
Blüte: kleine kelchförmige Blüten, die von Juni bis August meist alleine stehen. Danach bilden sich schwarze Beeren.
Giftige Pflanzenteile: Alle Pflanzenteile, bis hin zu den Wurzeln, sind sehr giftig. Verwechslung mit Esskirschen möglich. Im Unterschied zur Esskirsche wächst die Tollkirsche nicht an Bäumen. Die Beeren gleichen zudem eher kleinen Tomaten und haben statt eines Kerns verschiedene kleine Samen.

PFAFFENHÜTCHEN [5.]

Euonymus altus, E. europaeus

Bekannte giftige Arten für den Garten sind das Europäische Pfaffenhütchen (*E. europaeus*) [→5.] und die Kork-Spindel (*E. altus*). Beide besitzen zierende, rötliche Fruchtkapseln.

Wuchs: 2 bis 6 m hoch. Die Kork-Spindel bleibt kleiner und erreicht eine Höhe von 2 bis 3 m.

Blüte: bei beiden unscheinbar von Juni bis Juli

Giftige Pflanzenteile: Alle Teile sind giftig, insbesondere aber die Samen.

Vorsicht: Vergiftungsbeschwerden können zum Teil viele Stunden nach dem Verzehr auftreten!

GEWÖHNLICHER SEIDELBAST [6.]

Daphne mezereum

Wuchs: kleiner sommergrüner Strauch mit aufrechtem Wuchs. Es gibt auch immergrüne Arten.

Blüte: schöne fliederartige rosa bis pinkfarbene Blüten im März und April. Später rote Beeren.

Giftige Pflanzenteile: Giftig sind vor allem die Rinde und der Samen. Allerdings reicht schon ein bloßes Berühren der Pflanze, um starke Hautreizungen und sogar Nierenschäden herbeizuführen. Verwechslung: Blüten erinnern teilweise an Fliedergewächse.

STECHPALME [7.]

Ilex

Schöner Fruchtschmuck, wird daher teilweise als Weihnachtsdekoration verwendet.

Wuchs: Strauch mit sehr auffälligen Blättern. Bildet hübsche rote Beeren. Je nach Art und Sorte variiert die Blattfarbe stark. Häufig ist sie mehrfarbig gescheckt grün und weiß bis gelb.

Blüte: weiß. Mai bis Juni.

Giftige Pflanzenteile: vor allem Blätter und Beeren sind stark giftig

GEWÖHNLICHER GOLDREGEN [8.]

Laburnum anagyroides

Wuchs: Zierstrauch mit bis zu 6 m Höhe

Blüte: wunderschöne goldgelbe Blütentrauben, die kaskadenartig hinunterhängen. Mai bis Juni.

Giftige Pflanzenteile: Alle Teile der Pflanze sind sehr giftig, besonders jedoch die Samen. Wird teilweise mit dem nicht ganz so giftigen Blauregen (*Wisteria*) verwechselt (siehe Seite 170). Dieser hat jedoch blaue bis violette Blüten.

[5.]

[6.]

[7.]

[8.]

ETWAS WENIGER GIFTIGE PFLANZEN SIND: Aronstab (*Arum italicum, A. maculatum*), Buchsbaum (*Buxus sempervirens*), Busch-Windröschen (*Anemone nemerosa*), Christrose (*Helleborus niger*), Eberesche (*Sorbus aucuparia*), Efeu (*Hedera helix*), Eibe (*Taxus baccata*), Fingerhut (*Digitalis*), Hartriegel (*Cornus*), Heckenkirsche (*Lonicera*), Herkulesstaude (*Heracleum mantegazzianum*), Kaiserkrone (*Fritillaria imperialis*), Kirschlorbeer (*Prunus laurocerasus*), Lebensbaum (*Thuja*), Liguster (*Ligustrum vulgare*), Lupine (*Lupinus*), Maiglöckchen (*Convallaria majalis*), Nachtschattengewächse (grüne Früchte), Rhododendron (*Rhododendron*), Schlaf-Mohn (*Papaver somniferum*), Schneeball (*Viburnum*), Stechapfel (*Datura*), Tabak (*Nicotiana*), Tulpe (*Tulipa*).

PFLANZENJUNGE

Es grünt bald grün

IN VIELER HINSICHT GEWINNBRIN-
GEND, ÖKOLOGISCH WERTVOLL UND
ZUDEM NOCH KINDERLEICHT, ALL
DAS IST PFLANZENVERMEHRUNG IM
EIGENEN GARTEN. WAS WOLLEN SIE
MEHR?

[a]

[b]

[c]

DAS IST *wirklich* WICHTIG

[a] DAMIT KEINE STAUNÄSSE entsteht, bohre ich Löcher in meine Kulturkiste.

[b] NACH DEM EINFÜLLEN DER ANZUCHT-ERDE, drücken Sie diese mit der Faust fest und verteilen das Saatgut auf dem Substrat. Ein kleines Stöckchen ist hilfreich.

[c] DRÜCKEN SIE DIE SAAT nun mit einem kleinen Brettchen fest.

[d] ÜBER DAS SAATGUT wird etwas Erde gesiebt. Wässern Sie vorsichtig mit einem Sprüher, damit die Samen nicht aufgespült werden. Dies wiederholen Sie in den nächsten Tagen, bis das erste Grün sprießt.

[e] EINE ABDECKUNG beschleunigt die Keimung. Sorgen Sie aber für ausreichende Belüftung, z. B. über Löcher. Sobald die Saat keimt, nehmen Sie die Folie ab.

[d]

PRIMA KLIMA MIT GELÖCHERTER HAUSHALTS-FOLIE

[e]

PFLANZEN AUS SAMEN
Kleine Wunder

Auch Pflanzen fangen klein an: Samen enthalten alle Anlagen, um unter den richtigen Bedingungen zu einer schönen, großen Pflanze heranzuwachsen.

ZUM NULLTARIF: SAMEN SAMMELN

Gutes Saatgut müssen Sie nicht kaufen. Im Gegenteil! Sammeln hat viele Vorteile: Sie schonen nicht nur Ihren Geldbeutel, sondern sorgen auch für den Erhalt der Sorten- und Artenvielfalt (siehe Seite 86, Biodiversität). Zudem verwenden Sie Saatgut, dessen Mutterpflanzen bereits Zeit hatten, sich etwas den Freilandbedingungen anzupassen.

Mich überfällt z. B. jedes Jahr im Spätsommer der unwiderstehliche Drang, Stockrosensamen zu sammeln. Meistens handelt es sich bei den Mutterpflanzen um wild wachsende Exemplare am Wegesrand, von denen ich die verblühten, trockenen Samenkapseln abpflücke. Starten Sie doch auch einmal zu einem botanischen Streifzug. Fündig können Sie neben dem eigenen Garten bei Nachbarn, Freunden und Verwandten, ja sogar auf der Straße werden. Achten Sie darauf, dass es sich möglichst nicht um eine F1-Hybride handelt, sondern um sortenreine Samen (siehe Seite 87).

LICHT ODER DUNKELHEIT?

Die meisten Samen keimen bei Licht und Dunkelheit. Es gibt aber sogenannte Licht- und Dunkelkeimer. Ihre Keimung wird durch Licht bzw. Dunkelheit gefördert. Als Faustregel für die Dunkelkeimer gilt, dass sie etwa in doppelter Höhe ihres Durchmessers mit Erde bedeckt sein sollten. Lichtkeimer drücken Sie hingegen nur leicht im Substrat an, um ein Austrocknen der Samen zu vermeiden.

Gängige Lichtkeimer: Salat, Möhren, Rasen, Pfingstrosen, Goldregen, Thuja, Fichte

Gängige Dunkelkeimer: Buchs, Gurke, Kürbis, Jungfer im Grünen, Tulpen, Lilien

DAS BRAUCHEN SIE

Zur Anzucht eignen sich alle Gefäße, bei denen das Gießwasser ablaufen kann. Das müssen nicht immer „richtige" Pflanzkübel oder gekaufte organische Anzuchttöpfe sein. Zweckentfremden lassen sich z. B. Holzkisten, reißfeste Plastiksäcke, Joghurtbecher oder Eierkartons. Bei wasserundurchlässigen Gefäßen bohren Sie Löcher in den Boden und füllen eine Drainageschicht aus Kieseln ein. Ich habe hier [→ a] eine alte ausrangierte Minischublade verwendet. Sie haben gerade nichts von alledem zur Hand? Dann recyceln Sie einfach Ihre alte Tageszeitung! Schneiden Sie einen etwa handbreiten Streifen Zeitung ab. Rollen Sie diesen so über ein kleines Glas, dass ein schmaler Überstand zur Öffnung hin bleibt. Klappen Sie diesen zur Mitte hin ein. Fertig ist Ihr wunderbarer kleiner Anzuchttopf, der sich später in der Erde einfach zersetzt. Nützlich ist auch ein Zerstäuber zum Wässern des Saatgutes. Haben Sie keinen parat, können Sie einen Sprüher zum Befeuchten von Bügelwäsche nehmen. Oder Sie durchstoßen den Blechdeckel einer Flasche mit einem dicken Nagel.

Material

- Pflanzgefäß
- Anzuchterde
- Sieb
- Küchenfolie o.Ä.
- Zerstäuber/Sprüher

[a]

DAS IST
wirklich
WICHTIG

[a] **FASSEN SIE DEN SÄMLING VORSICHTIG** an und lösen Sie gleichzeitig die Wurzel mit einem Stäbchen aus der Erde.

[b] **DRÜCKEN SIE DIE ERDE FEST** um den Keimling.

[c] **GIESSEN SIE GRÜNDLICH,** aber mit Bedacht an. Gewöhnen Sie den Sämling gegebenenfalls langsam an einen Umzug ins Freiland.

DRÜCKEN SIE DEN KEIMLING GUT AN

[b]

[c]

PIKIEREN

und ab ins Freiland

Sobald Ihre Saat zwei gut entwickelte Keimblätter besitzt, braucht sie mehr Platz. Dies gilt besonders für Pflanzenjunge, die noch dicht an dicht stehen.

PLATZ ZUM WACHSEN

Pikieren nennen Gärtner das Vereinzeln auf ausreichende Pflanzabstände: Mit einem Holzstäbchen wird die Wurzel des Keimlings vorsichtig aus der Erde gelöst und neu eingepflanzt. Bohren Sie dazu mit dem Holzstäbchen ein Loch in die Erde der neuen „Behausung" und führen Sie die Wurzeln des Sämlings mithilfe des Stäbchens vorsichtig ein.

Pflanzenjunge sind empfindsam. Achten Sie beim Vereinzeln daher darauf, dass das Pflänzchen leicht in Ihrer hohlen Hand liegt und nicht zu sehr gequetscht wird. Bei den meisten Sorten sorgt das Kürzen der Hauptwurzel, das ist diejenige, die am stärksten entwickelt ist, für ein kräftigeres Wurzelwachstum. Vermeiden sollten Sie dies jedoch bei Kürbis- und Gurkengewächsen, die darauf sehr empfindlich reagieren.

Es fällt nicht immer leicht, aber wählen Sie dazu die kräftigsten Sämlinge aus. Sie haben die besten Chancen, zu gesunden Pflanzen heranzuwachsen. Die restlichen Keimlinge tun Gutes, indem sie als Gründüngung eingearbeitet werden und so die Erde mit Nährstoffen anreichern. Haben Sie zwei bis drei Samen in Anzuchttöpfe aus Kokos oder Papier gesetzt, sparen Sie sich das Umtopfen (Anleitung siehe vorherige Seite). Sie können einen Keimling nach dem Vereinzeln samt „Gefäß" auspflanzen.

DIE PFLANZENSCHULE

Ob die Sämlinge sofort in den Garten gepflanzt werden, ist auch vom Wetter und der Sorte abhängig. Welche Temperatur hat die Luft, welche der Boden? Wie stark kühlt es nachts noch ab? Viele wärmeliebende Gemüsepflanzen wie Gurken, Kürbis oder Mais sollten Sie beispielsweise erst ab Mitte Mai ins Freiland setzen (siehe Seite 94/95, Gemüse). Erst dann sind keine Nachtfröste mehr zu erwarten.

Besonders bei der Anzucht im Haus empfiehlt es sich, die Jungpflanzen langsam an die Außenbedingungen zu gewöhnen.

Stellen Sie die Kleinen beispielsweise erst einmal für ein paar Stunden am Tag an einen geschützten Ort im Freien. Nach einigen Tagen sind sie hoffentlich vorbereitet auf den Umzug in den großen, weiten Garten.

MATERIAL

- Pikierstab oder als Ersatz ein Essstäbchen
- eventuell ein größeres Pflanzgefäß
- Wasser zum Angießen

STATT EINES RICHTIGEN PIKIERHOLZES können Sie z. B. auch ein Essstäbchen oder ein angespitztes Stöckchen verwenden.

DAS IST *wirklich* WICHTIG

[a] GRABEN SIE DIE GESAMTE STAUDE AUS. Bitten Sie bei großen Stauden jemanden, der Ihnen hilft, die Pflanze aus dem Loch zu heben. Stauden können sehr schwer sein! Ziehen Sie die Staude vorsichtig heraus und legen Sie sie auf den Rasen oder eine Plane.

[b] TEILEN SIE DIE STAUDE MIT EINEM SPATEN. Bei trockenem Boden geht dies leichter, wenn Sie den Wurzelballen gut anfeuchten.

[c] VOR DEM ERNEUTEN EINPFLANZEN ENTFERNEN SIE, wenn nötig, die überalterte Mitte und kompostieren sie.

[b]

ENTFERNEN SIE DIE BLÜHFAULE MITTE

[c]

[a]

STAUDEN TEILEN

Einfach und umsonst

Geburtshilfe und Frischzellenkur in einem. Das bedeutet eine Teilung für die mehrjährigen Stauden. Sie dient nicht nur der Vermehrung, sondern auch der Verjüngung dieser langlebigen Pflanzen.

GEWUSST WANN

Der beste Zeitpunkt zur Staudenteilung ist das Frühjahr. Manche Stauden wie Funkien *(Hosta)* können Sie aber auch noch im Sommer teilen. Und Pfingstrosen *(Paeonia)* trennen Sie am besten im August oder September. Dann kann die Pflanze vor dem Winter noch anwachsen und genügend Wurzeln ausbilden.

GEWUSST WEN

Grundsätzlich können Sie alle Staudengewächse teilen. Bei einigen, wie der eben genannten Pfingstrose, sollten Sie allerdings darauf achten, die alte Pflanzhöhe einzuhalten. Die Staude sollte an ihrem neuen Standort also genauso tief in der Erde stehen wie vorher. Dies ist Voraussetzung, dass sie schnell wieder blüht.
Neben den Zierpflanzen gibt es auch einige Mehrjährige im Gemüse- und Kräuterbeet, die sich über eine Teilung freuen. Dazu zählen z. B. Rhabarber und Schnittlauch.

GEWUSST WAS

Da Stauden von innen nach außen wachsen, wird die ältere Pflanzenmitte mit den Jahren blühfaul und unansehnlich. Bei einer Teilung entfernen Sie diesen Bereich. Auf dem Kompost erlebt er seine Wiedergeburt als gute Erde.

WEITERE PFLEGEMASSNAHMEN

Mit einem leichten Rückschnitt der Triebspitzen, pinzieren genannt, erhöhen Sie die Standfestigkeit aufrechter Stauden wie Phlox, Indianernessel und einiger Asternsorten. Die Triebe sollten dafür eine Höhe von ca. 20 cm haben, dies ist ca. im Mai/Juni der Fall. Ein starker Rückschnitt über dem Boden fördert bei manchen Sorten wie der Feinstrahlaster, dem Blütensalbei und der Katzenminze eine zweite Blüte. Viele Stauden danken es Ihnen, wenn Sie regelmäßig Verblühtes entfernen.
Verholzende Stauden wie Lavendel und einige Thymiansorten schneiden Sie im zeitigen Frühjahr um etwa ein Drittel zurück.

EXPERTEN FÜR IHREN GARTEN Auf Grund ihrer Langlebigkeit sind Stauden ideal zur Bepflanzung Ihrer Zierbeete. Viele sind nicht nur äußerst pflegeleicht und machen kaum Arbeit, sondern bestechen auch außerhalb ihrer Blühphasen mit schönem Blattschmuck. So geben Sie Ihren Beeten über viele Monate im Jahr Struktur. Ein weiterer Vorteil: An Vielseitigkeit sind Stauden kaum zu überbieten. Denn unter den verschiedenen Sorten gibt es Spezialisten für die unterschiedlichsten Gartenbedingungen: ob sonniger oder schattiger Standort, magerer oder nahrhafter Boden, feuchter oder trockener Pflanzplatz, bodendeckender oder hoher Wuchs, spektakulärer Auftritt oder treuer Begleiter.

[a]

[b]

DAS IST *wirklich* WICHTIG

[a] WÄHLEN SIE EINEN KRÄFTIGEN TRIEB einer gesunden Mutterpflanze. Schneiden Sie ihn mit einer scharfen Schere dicht unterhalb eines Blattknotens ab.

[b] DER STECKLING SOLLTE 10 BIS 15 CM LANG SEIN. Entfernen Sie eventuelle Blätter im unteren Drittel.

[c] TOPFEN SIE DEN TRIEB SO EIN, dass das blattfreie untere Drittel in der Erde steckt.

[d] DRÜCKEN SIE DIE ERDE MIT DEM HAND-KNÖCHEL FEST und gießen Sie gründlich an.

GEBEN SIE DEN STECK-LINGEN ZWEI BLATTPAARE

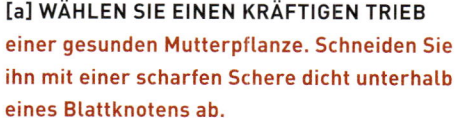

154

[c]

[d]

STECKLINGE
Vermehrung aus Pflanzenteilen

Viele Pflanzen lassen sich leicht über Stecklinge vermehren.
Je nachdem, welcher Pflanzenteil zur Anzucht verwendet wird,
unterscheidet man Kopf-, Blatt- und Stammstecklinge.

Stecklinge sind vergleichbar mit Babys: Sobald sie von der
Mutterpflanze abgetrennt sind, müssen wir sie gut versorgen.
Eine Anzuchtstation fungiert daher auch wie eine Art Brutkasten. Eine durchsichtige Haube, z. B. aus Glas oder Folie, hält
Temperatur und Feuchtigkeit konstant.

KOPFSTECKLINGE
Sie werden aus den abgetrennten Triebspitzen der Pflanze gewonnen. Die Spitze sollte mindestens ein voll ausgebildetes
Blatt und zwei Blattknoten besitzen. Geeignet sind beispielsweise: Bartfaden, Buchsbaum, Buntnessel, Ehrenpreis, Elfensporn, Fuchsie, Geranie/Pelargonie, Heidekraut, Immergrün,
Lavendel, Mahonie, Nelke, Pfeifenstrauch, Phlox, Salbei,
Schneeball, Strauchmargerite, Verbene, Weigelie.

BLATTSTECKLINGE
Hier wird ein gesundes Blatt abgeschnitten und dann eingepflanzt. Einige Blätter, wie die der Sukkulenten, müssen vor
dem Einpflanzen noch einige Tage trocknen.
Geeignet sind Blätter, die die Fähigkeit zur Bewurzelung und
Sprossbildung haben. Wie z. B. von (Blatt-)Begonie, Bogenhanf, Gasterie, Sukkulenten, Usambaraveilchen.

STAMMSTECKLINGE
Sie werden auch Steckhölzer genannt **[→ Foto oben]**. Im Unterschied zum Blattsteckling handelt es sich um ein verholztes
Triebstück ohne Blätter. Geschnitten wird an frostfreien Tagen
im Winterhalbjahr, optimalerweise im Herbst. Wählen Sie einen kräftigen einjährigen Trieb einer gesunden Pflanze – an
der hellen Farbe erkennbar. Das Stück aus der Mitte sollte 15
bis 20 cm lang sein und mehrere Blattknoten, kleine Verdickungen, besitzen. Denn hieraus wachsen später die Wurzeln
und die neuen Triebe. Oben wird das Steckholz gerade, unten
schräg abgeschnitten. So pflanzen Sie den Stamm nicht versehentlich verkehrt herum. Achten Sie darauf, dass an beiden
Enden ein Blattknoten sitzt.
Stecken Sie das Hölzchen so in einen Topf, dass sich zwei Drittel in der Erde befinden. Im kommenden Frühjahr kann es
dann ausgepflanzt werden. Auf dem kleinen Foto oben auf dieser Seite sehen Sie übrigens ein ausgetriebenes Steckholz.
Geeignet sind Triebe von: Berberitze, Falscher Jasmin, Feuerdorn, Forsythie, Johannisbeeren, Jostabeeren, Skimmie, Stachelbeeren, Sommerflieder, Rosen und Weigelie.

ABSENKER
Bei einem Absenker bleibt der Trieb zunächst an der Mutterpflanze. Er wird in der Mitte mit Erde bedeckt und erst abgetrennt, wenn er nach einigen Wochen genügend Wurzeln
gebildet hat.
Wählen Sie einen kräftigen jungen Trieb und versenken Sie ihn
so in der Erde, dass seine obere Hälfte aus dem Boden schaut.
Entfernen Sie dort vorher alle Blätter. Zur Fixierung im Boden
eignen sich Drahtschlingen oder Zelthaken.
Geeignet zur Herstellung von Absenkern sind z. B. Erdbeeren,
Clematis und Spindelstrauch.

WERKELN UND BAUEN

Kleine Projekte für den Garten

GÄRTEN KÖNNEN NICHT NUR EIN PARADIES FÜR PFLAN-ZEN UND IHRE GÄRTNER SEIN. AUCH WER WERKELN, KOCHEN ODER EINFACH GENIESSEN MÖCHTE IST HIER RICHTIG. KLEINE UND GROSSE PROJEKTE VOM MINITEICH BIS HIN ZUR AUSSENKÜCHE SOWIE VIELE LECKERE REZEP-TE FINDEN SIE IN DIESEM KAPITEL.

[a]

[b]

DAS IST *wirklich* WICHTIG

[a] STELLEN SIE DAS GEFÄSS AM GEWÜNSCH-TEN STANDORT AUF und legen Sie es gegebe-nenfalls mit Teichfolie aus.

[b] UNTERSCHIEDLICHE HÖHEN SCHAFFEN SIE, indem Sie Ziegel oder Ähnliches in das Gefäß hineinstellen.
Bedecken Sie den Boden des Teiches und der Pflanzkörbe mit Kies. Reißen Sie die Pflanzen-wurzeln auf und setzen Sie die Gewächse in die durchlässigen Körbe.

[c] BEDECKEN SIE DIE ERDE DER KÖRBE wie-derum mit etwas Kies. Achten Sie beim Einset-zen der Pflanzen auf die jeweils angemessene Pflanztiefe.

[d] FÜLLEN SIE DAS GEFÄSS mit möglichst kalkarmem Wasser auf. Idealerweise stammt es aus einem funktionierenden Teich in der Nachbarschaft. Regenwasser ist eine gute Alternative.

[c]

[d]

MINITEICH ANLEGEN

Klein, aber mein

Nicht jeder hat in seinem Garten Platz für einen richtigen Teich. Zudem sind große Wasserflächen aufwendig in Planung und Umsetzung. Verzichten müssen Sie deshalb aber noch lange nicht. Sehen Sie selbst!

DAS PASSENDE GEFÄSS

Ob altes Weinfass, großer Pflanzkübel, Eimer, Mörtelwanne oder spezielle Kunststofffertigschale, ein Miniteich kann in vielen Gefäßen entstehen. Nur wasserdicht und frosthart sollte es sein. Alte Zinkwannen sehen zwar toll aus, sollten aber unbedingt mit Teichfolie ausgelegt werden. Andernfalls wird Zink in das Wasser abgegeben und beeinträchtigt das Pflanzenwachstum.

Beim Anlegen so eines Miniaturgewässers sollte Ihnen bewusst sein: Ein biologisches Gleichgewicht stellt sich innerhalb dieser geringen Wasseroberfläche und -tiefe wohl nicht ein. Es gilt, je größer ein Teich, desto leichter hält er die Balance (siehe Seite 160/161). Der Begriff Miniteich ist daher auch etwas irreführend. Betrachten Sie stattdessen das Ganze doch als eine Art Beet im Wasser.

Tipp: Auf Teicherde verzichten Sie bei dieser geringen Größe lieber, da sie den Nährstoffgehalt zu stark anhebt und zur Überdüngung führt! Den Kies spülen Sie am besten einmal mit dem Gartenschlauch ab. So reduzieren Sie den Nährstoffgehalt des Teiches nochmals.

DER GEEIGNETE STANDORT

Da die meisten Wasserpflanzen sehr lichthungrig sind, sollte das Gefäß überwiegend in der Sonne stehen. Volle Sonne ist bei so kleinen Wasserflächen aber ungünstig. Optimal ist ein Standort, der mittags schattig liegt. So verhindern Sie eine zu starke Erwärmung, in deren Folge das Wasser verdunsten und das Algenwachstum angeregt werden würde. Achten Sie zudem darauf, dass das Gefäß nicht unmittelbar unter Bäumen steht. Denn eingewehtes Laub ist später schlecht zu entfernen und regt ebenfalls das Algenwachstum an.

MATERIAL

- Gefäß/Wanne mit mindestens 30 cm Tiefe
- gegebenenfalls Teichfolie
- Kies
- Pflanzkörbe
- Backsteine oder Tontöpfe
- 2 bis 3 Pflanzen je qm für Sumpf- und Flachwasserzone

IN DER UMGEBUNG VON KLEINEN KINDERN sollten Sie natürlich bei allen Wasserflächen auf eine angemessene Sicherung achten!

Achten Sie bei Teichen auf sanft
abfallende Ufer und Steine für
die neuen Gartenbewohner. Oder
kleine Holzbretter als Ausstieghilfe.

LEBENSWELT TEICH

Natürlich bis formal

Eine Wasserquelle im Garten fasziniert nicht nur uns Menschen. Mit einem Teich schaffen Sie einen wichtigen Lebensraum und bringen eine ungeahnte Artenvielfalt an Tieren und Nützlingen in Ihren Garten. Wollen Sie sich an den Bau eines großen Teiches wagen, haben Sie die Wahl zwischen zwei Bauarten.

SCHNELL: FERTIGTEICHBECKEN

Kunststoffschalen eignen sich vor allem bei besonders steinigem Boden und für kleinere Teichflächen bis 10 qm. Sie sind in vielen Größen und Formen erhältlich. Die unterschiedlichen Pflanzzonen bzw. -tiefen sind hier bereits vorgeformt. Halten Sie bei der Begrünung der Zonen die Angaben zu den Pflanztiefen unbedingt ein.
Fertigbecken lassen sich relativ schnell einbauen. Achten Sie darauf, dass keine Hohlräume zwischen Grube und Becken bleiben. Die Schale könnte nach dem Auffüllen sonst kippen oder reißen. Füllen Sie daher gegebenenfalls mit Sand auf und schlämmen Sie mit Wasser an.

NATÜRLICH: FOLIENTEICHE

Besonders natürlich wirkende Formen lassen sich mithilfe spezieller Teichfolie gestalten. Empfehlenswert sind sie, trotz des erheblich höheren Aufwandes, für größere Teichflächen. Organisieren Sie auf jeden Fall zwei bis drei Helfer!
Tipp: Flexibler werden die Folien unter großer Wärmeinwirkung. Verlegen Sie also bei gutem Wetter oder erwärmen Sie sie mit einer Heizung.
Bei Folienteichen müssen Sie selbst drei verschiedene Zonen aus Ufer-, Flach- und Tiefwasserbereich modellieren.

PFLEGETIPPS FÜR KLARES TEICHWASSER

- Entfernen Sie regelmäßig, z. B. mit einem Kescher, das eingewehte Laub, Blüten etc. Die eingetragenen Nährstoffe könnten sonst zu einer Überdüngung führen. Die Folge: Der Sauerstoffgehalt des Wassers sinkt, es kommt zu explosionsartigem Algenwachstum.
- Füllen Sie den Teich insbesondere in heißen Perioden regelmäßig mit Regenwasser auf, da durch Verdunstung Wasser verloren geht. Kalk und nährstoffreiches Leitungswasser sollten Sie meiden, um die Fäulnisprozesse nicht in Gang zu setzen.
- In großen Teichen verwenden Sie zur Sauerstoffanreicherung Filter und/oder Wasserspiele. Auch Teichschnecken haben sich bewährt. Sie sind ebenso für Miniteiche geeignet und fressen lästige Algen auf.
- Kontrollieren Sie gelegentlich die Phosphat- und Nitratwerte. Tests dazu gibt es im Fachhandel. Bei Miniteichen bleibt gegebenenfalls nur der Wasserwechsel. Bei größeren Wasserflächen warten Sie jedoch besser ab.
- Entfernen Sie im Winterhalbjahr vor allem in Miniteichen die nicht frostharten Pflanzen und lagern Sie diese z. B. im Keller ein.

BIOLOGISCHES GLEICHGEWICHT – WAS BEDEUTET DAS?

So wird der relativ stabile Bestand sämtlicher Organismen innerhalb einer Lebensgemeinschaft bezeichnet. Dabei kann es kurzfristig nach veränderten Umweltbedingungen, wie Wetterwechseln, durchaus zu Schwankungen kommen. Über einen langen Zeitraum sollten sich aber wachstumsfördernde und -hemmende Faktoren in ihrer Wirkung ausgleichen. In einem neuen Lebensraum kann sich ein biologisches Gleichgewicht erst nach längerer Zeit einstellen. Massive Eingriffe durch Mensch oder Natur können zum Kippen der Balance zugunsten einer Organismenart und dem Sterben anderer Arten führen.
Für den Gartenteich bedeutet dies: Je größer der künstlich angelegte Teich, desto leichter wird sich das gewünschte Gleichgewicht einstellen. Haben Sie Geduld! Zwei bis drei Jahre kann es dauern, bis sich eine Balance aufbaut. Kommt es vorher zu verstärktem Algenwachstum, widerstehen Sie dem Verlangen, das Wasser auszuwechseln. Meiden Sie stattdessen schon bei der Anlage Kalkquellen und sorgen Sie für eine ausgewogene Bepflanzung mit Gewächsen. Wählen Sie einen passenden Standort. Je größer der Teich ist, desto sonniger darf dieser liegen. Optimal sind sechs Sonnenstunden.

[1.]

[2.]

[3.]

WASSERPFLANZEN
für jede Zone

Pflanzen machen einen Teich erst lebendig. Für jede Teichzone gibt es Pflanzenvertreter in diversen Farben und Wuchsformen.

DIE WASSERZONEN IM TEICH

Ein Teich besteht aus mehreren Wasserzonen. Die Sumpfzone bildet mit einer Wassertiefe bis zu 20 cm den direkten Anschluss an den feuchten Uferbereich. Auf die Sumpfzone folgt ein zwischen 20 und 50 cm tiefer Flachwasserbereich und schließlich eine Tiefenzone mit 50 bis 100 cm Wassertiefe.

PFLANZEN FÜR DIE SUMPF- UND UFERZONE

SUMPF-SCHWERTLILIE

Iris pseudacorus var. *pseudacorus*
Wuchs: Höhe zwischen 50 cm und 1 m
Blüte: schöne gelbe Blüten von Mai bis August
Pflanztiefe: bevorzugt am Ufer bis 20 cm Wassertiefe. Verträgt auch bis zu 40 cm Tiefe, blüht dann allerdings weniger.
Vorsicht: giftig

SUMPFDOTTERBLUME [3.]

Caltha palustris
Auch bekannt als Butterblume. Steht in manchen Bundesländern auf der Roten Liste der gefährdeten Arten.
Wuchs: flacher, buschiger Wuchs, 30 bis 40 cm hoch
Blüte: hübsche kleine gelbe Blüten von April bis Juni. Insektenmagnet. Einer der ersten Blüher am Teich.
Pflanztiefe: bis 10 cm
Vorsicht: giftig. Bei sensibler Haut kann schon eine Berührung zu Ausschlag führen.

TANNENWEDEL [6.]

Hippuris vulgaris
Filigrane, senkrechte Wedel, die an Tannennadeln erinnern
Wuchs: 20 bis 60 cm hoch
Blüte: unscheinbare Blüten. Mai bis August.
Pflanztiefe: 5 cm bis 1,50 m. Am besten im Korb platzieren. Winterhart.
Besonderheit: heimische Art mit hohem Nährstoffbedarf, daher gute reinigende Wirkung. Sauerstoffspender. Neigt zum Wuchern. Rückschnitt erforderlich.

SUMPFZONE UND UFERBEREICH bilden zusammen optimalerweise die größte Fläche des Teiches (40 %).
Weitere Sumpf- und Uferpflanzen sind: Flatter-Binse, Kalmus, Orchideen-Primel, Sumpfsimse, Schachbrettblume, Sumpf-Calla, Wollgras, Wiesenknöterich [→4.]

BRUNNENKRESSE

Nasturtium officinale

Heimisches Wildkraut, nur für bewegte Gewässer (Bachlauf oder Wasserspiel)

Wuchs: 20 bis 70 cm hoch
Blüte: weiße Blüten, essbar! Mai bis August
Pflanztiefe: 10 bis 20 cm

PFLANZEN FÜR DIE FLACHWASSERZONE

HECHTKRAUT [2.]

Pontederia cordata

Wuchs: bis 50 cm hoch
Blüte: besticht mit besonders schönen blauen, rosa oder weißen Blüten. Juni bis September.
Pflanztiefe: 20 bis 30 cm. Frostfrei überwintern.

FROSCHLÖFFEL [5.]

Alisma plantago-aquatica

Wuchs: zwischen 50 und 70 cm hoch
Blüte: Blütendolden in Rosaweiß, die sehr hoch wachsen und sich fein verzweigen. Juli bis August.
Pflanztiefe: 10 bis 30 cm
Besonderheit: neigt zur Selbstaussaat, daher gegebenenfalls Samenstände rechtzeitig entfernen. Blätter und Wurzeln sind giftig!

SCHWANENBLUME

Butomus umbellatus

Wuchs: bis 1,50 m hoch
Blüte: kleine zartrosa Blüten. Juni bis August.
Pflanztiefe: 20 bis 30 cm
Besonderheit: auch Blumenbinse genannt. Steht in der freien Natur unter Schutz.

PFLANZEN FÜR DIE TIEFENWASSERZONE

SEEROSE [1.]

Nymphaea

Wuchs: Schwimmblattpflanze
Blüte: Blüten in vielen Farben
Pflanztiefe: sorten- und artenabhängig
Besonderheit: Zwergsorten sind auch für flachere Gewässer und Miniteiche geeignet!

WASSERPEST

Elodea canadensis

Wuchs: Unterwasserpflanze. Höhe 20 bis 50 cm.
Blüte: grünlich weiß. Mai bis August.
Pflanztiefe: 20 bis 80 cm
Besonderheit: versorgt Wasser gut mit Sauerstoff. Regelmäßig stark ausdünnen, da die Pflanze wuchert.

FLACHWASSERZONE: Die Tiefe sollte ca. 20 bis 50 cm betragen und nimmt idealerweise ca. 35 % der Gesamtfläche des Teiches ein.
Weitere Pflanzen sind: Schachtelhalm, Rohrkolben, Wasserdost, Wasserklee

DIE TIEFENWASSERZONE ist mit ca. 25 % der kleinste Teil der Teichfläche. Damit der Teich nicht durchfrieren kann, sollte die tiefste Stelle mindestens 80 cm betragen.
Weitere Pflanzen sind: Krebsschere/Wasseraloe, Muschelblume/Wassersalat Seekanne, Wasserhyazinthe, Wassernuss

[4.]

[5.]

[6.]

[a]

DAS IST *wirklich* WICHTIG

[a] **BEREITEN SIE DEN UNTERGRUND** angemessen mithilfe eines Stampfers und eines Brettes zum Abziehen vor. Richtschnüre und Wasserwaage sind gute Helfer.

[b] **KIESSCHICHT LEGEN**

[c] **BRINGEN SIE DIE SANDSCHICHT AUS.** Mittels Richtschnur und Wasserwaage schaffen Sie ein leichtes Gefälle in der Ausgleichschicht.

[d] **PFLASTERSTEINE LEGEN** und anschließend mit einem Besen Sand oder feinen Split in die Fugen fegen.

[e] **SPRENGEN SIE DIE FLÄCHE MIT EINEM WASSERSCHLAUCH AB** und schlämmen Sie so den Sand ein. Füllen Sie gegebenenfalls mehr Material auf.

[b]

[c]

[d]

HÖHEN UNTERSCHIEDE GLEICHEN SIE MIT SAND AUS

[e]

PFLASTERN SIE

Auf die Nutzung kommt es an

Die zentrale Frage beim Pflastern lautet: Wie wollen Sie die Fläche nutzen? Planen Sie einen Fußweg, Sitzplatz oder eineTerrasse? Die spätere Nutzung bestimmt Material und handwerklichen Aufwand.

MATERIALWAHL

Je stärker das Pflaster belastet wird, desto sorgfältiger sollten Sie vorgehen. Am leichtesten verlegen Sie einen einfachen Weg. Ob Sie sich für einen Belag aus Kies, Klinker, Ziegelsteinen oder Betonplatten entscheiden, sollten Sie von Art und Häufigkeit der Nutzung abhängig machen. Eine allgemeine Faustregel beim Verlegen lautet: Je größer und ebenmäßiger die Platten sind, desto schneller lassen sie sich verlegen. (Ausnahme sind übergroße oder dicke Betonplatten.) Planen Sie einen Sitzplatz, ist neben der Optik eine möglichst ebene Oberfläche wichtig. Geeignet sind daher eher großflächigere Steine. Wählen können Sie zwischen Naturstein und Beton. Beide gibt es in unendlichen Variationen. Natursteine gibt es z. B. aus Granit, Sandstein, Porphyr und Quarz. Sie sind erhältlich als unregelmäßige Bruchsteinplatten, rechteckige Fliesen oder Pflastersteine. Auch Beton kann in jede erdenkliche Form gegossen werden. Je nach Zuschlag und Bearbeitung unterscheiden sich hier die Farbe und die Oberfläche erheblich. Beton kann so einen sehr natürlichen Eindruck erwecken. Insgesamt haben beide Materialien einige Vor- und Nachteile, die es abzuwägen gilt: Natursteine bestechen mit ihrer Optik. Allerdings kann die Fläche Unebenheiten aufweisen und es entstehen meist größere Fugen. Betonplatten sind hingegen wesentlich preisgünstiger und leichter zu verarbeiten. Je nach Herstellungsart wirken sie zum Teil natürlicher als manch echter Naturstein. Ein guter Kompromiss ist ein Materialmix [→ Foto]. Die Natursteine werten die Betonplatten auf und zugleich entsteht schnell eine überwiegend plane Fläche. Da die Belastung einer Pkw-Auffahrt erheblich ist, sollten Sie diese Arbeit besser Fachleuten überlassen.

DIE FLÄCHE VORBEREITEN

Auch beim Pflastern ist die Bodenvorbereitung das A und O. Diesmal ist sie wichtig, damit die Platten später nicht absacken, z. B. wegen Unterspülung, Frost etc.. Die spätere Belastung des Belages bestimmt die Höhe und Anzahl der einzelnen Schichten für den Untergrundaufbau. Der Aufbau des Pflasteruntergrundes variiert stark nach Nutzung. Während das Pflaster bei einfachen Wegen eventuell mit einer Ausgleichschicht aus Sand oder Kies auskommt, erfordern Flächen am Haus oder Auffahrten eine gründlichere Vorbereitung.

Untergrundaufbau

1. Bodenschicht, gegebenenfalls verdichten und ebnen
2. Tragschicht aus Schotter, Kies etc., ca. 15 bis 40 cm
3. Ausgleichschicht aus Sand oder Split, ca. 5 bis 8 cm
4. Pflasterschicht, ca. 8 cm

Wenn Sie einen besonders tragfähigen Grund wünschen, verdichten Sie die Schichten mit einem sogenannten Rüttler (Verleih in Fachgeschäften und Baumärkten). Falls Sie eine Fläche am Haus pflastern wollen, bauen Sie zusätzlich 2 % Gefälle ein. Dies sorgt dafür, dass das Wasser vom Gebäude wegläuft.

FROSTFREI
STEHT IHR
FUNDAMENT
AB 80 CM
TIEFE

[a]

DAS IST
wirklich
WICHTIG

[a] HEBEN SIE EIN ETWA 30 × 30 CM GROSSES ERDLOCH an der gewünschten Stelle aus. Besonders leicht geht dies mit Doppelspaten. Damit das Fundament auch bei Frost nicht verrückt, sollte es 80 cm tief sein.

[b] RÜHREN SIE DEN ESTRICHBETON etwa erdfeucht an (z. B. in einer Mörtelwanne mit Wasser; Menge siehe Verpackung).

[c] KIPPEN SIE DIE MISCHUNG LANGSAM DIREKT IN DAS LOCH. Mit einem Stock rühren Sie Luftblasen heraus.

[d] DRÜCKEN SIE ZUM VERDICHTEN z. B. ein altes Brettstück kurz an.

[e] SETZEN SIE DEN PFOSTENTRÄGER EIN und richten Sie ihn mithilfe einer Wasserwaage lotrecht aus. Bei mehreren Fundamenten in einer Reihe spannen Sie Schnüre zum Ausrichten.

[b]

[e]

[c]

[d]

FUNDAMENTE GIESSEN

Verankerungen für Zäune & Co.

Um Zäune, Sichtschutzwände, Pergolen oder Spielgeräte aufzubauen, müssen Sie die tragenden Pfosten möglichst stabil mit dem Boden verankern.

DER EINFACHSTE WEG

Ist das direkte Einschlagen des Pfostens ins Erdreich. Diese Methode hat jedoch einen gravierenden Nachteil: Das Holz wird sehr schnell verwittern und erneuert werden müssen. Besser Sie vermeiden gleichzeitigen Boden- und Luftkontakt des Pfostens.

EINSCHLAGEN VON BODENHÜLSEN

Die spätere Gewichtsbelastung sollte bei dieser Verankerungsmethode eher gering sein. Die rostfreien Metallhülsen werden in die Erde gerammt und halten gleichzeitig den Pfosten. Voraussetzung sind passende Bodenbedingungen. Für einen guten Halt darf die Erde beispielsweise nicht zu sandig sein. Schlagen Sie ein Loch mithilfe eines Vorschlaghammers und einer Eisenstange an der gewünschten Stelle vor. So haben Sie eine bessere Führung. Zum Eintreiben der Hülse setzen Sie die mitgelieferten Einschlaghilfen in die Pfostenaufnahme. Bohren Sie die Schraublöcher am Pfosten vor und schrauben Sie den Pfosten fest.

PUNKT-BETONFUNDAMENTE GIESSEN

Die größte Standsicherheit erreichen Sie, wenn Sie die Verankerung vor Ort aus Beton gießen [→ Fotos]. Bei den Pfostenträgern können Sie zwischen sogenannten U- und den etwas stabileren H-Profilen wählen. Eine teure und nicht ganz so stabile Alternative zum Selbstgießen ist das Einsetzen von Fertigbetonfundamenten.

TIPPS FÜR DIE AUSWAHL VON HOLZPFOSTEN

Achten Sie auf die Verwendung von witterungsbeständigen und heimischen Holzarten. Bewährt hat sich besonders Lärchenholz. Ohne einen zusätzlichen Schutzanstrich hält es etwa zehn Jahre. Unter bestimmten Umständen, wie starker Feuchtigkeitsbelastung, ist auch sogenanntes kdi (kesseldruckimprägniertes Holz) eine Alternative. Der grünliche Schleier zeigt an, dass unter hohem Druck Holzschutzmittel eingebracht wurde. Auf diese Weise wird der Schutzanstrich wesentlich gründlicher, aber vor allem auch sparsamer aufgebracht als bei Ihnen im Garten.
Absolut umweltverträglich und zudem äußerst haltbar ist thermisch behandeltes Holz. Dabei können die Eigenschaften sämtlicher Holzarten über eine spezielle Hitzebehandlung dauerhaft positiv verändert werden. Leider ist es derzeit noch sehr teuer.
Ein guter, konstruktiver Holzschutz ist gegeben, wenn Sie direkten Erdkontakt vermeiden und für einen leichten Ablauf des Wassers sorgen. Schrägen Sie Pfostenköpfe und Lattenenden besser an.

GESTALTUNGSELEMENTE FÜR GRENZEN

Hecke
- Guter Lärm-, Sicht- und Wetterschutz
- Ästhetisch und ökologisch wertvoll bei entsprechender Pflanzenwahl
- Regelmäßiger Schnitt notwendig

Holzwände
- Guter Sicht- und Wetterschutz
- Schön mit Begrünung, dann auch besserer Lärmschutz
- Gelegentlich Holzschutz auftragen

Pergola
- Schönes gestalterisches Element im Garten
- Kann zugleich guten Schutz bieten und Ausblicke gewähren
- Gute Rankhilfe z. B. für Wein

Zaun
- Vor allem zweckdienlich bei Tieren und kleinen Kindern im Garten
- Diverse Modelle: vom einfachen Maschendrahtzaun über den naturnahen Staketenzaun bis hin zum lackierten Lattenzaun

GESTALTEN VON GRENZEN

Sichtschutz, Zäune & Co.

Die Gestaltungsmöglichkeiten für Grundstücksgrenzen sind riesig.
Entscheidend ist, was sich hinter der Grenze verbirgt.

PLANEN

Die Einfriedung von Grenzen kann unterschiedliche Aufgaben erfüllen. Meist dient sie der Sicherheit, hält Tiere und kleine Kinder im Garten und hindert vor ungewollten Übertritten. Falls erforderlich, kann sie auch als Sicht-, Lärm-, Wind- und/oder Sonnenschutz fungieren. In jedem Fall fasst sie den Garten in eine Form und verleiht ihm, auch durch das Material, eine ästhetische Aussage. Achten Sie darauf, dass die Grenzgestaltung zum Stil von Haus und Garten passt.

Häufig liegt einer massiven Grenzgestaltung der Wunsch nach Intimität zugrunde. Überlegen Sie aber genau, wie viel Privatsphäre Ihnen beispielsweise eine Sichtschutzwand aus Holz bieten kann. Denn sie schützt zwar vor neugierigen Blicken, kann Geräusche aber kaum abhalten.

Kein Ärger mit dem Nachbar

Bedenken sollten Sie bei der Planung zudem die örtlichen Baubestimmungen. Höhe, Breite und selbst die Form/Gestaltung können hier festgeschrieben sein. Um Ärger vorzubeugen, weihen Sie Ihre Nachbarn in Ihre Pläne ein. Denn wie sagt man: Einmal zerbrochenes Porzellan lässt sich schwer kitten.

Schlussendlich sollten Sie noch bei Ihrer Entscheidung bedenken, wie viel Pflege das spätere Grenzelement benötigt.

GESTALTEN: ÄSTHETIK FÜR DEN GRENZSCHUTZ

Hübsch, individuell und freundlich

So können Holzsichtschutzwände wirken. Das zeigen viele Straßenzüge skandinavischer Gartenstädte, z. B. Kalmar in Schweden. Die Mischung aus Materialien (überwiegend Holzlatten) und wiederkehrenden Farbtönen (gelb, weiß, rot, hellblau oder grün) ist dabei konsequent abgestimmt. Innerhalb der Vielfalt ist die Variation durchaus begrenzt. So bezieht man sich z. B. in der Höhe auf den Nachbar(zaun) und variiert mit einem Element, wie der Farbe. Das Ergebnis ist eine höchst individuelle und doch harmonische Gesamtwirkung. Versuchen Sie Farben, Formen von Ihren Nachbarn aufzunehmen.

Wildholz

Es ist ein ausgezeichneter Baustoff, besonders auch für Zäune. Der große Vorteil: In der Schnittsaison im Frühjahr und Herbst erhalten Sie dieses Material häufig kostenlos. Fragen Sie bei Fachbetrieben oder Gartenbauabteilungen nach. Geeignete Holzarten sind Eiche, Buche oder andere Laubhölzer, aber auch Obstbaum oder Lärche. Besonders schön lassen sich biegsame Weiden- und Haselruten verarbeiten.

Schöne Ausblicke in die Landschaft

Diese können Sie mit Grenzelementen inszenieren, indem Sie runde Gucklöcher einbauen.

Begrünen Sie vertikale Elemente

Das wirkt freundlich. Bei Sichtschutzwänden sorgen Sie zudem für einen erhöhten Schallschutz.

NACHGEFRAGT: WAS IST VERTICAL GARDENING?

So bezeichnet man das gezielte Begrünen von vertikalen Flächen. Bereits Anfang der 1980er-Jahre entwickelte der französische Botaniker und Künstler Patrick Blanc ein Patent, um senkrechte Beete anzulegen. Blanc verwendet für seine grünen Wände, mit denen er riesige Mietshäuser und Museen versieht, vor allem Pflanzen, die auf felsigem Terrain zu Hause sind. Diese werden in Filztaschen an einer Gitterkonstruktion befestigt und mit einem Beregnungssystem versehen.

Bewundern lassen sich Blancs Pflanzwände beispielsweise in Paris am Musée du quai Branley, dem neuen Ethnologie-Museum Frankreichs, sowie in Berlin an der Kaufhausfassade der Galerie Lafayette. Beide Projekte entstanden in Zusammenarbeit mit dem französischen Stararchitekten Jean Nouvel.

[1.]

[2.]

[3.]

KLETTERPFLANZEN

Ihr Weg führt nach oben

Kletterpflanze ist nicht gleich Kletterpflanze. Den Weg gen Himmel bahnen sie sich auf sehr unterschiedliche Weise. Achten Sie auf eine passende Rankhilfe, die ihre Himmelsstürmer optimal stützt. Hier die wichtigsten Kletterpflanzen und ihre Vertreter.

SELBSTKLIMMER [3.] [6.]

Wilder Wein [→ 3.], Efeu [→ 6.], Kletter-Hortensie

Klettertechnik: erklimmen selbstständig vertikale Flächen wie Fassaden und Mauern. Ihre Haftwurzeln heften sich wie Saugnäpfe an Flächen fest.

Rankhilfe: nicht erforderlich. Querseile sind bei alten, schweren Pflanzen hilfreich.

Efeu (Hedera helix): mehrjährig, je nach Sorte mit flachem oder stark aufrechtem, kletterndem Wuchs. Höhen zwischen 20 cm und 20 m. Das Laub (Farbe, Größe) variiert stark nach Sorte. Efeu bevorzugt halbschattige bis schattige Standorte. Vogelschutzgehölz, aber giftig!

Wilder Wein (Parthenocissus tricuspidata): mehrjährig, mit aufrecht kletterndem Wuchs und fingringen Blättern. Im Herbst sehr schöne rote Laubfärbung. Erreicht Höhen zwischen 10 bis 15 m. Gedeiht sowohl an sonnigen als auch an halbschattigen Standorten.

GERÜSTKLETTER-PFLANZEN [1.] [2.] [4.] [5.]

Wie der Name anzeigt, benötigen diese Pflanzen eine Rankhilfe. Nach ihrer jeweiligen Klettertechnik wird in folgende Untergruppen unterschieden:

Schlinger

Einjährig: Feuerbohnen, Winden. Mehrjährig: Blauregen [→ 4.], Geißblatt, Hopfen, Kiwi und Klettertrompeten.

Klettertechnik: Der Haupttrieb windet sich als Ganzes schraubenförmig um die senkrechte Kletterhilfe nach oben.

Rankhilfe: sind auf vertikale Vorrichtung angewiesen, z. B. aus gespannten Seilen oder Drähten, Holz- oder Eisenstäben. Bei Mehrjährigen sehr belastbare Stütze notwendig. Sonst Gefahr des Berstens, z. B. bei zu schwachen Holzpfeilern. Auf ausreichenden Abstand zum Mauerwerk etc. achten (mindestens 15 cm).

Blauregen (Wisteria floribunda): mehrjährig, mit schlingendem Wuchs bis in 8 m Höhe. Wunderschöne blauviolette Blütenkaskaden im Frühling (Mai/Juni). Bevorzugt sonnige, geschützte Standorte, z. B. an einer soliden Pergola. Vogelschutzgehölz, aber giftig!

Ranker

Wie Echter Wein [→ 5.]

Klettertechnik: bilden Sprosse aus dem Haupttrieb, die sich selbstständig um dünne Kletterhilfen winden. Der eigentliche Haupttrieb muss jedoch von Hand aufgebunden werden. Dabei auf die genetisch festgelegte Winderichtung der Pflanze achten. Die Mehrzahl windet sich links um die Kletterhilfe, einige Ausnahmen wie Hopfen und Geißblatt rechtsherum.

Rankhilfe: An Wänden oder Pfosten benötigen sie eine feingliedrige Kletterhilfe, die optimalerweise gitterartig ist. Geeignet sind Konstruktionen aus dünnen Ästen, Schnüre, Drähte oder Gitter bzw. Maschendrähte.

Echter Wein *(Vitis vinifera)*: auch Weinrebe oder -stock genannt. Erreicht Höhen zwischen 5 und 10 m. Unscheinbare Blüten im Mai/Juni, mit Trauben von Ende August bis Oktober.

Blattstielranker

Wie Edelwicken, Kürbisgewächse und Clematis [→ 1.]

Klettertechnik: Blattstiele winden sich um die dünnen Kletterhilfen. Das gesamte Pflanzengerüst bleibt eher schwach und flexibel.

Rankhilfe: feingliedriges, gitterartiges Gerüst, das sowohl senkrechte wie auch waagerechte Streben anbietet

Waldrebe *(Clematis)*: mehrjährig, mit aufrecht kletterndem bis rankendem Wuchs. Höhen zwischen 2 bis 8 m. Liebt als ehemaliges Waldgewächs feuchten Boden. Wurzelbereich sollte kühl und feucht sein, z. B. mit Bodendecker oder kleinem Findling in ausreichendem Abstand zur Pflanze. Schön zur Bepflanzung von Pergolen, Spalieren und Zäunen.

Spreizklimmer

Wie Kletterrosen [→ 2.], Brombeeren oder Winter-Jasmin

Klettertechnik: erklimmen Höhen, indem sie sich mit Dornen, Stacheln oder Querästen am Untergrund festhaken oder verspreizen

Rankhilfe: Ziergehölze sind besonders schön in anderen Gehölzen, z. B. in alten Obstbäumen oder an speziellen Rankbögen. Können mit richtigem Schnitt auch frei- bzw. überhängend wachsen.

[4.]

[5.]

STRÄUCHER WIE HIMBEEREN UND SPALIEROBST zählen im eigentlichen Sinne nicht zu den Kletterpflanzen. Sie können jedoch ebenfalls sehr schön flächig senkrechte Flächen begrünen. Auch frei stehende Lage möglich.

Rankhilfe: Himbeeren aufbinden, z. B. an Drahtgerüsten (siehe Seite 118/119). Spalierobst liebt sonnige Südfassaden. Als Gerüst sind stabile Holzspaliere geeignet. Frei stehend ist eine Konstruktion aus massiven Stützen und waagerechten Drahtseilen empfehlenswert.

[6.]

173

[a]

[b]

[c]

INNERE AUSSPARUNGEN MIT EINEM STEMMEISEN ENTFERNEN

[d]

172

DAS IST *wirklich* WICHTIG

[a] ZUERST BAUEN SIE VIER IDENTISCHE RAHMEN: Sie bilden die tragende Grundkonstruktion. Ein Auflager (A1) wird mit je zwei Beinen (B) mit zwei langen Schrauben bündig zu einer U-Form verschraubt. Das untere Auflager (A2) schrauben Sie auf diese U-Form, sodass sich ein geschlossener Raum ergibt. Unter diese Verbindung (A2 und B) schrauben Sie noch jeweils ein Brett (C). Es wird später als Auflager für die Rollen dienen.

[b] JETZT SIND DIE MITTLEREN AUFLAGER FÜR DIE REGALBÖDEN AN DER REIHE: Markieren Sie an den Beinen mit einer Linie die Höhe des mittleren Regalbodens und befestigen Sie an dieser Linie pro Rahmen je ein weiteres Kantholz (A3). Achten Sie darauf, dass Sie es auf der gleichen Seite befestigen wie das untere Auflager (A2).

[c] NUN WERDEN DIE RAHMEN MITEINANDER VERBUNDEN: Stellen Sie alle vier in gleichem Abstand nebeneinander auf die Seite und verbinden Sie sie oben und unten auf beiden Seiten mit den langen waagerechten Blendbretten (D). Achten Sie beim Ausrichten der Rahmen darauf, dass die Beine im rechten Winkel zur Tischplatte sind.

[d] JETZT PASSEN SIE DEN UNTEREN REGALBODEN EIN: Dazu müssen Sie aus den äußeren Brettern (F) Aussparungen für die Beine (B) und die senkrechten Blendbretter (E) machen. Legen Sie die Bretter (F) auf die Auflager (A2) und zeichnen Sie die Aussparungen für Beine (B) und Blendbrett (E) an. Die Aussparungen an den Ecken fertigen Sie mit einer Säge, die innenliegenden zusätzlich mit einem Stemmeisen. Wiederholen Sie den Vorgang mit einem weiteren Brett (F). Verschrauben Sie nun die unteren drei Regalbretter mit dem Auflager (A2).

MOBILE FREILUFTKÜCHE

für den Garten bauen

Die anderen sind im Garten und Sie stehen drinnen und kochen?
Das können Sie in Zukunft ändern! Hier die Anleitung für Ihre persönliche Freiluftküche.

Diese einfache Außenküche funktioniert wie eine Werkbank
auf Rollen. Da sie aus Lärchenbrettern gebaut ist, hat sie eine
gute Stabilität und Wetterfestigkeit und ist dennoch leicht genug, um sie auf ihren Rollen zu verschieben. Integriert ist eine
dunkle Spüle, in der sich das Wasser bei Sonne schnell erwärmt. Als Kochgelegenheit dient ein einfacher Campinggaskocher.
Zum Bau dieses Außenmöbels müssen Sie kein Fachmann
sein. Aber handwerkliches Geschick und Erfahrung sollten Sie
besitzen.
Die Maße der Küche, wie z. B. die Höhe der Arbeitsfläche, können Sie selbstverständlich Ihren Bedürfnissen anpassen. Am
schnellsten geht es, wenn Sie sich das Holz in den gewünschten Längen bereits im Handel zuschneiden lassen. Diese Küche ist inklusive Materialbesorgen an einem Wochenende
entstanden.

MATERIAL
Maße: Länge 1,50 m x Höhe 0,95 m x Tiefe x 0,60 m. Lärchen-
holz.
- (A) Auflager Regalböden: 12 Kanthölzer 540 x 70 x 45 mm
- (B) Beine: 8 Kanthölzer 710 x 70 x 45 mm
- (C) Auflager für die Rollen: 4 Bretter 540 x 95 x 21 mm
- (D) waagerechte Blenden: 4 Bretter 1.490 x 95 x 21 mm
- (E) senkrechte Blenden: 8 Bretter 615 x 95 x 21 mm
- (F) Regalböden Mitte und unten: 5 Bretter 1.400 x 190 x 21 mm
- (G) Regalboden innen: 1 Brett 1.400 x 140 x 21 mm
- (H) Arbeitsplatte: 3 Bretter 1.500 x 190 x 21 mm

4 Industrierollen mit Befestigungsplatte: ca. 150 x 150 mm,
davon zwei mit Feststellbremse.
Schwarzer Kunststoffbehälter als Spüle
Rostfreie Schrauben

WERKZEUG
Akkubohrer, Säge, Stemmeisen, Tischlerwinkel, Schraubzwingen

DAS INNERE REGAL-BRETT IST SCHMALER

G
F2
F
C
[e]

D
H
A1
G
F2
F2
A2
B
B
B
B
F
B
F
A2
C
[f]

E
[g]

H
A1
D
[h]

C
[i]

[e] NUN PASSEN SIE DEN MITTLEREN REGAL-BODEN EIN: Da in diesem Bereich keine waage-rechten Blenden (D) notwendig sind, ist er nicht so tief wie die Arbeitsplatte und der untere Regalboden. Das innenliegende Regalbrett (G) des Mittelbodens ist also schmaler als die außenliegenden (F2). Bei Letzteren fertigen Sie nur Aussparungen für die Beine (B) und nicht für die Blendbretter (E), siehe hierzu auch Schritt (d). Verschrauben Sie nun die mittleren drei Regalbretter mit dem Auflager (A3).

[f] JETZT GEHT ES AN DIE ARBEITSPLATTE: Schrauben Sie nun die Bretter (H) auf die obe-ren Auflager (A1). Achten Sie dabei auf einen gleichmäßigen Überstand auf allen Seiten.

[g] AUCH DIE KURZEN BLENDBRETTER (E) können jetzt angeschraubt werden.

[h] WAS WÄRE EINE KÜCHE OHNE SPÜLE? Hier haben wir eine einfache schwarze Kunststoff-schale mit Griffen und Solareffekt verwendet. Fertigen Sie aus einem Stück Pappe eine Schab-lone für das Spülbecken, das Sie in die Küche einbauen wollen. Das erleichtert das Aussägen mit der Stichsäge. Die Sägekanten glätten Sie mit Schleifpapier. Falls die Spüle, wie in unse-rem Fall, keinen Rand hat, schrauben Sie unter die Auflager (A1) ein Brett, auf dem die Spüle steht.

[i] ALS LETZTES MACHEN SIE IHRE NEUE AUSSENKÜCHE MOBIL: Dazu schrauben Sie große Industrierollen an die Auflagenbretter (C) der äußeren Rahmen. Über Kreuz bringen Sie je eine Rolle mit Feststellbremse an.

[j] FERTIG IST DAS GUTE STÜCK

[j]

KOCHEN IM GRÜNEN

Genuss pur

Der Star ist das Gemüse. Frisch geerntetes Gemüse braucht nicht viel, um eine echte Delikatesse zu sein. Etwas Salz und frischen Pfeffer, dazu nach Geschmack Ricotta, Parmesan oder Knoblauch. Fertig ist Ihr perfektes Gartendinner.

Viele mediterrane Rezepte eignen sich hervorragend zum Kochen im Freien. Ein gutes Vorbild ist beispielsweise die toskanische Küche Italiens. Hauptzutaten sind dort vor allem frisches Gemüse und Kräuter. Konserviert wird oft mit Essig und Öl.

Viele der Gerichte, die wir heute so lieben, wie Antipasti, Pesto, aber auch gefüllte Zucchiniblüten und Brotsalat waren früher in Italien eher die Kost der Armen. Fleisch stand selten auf dem Speiseplan.

KOCHSTELLEN FÜR JEDEN GESCHMACK

Das Kochen, Backen und Einmachen direkt im Garten stellt besondere Anforderungen. Die einfachste und älteste Weise, etwas Warmes im Freien zuzubereiten, ist sicherlich der Grill. Mit der Verwendung von speziellen Eisengusspfannen verhindern Sie, dass Fett in die Glut tropft. Die Temperatur regulieren Sie, indem Sie den Rost samt Pfanne höher stellen.

Doch der Grill eignet sich nicht nur zum Garen von Fleisch und Gemüse. Mit einer speziellen Steinplatte können Sie darauf sogar eine Pizza backen. In komfortableren Modellen mit Haube lässt sich sogar die Weihnachtsente garen. Ein warmes Süppchen in der kalten Jahreszeit bereiten Sie besonders urig in einem Topf über einem dreibeinigen Schwenkgrill zu.

Praktisch für den Freiluftgebrauch im Sommer sind zudem Gaskocher. Auch hier gibt es eine große Bandbreite an Modellen. Einfache Minicampingkocher sichern den schnellen Espresso zwischendurch. Komfortabler, aber nicht ganz so flexibel einsetzbar sind Geräte mit zwei Platten und Abdeckung. Sie werden mit großen Gasflaschen betrieben. Schon auf Grund ihres Gewichtes sollten diese einen festen und gut geschützten Standplatz erhalten. Interessante Produkte bieten hier, neben den Camping- und Wohnmobilmärkten, auch Schiffsausrüster. Hier gibt es zudem sehr günstig einfache Petroleumkocher, die auch zum Heizen verwendet werden können. Auf ihnen lassen sich einfache Gerichte wie Nudeln, Gemüse etc. auch ohne Stromanschluss im Garten problemlos zubereiten. Bedenken sollte der Gartenkoch grundsätzlich, welche Wärmeleistung ihm zur Verfügung steht. Abzuraten ist daher bei mancher Kochquelle von Gerichten, die sehr lange bei starker Hitze garen müssen.

Praktische Tipps zum Grillen

• Schaffen Sie ansteigende Hitzezonen, indem Sie die Grillkohle zum Rand steil aufschichten. Am höchsten Punkt ist die Temperatur am größten; am niedrigsten Punkt garen Sie besser Gemüse.

• Robuste Kräuter wie Rosmarin, Lorbeer, Thymian oder Salbei legen Sie in die Glut. Sie verleihen ein besonderes Aroma und verbreiten angenehmen Duft.

MARINADEN: DER AROMAKICK

Besonders lecker schmecken Grillfleisch aber auch Fisch und Gemüse, wenn Sie sie marinieren. Früher dienten Marinaden vor allem der Konservierung, heute schätzen wir sie auf Grund ihrer aromatisierenden Wirkung. Bei einer langen Einwirkzeit wird zudem besonders Fleisch zarter. Verschließen Sie die Speise dabei möglichst luftdicht. Pro Stunde dringt die Marinade etwa einen Zentimeter in das Fleisch ein. Gemüse können Sie auch nach dem Grillvorgang noch mit der Marinade bestreichen.

Die Basis aller Marinaden bildet immer eine saure Flüssigkeit wie Essig, Zitronensaft, Wein, Buttermilch oder saure Sahne. Sie wird nach Belieben verfeinert mit etwas Öl, Gemüsen wie Fenchel, Zwiebel oder Knoblauch, Kräuter und Gewürzen oder süßen Zutaten wie Honig, Zucker oder auch Obst. Wichtig ist, dass Sie marinierte Speisen immer erst nach dem Garen salzen, da andernfalls Aromen entweichen. Ansonsten lassen Sie Ihrem Geschmack und Ihrer Fantasie freien Lauf!

LECKERE REZEPTE
mit Zutaten aus dem Garten

HIMBEERVINAIGRETTE [1.]

Zutaten

70 ml Sonnenblumenöl
70 ml Walnussöl
70 ml weißer Balsamicoessig, Säuregehalt 5,4 %
100 g Himbeeren
Salz
1 TL Honig oder Ahornsirup
1 TL körniger Senf

Himbeeren pürieren und durch ein feines Sieb passieren. Alle Zutaten miteinander vermengen und den passierten Himbeersaft hinzufügen. Schmeckt hervorragend zu allen Blattsalaten, z. B. mit warmem Ziegenkäse angerichtet.

SALBITXADA: FEURIGES ROTES PESTO [2.]

Dieser Dip ist eine Spezialität aus Barcelona. Dort wird er zu speziellen gegrillten Frühlingszwiebeln, den Calcotadas, serviert.

Zutaten

3 El Mandeln
2 bis 3 getrocknete Pfefferschoten Bitxo
6 große Knoblauchzehen
2 bis 3 große Tomaten
1 EL gehackte Petersilie
1 EL Rotweinessig
1/8 l Olivenöl
Einige Spritzer Zitronensaft
Salz und Pfeffer

Die Mandeln anrösten und hacken. Die Pfeffer- oder Chilischoten entkernen und klein schneiden. Knoblauchzehen pressen. Alles zusammen mit dem Mörser zermah-

[1.]

[2.]

[3.]

len. Die Tomaten kurz in kochendem Wasser blanchieren, enthäuten, entkernen und fein würfeln. Tomaten und Petersilie ebenfalls zerstoßen. Erst den Essig, dann das Olivenöl unter stetigem Rühren mit dem Schneebesen langsam unterheben. Mit Salz, Pfeffer, Zitronensaft abschmecken.

KNUSPRIGER GEMÜSEPFANN-KUCHEN [3.]

Zutaten
5 EL Butter
1 EL Sonnenblumenöl
500 g Kartoffeln
3 Möhren
1 mittelgroße Zucchini
Salz und Pfeffer

Kartoffeln und Möhren schälen. Alles Gemüse in sehr dünne, etwa 2 mm dicke Scheiben schneiden. Geht besonders schnell mit einem Gemüsehobel, den es in fast jedem Supermarkt gibt. Das Fett in der Pfanne erhitzen. Die Kartoffeln in konzentrischen Kreisen hineinlegen. Unterschiedliche Lagen mit Möhren und Zucchinischeiben bilden. Immer wieder salzen und pfeffern. Zwischendurch die Pfanne öfter schwenken, sodass sich die Kartoffeln vom Boden lösen. Den Deckel aufsetzen

und Hitze reduzieren. Etwa 20 Minuten garen. Zum Servieren einen großen Essteller oder eine Platte auf die Pfanne setzen und das Ganze stürzen.

WÜRZIGES PFLAUMENCHUTNEY [4.]

Zutaten
für 3 Gläser à 500 g
1,3 kg Pflaumen, wahlweise auch Zwetschen oder Quitten
150 g Zwiebeln
3 Knoblauchzehen
1 Stück Ingwer, ca. 2 cm
180 g brauner Zucker
100 ml Balsamicoessig
3 Lorbeerblätter
6 Nelken
1 Zimtstange
3 Wacholderbeeren
3 Zweige Majoran

Die Pflaumen waschen, abtrocknen, entsteinen und klein schneiden. Zwiebeln, Knoblauch und Ingwer schälen und würfeln. Die Zwiebeln mit dem Zucker im Topf karamellisieren lassen. Restliche Zutaten dazugeben und unter gelegentlichem Rühren bei schwacher Hitze 30 Minuten köcheln lassen. Zimtstange und Lorbeerblätter entfernen.

Die kochend heiße Masse in sterile Gläser füllen, verschließen und auf den Deckel stellen.

WARMER BEEREN-STREUSEL-KUCHEN MIT VANILLESOSSE [5.]

Köstlich ist auch eine Mischung verschiedener Obstsorten, wie z. B. Zwetsche und Apfel. Der Teig hält sich einige Tage hervorragend im Gefrierfach und kann dann bei Bedarf mit dem Obst aufgebacken werden.

Zutaten
750 g Beeren oder Äpfel, Pflaumen etc.
125 g Butter
250 g Mehl
100 g Mandeln oder Haselnüsse, gemahlen
100 g Zucker
1 Ei
1 Vanilleschote

Vanillesoße nach Rezept herstellen und kaltstellen.
Die Beeren in eine gefettete, feuerfeste Form geben. Den Ofen auf 180° vorheizen. Die anderen Zutaten mit einem Rührgerät zu einem krümeligen Teig verarbeiten und auf den Beeren verteilen. Ca. 25 bis 30 Minuten backen und warm mit kalter Vanillesoße servieren.

[4.]

[5.]

SERVICE

Hier erhalten Sie nützliche Adressen, die Ihnen bei Fragen rund um den Garten weiterhelfen können sowie Bezugsquellen für Pflanzen, vom klassischen Sortiment bis Raritäten. Oder wenn Sie einfach noch mehr Lust auf Pflanzen, Gartenutensilien und Accessoires haben und sehen möchten, was es, neben den vorgestellten im Buch, auf dem Markt sonst noch gibt.

VEREINE UND VERBÄNDE

www.gartenbauvereine.de
Ist die Homepage vom Verband der Gartenbauvereine in Deutschland e.V. (VGiD), einem Zusammenschluss der Landesverbände der Obst- und Gartenbauvereine in Deutschland.
Der Verband der Gartenbauvereine in Deutschland ist Fürsprecher des Freizeitgartenbaus. Er tritt für die Erhaltung der Gartenkultur und die Pflege der Kulturlandschaft ein. Hier erhalten Sie Adressen der Landesverbände der Obst- und Gartenbauvereine in Ihrer Umgebung, die Ihnen bei Gartenfragen weiterhelfen können.

Naturschutzbund Deutschland e.V. (NABU)
Charitéstr. 3
10108 Berlin
Tel.: (0 30) 28 49 84-0
www.nabu.de

→ Naturschutzverein, der 2010 sein 111jähriges Bestehen feierte. Er setzt sich aktiv für Mensch und Tier ein.
Hier erhalten Sie weitere ökologische Tipps rund um Haus und Garten (naturnahe Gärten, Pflanzenschutz, Wildwiese ...)

Bund für Umwelt und Naturschutz Deutschland e.V. (BUND)
Bundesgeschäftsstelle
Am Köllnischen Park 1
10179 Berlin
Tel.: (0 30) 27 58 64-0
www.bund.net

→ Der BUND setzt sich für den Schutz der Natur und Umwelt ein, engagiert sich z. B. für eine ökologische Landwirtschaft und gesunde Lebensmittel, für den Klimaschutz und den Ausbau regenerativer Energien sowie für den Schutz bedrohter Arten.
Hier erhalten Sie u.a. Ökotipps zu Haus und Garten.

Bundesverband Deutscher Gartenfreunde e.V.
Platanenallee 37
14050 Berlin
Tel.: (0 30) 30 20 71 40
www.kleingarten-bund.de

→ Setzt sich ein für ein nachhaltiges Kleingartenwesen als Bestandteil der sozialen Stadt, um den Bestand der vorhandenen Kleingartenanlagen zu sichern und bedarfsgerecht in Wohnungsnähe zu erweitern. Kleingärten sollen auch in Zukunft für alle Schichten der Bevölkerung bezahlbar bleiben. Er vertritt die Interessen der deutschen Kleingärtner.
Hier erhalten Sie auch die Adressen des jeweiligen Landesverbandes in Ihrer Nähe, die Beratungen und Schulungen anbieten.

STAATLICHE BODENUNTERSUCHUNGSINSTITUTE

Bei den folgenden Instituten erhalten Sie Beratung zur Analyse Ihrer Bodenproben und können Ihre Gartenproben untersuchen lassen.
Es sind die Landwirtschaftlichen Untersuchungs- und Forschungsanstalten (LUFA).

LUFA Rostock der LMS
Graf-Lippe-Str. 1
18059 Rostock
Tel.: (03 81) 2 03 07-0
www.lms-lufa.de

LUFA Nord-West
Jägerstr. 23 - 27
26121 Oldenburg
Tel.: (04 41) 80 18 21

LUFA NRW
Landwirtschaftskammer Nordrhein-Westfalen
Nevinghoff 40
48147 Münster
Tel.: (02 51) 23 76-0
www.lwk-nrw.de/lufa

LUFA Speyer
Obere Langgasse 40
67346 Speyer
Tel.: (0 62 32) 1 36-0
www.lufa-speyer.de

Technische Universität München
Zentralinstitut für Ernährungs- und Lebensmittelforschung (ZIEL)
Bioanalytik
Weihenstephaner Berg 1
85350 Freising-Weihenstephan
Tel.: (0 81 61) 71-0
www.wzw.tum.de/ziel/

Österreich
Höhere Bundeslehr- und Forschungsanstalt für Gartenbau Schönbrunn (HBLFA)
Grünbergstr. 24
A-1130 Wien / Schönbrunn
Tel.: + 43 (0) 18 13 59 50-0
www.hblagart.bmlf.gv.at

AMTLICHE PFLANZENSCHUTZBERATUNG

Die Pflanzenschutzdienste beraten in allen Fragen des Pflanzenschutzes und der Pflanzenschutztechnik.

Mecklenburg-Vorpommern
Landespflanzenschutzamt
Mecklenburg-Vorpommen Außenstelle
Greifswald
Grimmer Str. 16
17489 Greifswald
Tel.: (0 38 34) 5 76 80

Hamburg
Pflanzenschutzamt Hamburg
Ohnhorststr. 18
22609 Hamburg
Tel.: (0 40) 42 81 65 74
www.hamburg.de/pflanzenschutzamt/

Schleswig-Holstein
Pflanzenschutzamt /
Landwirtschaftskammer Schleswig-Holstein
Am Kamp 15-17
24768 Rendsburg
Tel.: (0 43 31) 94 53-0
www.lwksh.de

Niedersachsen
Pflanzenschutzamt
Standort Oldenburg
Sedanstr. 4
26121 Oldenburg
Tel.: (04 41) 8 01-7 21
www.lwk-niedersachsen.de

Sachsen-Anhalt
Landespflanzenschutzamt
Lerchenwuhne 125
39128 Magdeburg
Tel.: (03 91) 25 69 -450 bis -453
www.llg-lsa.de

Nordrhein-Westfalen
Landwirtschaftskammer Nordrhein-Westfalen
Pflanzenschutzdienst
Siebengebirgsstr. 200
53229 Bonn-Roleber
Tel.: (02 28) 7 03 21 01
www.pflanzenschutzdienst.de

Rheinland-Pfalz
Dienstleistungszentrum
Ländlichen Raum (DLR)
Rheinhessen-Nahe-Hunsrück
Rüdesheimer Str. 60–68
55545 Bad Kreuznach
Tel.: (06 71) 8 20-0
www.agrarinfo.aspdienste.de

Baden-Württemberg
Landwirtschaftl. Technologiezentrum Augustenberg, Außenstelle Stuttgart
Landesanstalt für Pflanzenschutz
Reinsburgstr. 107
70197 Stuttgart
Tel.: (07 11) 66 42-400
www.LTZ-Augustenberg.de

Bayern
Bayerische Landesanstalt für Landwirtschaft
Institut für Pflanzenschutz
Lange Point 10
85354 Freising
Tel.: (0 81 61) 71-56 51
www.lfl.bayern.de

Thüringen
Thüringer Ministerium für Landwirtschaft, Naturschutz und Umwelt (TMLNU)
Abteilung Landwirtschaft
Beethovenstr. 3
99096 Erfurt
Tel.: (03 61) 37 99-2 01
www.thueringen.de

NÜTZLINGE

Hier erhalten Sie im Kampf gegen Blattläuse und Co. tierische Unterstützung durch Nützlinge.

Katz Biotech AG
An der Birkenpfuhlheide 10
15837 Baruth
Tel.: (03 37 04) 6 75-10
www.katzbiotechservices.de
www.floranuetzlinge.de

re-natur GmbH
Kräuter Park
Am Pfeifenkopf 9
24601 Stolpe
Tel.: (0 43 26) 28 93 90
www.re-natur.de

W. Neudorff GmbH KG
An der Mühle 3
31860 Emmerthal
Tel.: (0180) 5 63 83 67
www.neudorff.de

AMW Nützlinge GmbH
Außerhalb 54
64319 Pfungstadt
Tel.: (0 61 57) 99 05 95
www.amwnuetzlinge.de

Schweiz
Andermatt Biocontrol AG
Stahlermatten 6
CH-6146 Großdietwil
Tel.: + 41 (0) 6 29 17 50 05
www.biocontrol.ch

ERHALTUNG DER SORTENVIELFALT

Verein zur Erhaltung der Nutzpflanzenvielfalt (VEN) e.V.
Geschäftsstelle
c/o Ursula Reinhard
Sandbachstr. 5
38162 Schandelah
Tel.: (0 53 06)14 02
www.nutzpflanzenvielfalt.de

→ Seit 1986 besteht der Verein zur Erhaltung der Nutzpflanzenvielfalt e.V., mit Schwerpunkt auf den Erhalt der alten Gemüsesorten (u.a. durch sogenannte Sortenpfleger).
→ Unterstützung und fachlicher Austausch durch die Fachzeitschrift des Vereins sowie weitere praktische Anleitungen für Garten, Küche und Vermehrung mit den vom VEN herausgegeben Buchtipps. Zudem gibt es Saatgutseminare sowohl für Anfänger, wie auch für Fortgeschrittene.

Österreich

Arche Noah

Obere Str. 40

A-3553 Schiltern

www.arche-noah.at

→ Gesellschaft für die Erhaltung der Kulturpflanzenvielfalt und ihre Entwicklung.
Hier erhalten Sie Beratung und Sortenvermittlung, wenn Sie einen neuen Obstbaum für Ihren Garten kaufen möchten. Ein Veredlungsservice hilft Ihnen weiter, wenn Sie z. B. einen alten Obstbaum auf einen jüngeren Baum veredeln möchten. Zudem bietet sie Führungen und Kurzseminare in ihrem Schaugarten an und betreibt u.a. eine Sortendatenbank.

Schweiz

ProSpecieRara Deutsche Schweiz

Hauptsitz

Pfrundweg 14

CH-5000 Aarau

Tel.: + 41 (0) 6 28 32 08 20

www.prospecierara.ch

→ Schweizerische Stiftung für die Erhaltung der kulturhistorischen und genetischen Vielfalt von Pflanzen und Tieren; mit vielen Tier- und Pflanzenprojekten.
Die Stiftung bietet diverse Kurse und Seminare an, unterhält eine Sortendatenbank sowie Schaugärten zu Zier- und Nutzpflanzen.

BÄUME UND STRÄUCHER

Pflanzenhandel Lorenz von Ehren GmbH & Co. KG

Maldfeldstr. 4

21077 Hamburg

Tel.: (0 40)7 61 08-0

www.lve.de

→ Laub- und Nadelbäume, Rosen, Rhododendron, Formgehölze, Obstbäume, Stauden, mediterrane Pflanzen, Pflanzanleitungen.

Baumschule H. Hachmann

Brunnenstr. 68

25355 Barmstedt

Tel: (0 41 23) 20-55, -56

www.hachmann.de

→ Rhododendron, über 640 Sorten sowie Zwerggehölze und Raritäten. Pflegetipps. Produzent und Züchter.

Kordes Jungpflanzen Handels GmbH

Mühlenweg 8

25485 Bilsen

Tel.: (0 41 06) 40 11

www.koju.de

→ Laub- und Nadelgehölze, Beerensträucher

Hermann Cordes Baumschulen

Pinneberger Str. 247 A

25488 Holm/ Holstein

Tel.: (0 41 03) 9 39 80

www.cordes-apfel.de

→ Spezialbetrieb für Obstgehölze mit einer Sammlung von über 500 Apfelsorten. Zudem Beerenobst, Wildschutzgehölze, Knickbepflanzungen und Straßenbäume.

Bioland Baumschule & Obstgarten

Uepser Heide 1

27330 Asendorf

Tel.: (0 42 53) 80 06 22

www.hoffmann-obstbaumschule.de

→ Kern-, Stein- und Beerenobst. Planung und Anlage von naturnahen Gärten, Erziehungsschnitt von Jungbäumen, Baum- und Gehölzschnitt, Obstbaum-Schnittkurse usw.

BambusCentrum Deutschland

Baumschule Eberts GbR

Wolfgang und Friedrich Eberts

Saarstr. 3–5

76532 Baden-Baden

Tel.: (0 72 21) 50 74-0

www.bambus.de

→ Viele Informationen auf der Homepage rund um den Bambus. Arten- und Sortenbeschreibungen, Shop, Forum ...

Häberli Fruchtpflanzen AG

CH 9315 Neukirch-Egnach

Tel.: + 41 (0) 7 14 74 70 70

www.haeberli-beeren.ch

→ Beeren-, Stein- und Kernobst. Kulturanleitungen.

ROSEN

Bei folgenden Rosenschulen und Rosenzüchtern erhalten Sie ein umfangreiches Sortiment an Rosenarten und -sorten sowie Pflegetipps und Sortenbeschreibungen (Homepage).

BKN Strobel

über Rosarot Pflanzenversand

Gerd Hartung

Besenbek 4 B

25335 Raa-Besenbek

Tel.: (0 41 21) 42 38 84

www.rosenversand24.de

W. Kordes' Söhne Rosenschulen GmbH & Co.KG

Rosenstraße 54

25365 Klein Offenseth-Sparrieshoop

Tel.: (0 41 21) 4 87 00

www.kordes-rosen.com

Rosen Tantau Vertrieb GmbH & Co.KG

Tornescher Weg 13

25436 Uetersen

Tel.: (0 41 22) 70 84

www.rosen-tantau.com

Noack Rosen

Baum- und Rosenschulen

Inh. Reinhard Noack

Im Fenne 54

33334 Gütersloh

Tel.: (0 52 41) 2 01 87

www.noack-rosen.de

Rosenhof Schultheis

Bad Nauheimer Str. 3–7

61231 Bad Nauheim-Steinfurth

Tel.: (0 60 32) 9 25 28 0

www.rosenhof-schultheis.de

Rosen-Union

Steinfurther Hauptstr. 27

61231 Bad Nauheim-Steinfurth

Tel.: (0 60 32) 9 65 30

www.rosen-union.de

Bioland-Rosenschule Ruf
Zum Sauerbrunnen 35
61231 Bad Nauheim
Tel.: (0 60 32) 8 18 93

Großbritannien
David Austin Roses Ltd
Bowling Green Lane
Albrighton
GB-Wolverhampton WV7 3 HB
www.davidaustinroses.com

CLEMATIS

Clematis-Kulturen
F. M. Westphal
Peiner Hof 7
25497 Prisdorf
Tel.: (0 41 01) 7 41 04
www.clematis-westphal.de

→ Über 500 Clematis-Sorten, Neuheiten und Raritäten. Sortenbeschreibungen und Onlineshop.

STAUDEN

Kräuter- und Staudengärtnerei Mann
Schönbacherstr. 25
02708 Lawalde
Tel.: (0 35 85) 40 37 38
www.staudenmann.de
www.pflanzenreich.com

→ Große Vielfalt an Kräutern und Stauden. Über 600 verschiedene Duft-, Gewürz- und Heilkräuter sowie 2.500 verschiedene Gartenstauden und Gartenpflanzen aus eigener Produktion. Online-Shop und Sortenbeschreibungen.

Staudengärtnerei Gräfin von Zeppelin
Weinstr. 2
79295 Sulzburg-Laufen
Tel.: (0 76 34) 6 97 16
www.graefin-v-zeppelin.com

→ Versandgärtnerei mit einem der größten Sortimente winterharter Gartenblumen. Spezialitäten wie Iris, Mohn, Paeonien.

Staudengärtnerei Gaissmayer
Jungviehweide 3
89257 Illertissen
Tel.: (0 73 03) 72 58
www.staudengaissmayer.de

→ Über 3.000 Arten und Sorten von Stauden, Biokräutern, Duftpflanzen, Malven, Phlox, Stauden für den ländlichen Garten, viele Raritäten, Besonderheiten und Neuheiten. Über 50 Minz-Sorten. Pflanzenpakete, die nach Farbe, Duft und Gestalt aufeinander abgestimmt sind.

KRÄUTER UND DUFTPFLANZEN

Die Kräuterei (Bioland)
Silvia Heinrich
Alexanderstr. 29
26121 Oldenburg
Tel./Fax.: (04 41) 88 23 68
www.kraeuterei.de

→ Große Palette an Gewürz-, Duft-, Heil- und Teekräutern. Über 400 Arten und Sorten. Schwerpunkt Duftpelargonien.

Rühlemann's Kräuter & Duftpflanzen
Auf dem Berg 2
27367 Horstedt
Tel.: (0 42 88) 92 85 58
www.ruehlemanns.de

→ Über 1.200 Kräuterarten und -sorten! Gestaltungstipps und Seminare.

Otzberg Kräuter
Burghart Koch-Seubert
Erich Ollenhauer-Str. 87 B
65187 Wiesbaden
Tel.: (06 11) 8 12 05 45
www.otzberg-kraeuter.de

→ Über 800 verschiedene Kräuter und viele seltene Genusspflanzen wie heimische und exotische Obstgehölze sowie alte Sorten. Seminare und Veranstaltungen.

Syringa
Duftpflanzen und Kräuter
Dipl. Biol. Bernd Dittrich
Bachstr. 7
78247 Hilzingen-Binningen
Tel.: (0 77 39) 14 52
www.syringa-samen.de

→ Duftpflanzen, Duftsträucher, Blumenwiesen, Blumenzwiebel, Gemüse. Gartentipps, Schaugarten, Veranstaltungen.

Blumenschule
Rainer Engler
Augsburger Str. 62
86956 Schongau
Tel.: (0 88 61) 73 73
www.blumenschule.de

→ Blatt- und Blütenstauden, Chili und Tomaten, Duft- und Teepflanzen, Heilpflanzen, Kräuter und Gewürze, Räucherpflanzen, Wildobst und Gemüse. Diverse Blumen- und Kräutersamen. Pflanzenpflege, Zubehör, Veranstaltungen.

Raritätengärtnerei Treml
Eckerstr. 32
93471 Arnbruck
Tel.: (0 99 45) 90 51 00
www.pflanzentreml.de

→ Alles rund um Kräuter. Gängiges Sortiment sowie viele Besonderheiten und Raritäten. Beerenobst, Gemüse (alte Sorten), Wasserpflanzen.

GARTENTEICHE, SEEROSEN UND WASSERPFLANZEN

Oase GmbH
Tecklenburger Str. 161
48477 Hörstel
Tel.: (0 54 54) 80 - 0
www.oase-livingwater.com

→ Großer Anbieter für Produkte zum Thema Wasser im Garten. Von der Technik über Gestaltung bis hin zu den Pflanzen. Forum, Shop.

REGISTER

Fette Seitenzahlen verweisen auf Abbildungen.

A

Abdeckung, Regentonne 142, **142**
Abhärtung, Jungpflanzen 151
Absenker 155
Achillea millefolium 55, **55**
Acker-Schachtelhalm 35, **35**
Aconitum 144, **144**
ADR-Prädikat 63
Aegopodium podagraria 35, **35**
Agropyron 34 f., **35**
Akelei 51, **51**
Alcea rosea 52 f., **52**
Alchemilla mollis 55, **55**
Algenkalk 15
Algenwachstum, Miniteich 159
Alisma plantago-aquatica 163, **163**
Alkalischer Boden 15
Allium giganteum 59
Allium schoenoprasum 103, **103**
Allium ursinum 51
Amelanchier ovalis 70, **70**
Anlage, Kinderbeet 131
Miniteich 158 f., **158**
Zierbeet 46 f., **46 f.**
Gemüsebeet 78 f., **78 f.**
Anthirrhinum majus 133, **133**
Anzuchterde 148, **148**
Anzuchtgefäß basteln 149
Anzuchtgefäß, Folienabdeckung 148, **148**
Apfel 116, **116**
Apfelwickler 33
Aquilegia-Hybride 51, **51**
Artemisia dracunculus 102, **102**
Artenvielfalt 149
Artischocke 94, **94**
Astschere 20, **21**
Atropa bella-donna 144, **144**
Aubergine 94 f., **94**
Aufbewahrung, giftige Flüssigkeiten 142 f., **142**
Aufbewahrung, Werkzeug 142 f., **142**
Aufbinden, Himbeeren 118 f., **118**
Ausgeizen 87
Ausgleichschicht, Pflastern 164 f., **164**
Austriebszeitpunkt 11
Austrocknungsschutz Kompost 16, **16**
Auswahl Pflanzen 10

B

Balancierpfad 141, **141**
Balkonkasten 126, **126**
Ballenware, Rosen 61
Bärlauch 51
Bart-Iris 50, **50**
Basilikum 102, **102**
Basteln, Anzuchtgefäß 149
Bauanleitung, Erdbeerhochhaus 134 f., **134**
Bauanleitung, Freiluftküche 172 ff., **172, 174**
Bauern-Hortensie 51, **51**
Baum pflanzen 66 f., **66**
Baum, Pflanzanleitung 67
Baum, Pflanzzeit 67
Baum, Stütze 66, **66**
Baumaterial 140, **140**
Bauprojekte, Garten 157 ff.
Beeren-Streuselkuchen 179, **179**
Beerenobst 121 ff.
Beerenobst, konservieren 121
Beetbreite, Gemüse 79
Beetrosen 62, 64, **64**
Bestandsaufnahme Garten 38 f., **38 f.**
Beton 104, **104, 165**
Bewässerung, Rasen 75
Bienenfreund 85, **85**
Biodiversität 86
Biologisches Gleichgewicht, Teich 159, 161
Birne 116, **116**
Birne, Wild- 71

Blatt-Petersilie 103
Blattläuse 31, 33
Blattsteckling 155
Blattstielranker, Kletterpflanzen 170
Blauregen 170, **171**
Blechdosen 140, **141**
Blühtabelle Zierpflanzen 45
Blumenzwiebeln legen 56 f., **56**
Blütenstand, Gemüse 87
Blütezeit, Zwiebelpflanzen 57
Boden, alkalischer 15
Boden, Handtest 12, 13
Boden, lehmiger 12 f., **12**
Boden, Nährstoffgehalt 13
Boden, neutraler 15
Boden, pH-Wert 15
Boden, sandiger 12 f., **12**
Boden, Säuregrad 15
Boden, saurer 15
Boden, Spatentest 15
Boden, toniger 12 f., **12**
Bodenanalyse 15, 19
Bodenbedingungen 10, 13
Bodenhülsen einschlagen, Fundament 167
Bodenstruktur 13
Bodentest 10 ff.
Bodenuntersuchung 14, **14**
Bodenverbesserung 12, 15
Bodenverbesserung, Kalk 15
Bodenverbesserung, Rindenmulch 15
Bodenvorbereitung, Gemüsebeet 78, **78**
Bodenvorbereitung, Pflastern 165
Bodenvorbereitung, Rasensaat 72 f., **72**
Bodenzusätze 29
Bohne 84, **84**, 88, **88**
Braunfäule 33
Brennnessel **30**
Brennnessel, Große 35
Brennnesseljauche 30 f., **30 f.**
Brennnesseljauche, Herstellung 31
Brennnesseljauche, Material 31
Brombeere 122 f., **122**

Blatt-Petersilie 103
Brugmansia 144, **144**
Brunnenkresse 163
Butomus umbellatus 163

C

Calendula officinalis 52, **52**
Callistephus chinensis 53
Campanula 54, **54**
Campanula persicifolia 54
Campinggaskocher 173, 177
Capsicum annuum 95, **95**
Carpinus betulus 70, **70**
Carum carvi **102**, 103
Caltha palustris 162, **162**
Centaurea cyanus 53
Cephalophora aromatica 132, **132**
Chelsea Flower Show 43
Clematis 170, **170**
Colchicum autumnale 144, **144**
Cornus 71
Corylus avellana 70, **71**
Cosmos atrosanguineus 132, **132**
Cosmos bipinnatus 53, **53**
Crataegus 71
Crocus vernus 59
Cucumis sativus 94, **94**
Cucurbita maxima 95, **95**
Cynara scolymus 94, **94**

D

Dahlia 59
Dahlie 59
Daphne mezereum 145, **145**
Delphinium-Arten 50
Digitalis purpurea 53
Doldenblütler 48
Drainageschicht, Pflanzgefäße 105
Düngemittel, mineralische 28 f.
Düngemittel, organische 25
Düngemittel, synthetische 25
Düngung, Rasen 75
Dunkelkeimer 49, 149

E

Echinacea purpurea 50
Echte Tollkirsche 144, **144**
Echter Mehltau 33
Edelrosen 64, **64**
Efeu 51, 170, **171**
Einjährige Kräuter 101
Einjährige Pflanzen 48
Einlagern, Ernte 107
Eisen 25
Eisenhut 144, **144**
Eisheilige 93
Elodea canadensis 163
Elymus 34 f., **35**
Engelstrompete 144, **144**
Englische Rosen 65, **65**
Equisetum arvense 35, **35**
Erbse 89
Erdbeere, Garten- 122, **122**
Erdbeerhochhaus, Bauanleitung 135
Erdbeerhochhaus, Kinder 134 f., **134**
Erdbeerhochhaus, Material 135
Erdbeerpflanzen, Erdbeerhochhaus 134, **134**
Erdmiete 107
Erhaltungsschnitt, Obstbaum 115
Ernte einlagern 107
Erntetipps 107
Erwärmung Kompost 17
Erziehungsschnitt, Obstbaum 115
Estragon 102, **102**
Euonymus alatus 145
Euonymus europaeus 145, **145**

F

F1-Hybride 87
Falscher Mehltau 33
Farbgestaltung Garten 40
Farbkreis **41**
Farne 51
Faustregeln Obstbaumschnitt 113
Feldsalat 108, **108**

Felsenbirne, Gemeine 70, **70**
Fenchelextrakt, Herstellung 31
Feuerbohne 129
Fingerhut 53, **53**
Flachwasserzone, Teich 162 f.
Folienabdeckung, Anzuchtgefäß 148, **148**
Folienteich 161
Fragaria x ananassa 122, **122**
Fraßkorb, Maschendraht **56**
Frauenmantel 55, **55**
Freiluftküche **175, 176**
Freiluftküche bauen 172 ff., **172, 174**
Freiluftküche, Material 173
Fritillaria meleagris 58, **58**
Froschlöffel 163, **163**
Fruchtfolge, Gemüse 81
Fruchtholz, Obstbaum 115
Frühbeet 90 ff., **90, 93**
Frühbeet bauen 90 f., **90**
Frühbeet lüften 90, **90**
Frühbeet, Material 91
Fundament gießen 166 f., **166**
Fundament, Bodenhülsen einschlagen 167
Fundament, Pfostenträger 166, **166**
Funkie 51, **51**

G

Galanthus nivalis 58
Gärten für Kinder 125 ff.
Garten planen 39
Garten, Bauprojekte 157 ff.
Garten, Bestandsaufnahme 38 f., **38**
Garten, Farbgestaltung 40
Garten, Gefahrenquellen 139, 142 f., **142**
Garten, kindersicher 142 f., **142**
Garten, Neuanlage 39
Garten, Umgestaltung 39
Gartengestaltung 38 ff., **38**
Gartengestaltung, Pflanzenwahl 43
Gartenplan 38 f., **38**
Gartenschere 20, **21**

Gartenschlauch 21, **21**
Gartenspiele, Kinder 140 f.
Gartenwerkzeuge 20 f., **20 f.**
Gartenzeit 10
Gefahrenquellen, Garten 139, 142 f., **142**
Gefäß, Miniteich 158 f., **158**
Gehölze 69 ff.
Gehölzschnitt 69
Gemeine Felsenbirne 70, **70**
Gemeiner Schneeball 71, **71**
Gemüse, Blütenstand 87
Gemüse, Folien 92
Gemüse, Fruchtfolge 81
Gemüse, Gießen 87
Gemüse, Gründüngung 81, 85
Gemüse, Jungpflanzen 78 f.
Gemüse, Mischkultur 87
Gemüse, Mittelzehrer 81 ff.
Gemüse, Nährstoffbedarf 81
Gemüse, Rankhilfe 87
Gemüse, Schwachzehrer 81, 84
Gemüse, Starkzehrer 80 ff., **80**
Gemüse, Vliese 92
Gemüse, wärmebedürftige 94 f.
Gemüse, Wetterschutz 87
Gemüsebeet anlegen 79
Gemüsebeet, Beetbreite 79
Gemüsebeet, Bodenvorbereitung 78, **78**
Gemüsebeet, Standort 79
Gemüseernte 106
Gemüsepfannkuchen **178,** 179
Gemüsepflanzen, Halbschatten 51
Gemüseschnecke, Kinder 128 f., **128**
Geranium **55**
Geranium x magnificum 54, **55**
Gestaltungselemente 40 f.
Gestaltungsregeln 41
Gesunde Pflanzen 32
Gewächshaus 92
Gewöhnliche Hasel 70, **71**
Gewöhnlicher Goldregen 145, **145**
Gewöhnlicher Hartriegel 71
Gewöhnlicher Seidelbast 145, **145**
Giersch 35, **35**

Gießen 23
Gießen, Gemüse 87
Gießform, Pflanztrog 104, **104**
Gießkanne 21, **21**
Giftige Flüssigkeiten aufbewahren 142, **142**
Giftpflanzen 144 f., **144 f.**
Glechoma hederacea 35, **35**
Glockenblume 54, **54**
Glückshormone 11, 138
Goldmajoran **97**
Goldregen, Gewöhnlicher 145, **145**
Grabegabel 20, **20**
Grill 177
Größe, Kinderbeet 131
Grundstücksgrenze, Hecke 69
Gründüngerpflanzen 27
Gründüngerpflanzen 85
Gründüngung, Gemüse 81, 85
Grünkohl 108 f., **108**
Guano 28, **28**
Gummibärchenblume 132, **132**
Gundermann 35, **35**
Gurke 94, **94**

H

Hacke 21
Hainbuche 70, **70**
Halbschatten, Gemüsepflanzen 51
Halbstamm 115
Handschaufel 20, **20**
Handtest Boden **12**, 13
Hartriegel, Gewöhnlicher 71
Hasel, Gewöhnliche 70, **71**
Hauptnährstoffe Pflanzen 28
Hechtkraut **162,** 163
Hecke pflanzen 69
Hecke, Schnitt 68
Hecke, Grundstücksgrenze 69
Hecke, Pflanzabstand 69
Hecke, Sichtschutz 68
Hecke, Sommergrüne 68
Hecken 68 f.
Hecken, Immergrüne 68
Heckenkirsche, Rote 70, **71**
Hedera helix 51
Heilkräuter 34 f., 101
Helianthus annuus 132, **132**
Helichrysum-Cultivars 133, **133**
Heliotropium arborescens 133, **133**
Hemerocallis-Cultivars 50
Herbsttragende Himbeeren 119
Herbstzeitlose 144, **144**
Herstellung Brennnesseljauche 31
Herstellung Fenchelextrakt 31
Herstellung Pflanzenjauche 30, **30**
Himbeere 122, **122**
Himbeeren aufbinden 118, **118**
Himbeeren pflanzen 118 f., **118**
Himbeeren, herbsttragende 119
Himbeeren, Rankgerüst 119
Himbeeren, Schnitt 121
Himbeervinaigrette 178, **178**
Hippuris vulgaris 162, **163**
Historische Rosen 65, **65**
Hochbeet 92
Hochstamm 115
Hochstammrosen 62, 65, **65**
Höhenstaffelung, Miniteich 158, **158**
Holunder, Schwarzer 70, **70**
Holz, kesseldruckimprägniertes 167
Holzasche 26, **26**
Holzpfosten 167
Holzspalier 171
Hornmehl 26
Hornspäne 26, **26**
Hosta-Cultivars 51
Hyacinthus orientalis 58, **58**
Hyazinthe 58, **58**
Hydrangea macrophylla 51
Hyssopus officinalis 96, **96**

I

Ilex 145, **145**
Immergrün, Großblättriges 51, **51**
Immergrüne Hecken 68
Iris pseudacorus var. *pseudacorus* 162
Iris-Barbata-Gruppe 50

J

Johannisbeere 120, 123, **123**
Johannisbeeren, Schnitt 121
Jostabeere 123, **123**
Jungfer im Grünen 132, **133**
Jungpflanzen, Gemüse 78 f.
Jungpflanzen, Abhärtung 151

K

Kalium 25
Kalk 29
Kalk, Bodenverbesserung 15
Kalk, Kohlensaurer 15
Kalkbedarf 15
Kälteschutz, wurzelnackte Rosen 60, **60**
Kalzium 25
Kapuzinerkresse 129, 133, **133**
Kartoffel 82, **82**, 88, **88**
Kaufmannsladen, Kinder 136 f., **136**
Kernobst 116 f.
Kiesbeet anlegen, Kräuter 98 f., **98**
Kiesgarten, Kräuter 97
Kinder, Erdbeerhochhaus 134 f., **134**
Kinder, Gärten für 125 ff.
Kinder, Gartenspiele **140 f.**
Kinder, Gemüseschnecke 128 f., **128**
Kinder, Kaufmannsladen 136 f., **136**
Kinder, Pflanzprojekte 127 ff.
Kinder, Spielmaterial 139 ff.
Kinder, Wildblumenwiese 126 f., **126**
Kinderbeet anlegen 131
Kinderbeet, Größe 131
Kinderpflanzen 132 f., **132 f.**
Kindersicherer Garten 142 f., **142**
Klatsch-Mohn 53, **53**
Kleinstrauchrosen 65
Kletterpflanzen 170 f., **170 f.**
Kletterpflanzen, Blattstielranker 170
Kletterpflanzen, Ranker 170
Kletterpflanzen, Rankhilfe 170 f.
Kletterpflanzen, Schlinger 170
Kletterpflanzen, Selbstklimmer 170
Kletterpflanzen, Spreizklimmer 171
Kletterrosen 62, 65, **65, 170,** 171
Kochen im Garten 177 ff.
Kohl 89
Kompost anlegen 16 f., **16**
Kompost, Austrocknungsschutz 16, **16**
Kompost, Erwärmung 17
Kompost, Probleme vermeiden 19
Kompostbehälter 19
Komposterde 19
Kompostmaterialien 16 f., **16**
Kompostschichten 16, **16**
Königsblüte 87
Königsfrucht 87
Konservieren, Beerenobst 121
Kopf-Kohl 82, **82**
Kopfstecklinge 155
Korbblütler 48
Kornblume 53
Krause Petersilie 103
Kräuter pflanzen 98, **98**
Kräuter, einjährige 101
Kräuter, Feuchtzone 102, **102**
Kräuter, Kiesbeet anlegen 98 f., **98**
Kräuter, Kiesgarten 97
Kräuter, mediterrane 96 f., 101
Kräuter, mehrjährige 101
Kräuter, Mittelzehrer 101
Kräuter, Normalzone 102, **102**
Kräuter, Schwachzehrer 101
Kräuter, Starkzehrer 101
Kräuter, Steingarten 97, 99
Kräuterbeet **100,** 101
Kräutergarten 96 ff.
Kräuterspirale 101
Krautfäule 33
Kreuzblütler 48
Krokus 59
Kronenwachstum 115
Küchengarten 77 ff.
Kulturkiste 148, **148**
Kümmel, Echter **102,** 103
Kürbis 95, **95**
Kürbisgewächse 48

L

Laburnum anagyroides 145, **145**
Lauch 108, **108**
Lavandula angustifolia 96, **96**
Lavendel 96, **96**
Lehmiger Boden 12, **12**
Lein 85, **85**, 127

Leittrieb, Obstbaum 115
Leitungswasser 23
Levkoje 53
Lichtkeimer 49, 149
Lilie 59
Liliengewächse 48
Lilium 59
Lippenblütler 48
Lkw-Schlauch 141
Lochfolie, schwarze 87
Lonicera xylosteum 71, **71**
Löwenmäulchen 133, **133**
Löwenzahn 34, **34**
Lupine 85, **85**

M

Magnesium 25
Mais 89, 95, **95**
Malus domestica 116, **116**
Mangelerscheinung, Eisen 25
Mangelerscheinung, Kalium 25
Mangelerscheinung, Kalzium 25
Mangelerscheinung, Magnesium 25
Mangelerscheinung, Nährstoffe 25
Mangelerscheinung, Phosphor 25
Mangelerscheinung, Stickstoff 25
Mangold 83, **83**, 88, **88**
Maschendrahtkorb **56**, 90 f., **90**
Material, Freiluftküche 173
Material, Kaufmannsladen 137
Materialwahl, Pflastern 165
Mediterrane Kräuter 96 f., 101
Mehrjährige Kräuter 101
Mehrjährige Pflanzen 48
Melissa officinalis 103, **103**
Mineraldünger 28, **28 f.**
Mineralische Dünger, Wirkungs-
   weise 28
Miniteich anlegen 158 f., **158**
Miniteich, Algenwachstum 159
Miniteich, Gefäß 158 f., **158**
Miniteich, Höhenstaffelung 158, **158**
Miniteich, Standort 159
Mirabelle 117, **117**
Mischkultur, Gemüse 87
Mittelzehrer, Gemüse 81 ff.
Mittelzehrer, Kräuter 101
Möhre 83, **83**, 88, **88**
Muscari botryoides 58, **58**

N

Nachhaltigkeit 19
Nachtschattengewächse 48
Nährstoffbedarf Gemüse 81
Nährstoffbedarf Pflanzen 25
Nährstoffgehalt Boden 13
Narcissus pseudonarcissus 58, **59**
Narzisse 58, **59**
Nasturtium officinale 163
Naturstein 165
Neuanlage Garten 39
Neutraler Boden 15
Nigella damascena 131, **133**
Normalzone, Kräuter 103, **103**
NPK-Dünger 29
Nymphaea **162,** 163

O

Obstbaum 115 ff.
Obstbaum, Erhaltungsschnitt 115
Obstbaum, Erziehungsschnitt 115
Obstbaum, Fruchtholz 115
Obstbaum, Leittrieb 115
Obstbaum, Pflanzschnitt 115
Obstbaum, Sommerschnitt 115
Obstbaum, Stammhöhe 115
Obstbaum, Verjüngungsschnitt 115
Obstbaum, Wuchsform 115
Obstbaumschnitt 112 f., **112**
Obstbaumschnitt, Faustregeln 113
Obstgarten 111 ff.
Ocimum basilicum 102, **102**
Oregano 97
Organische Düngemittel 25 f.
Organische Dünger, Wirkungs-
   weise 26
Origanum vulgare 97

P

Paeonia lactiflora 54, **54**
Papaver rhoeas 53, **53**
Paprika 89, 95, **95**
Pastinake 109, **109**
Patentkali 28, **28**
Pergola 169
Petersilie, Blatt- 103
Petersilie, Krause 103

Petroleumkocher 177
Petroselinum crispum 103, **103**
Pfaffenhütchen 145, **145**
Pferdemist 27
Pferdesattel 140, **140**
Pfingstrose 54, **54**
Pfirsich 117
Pflanzabstand Hecke 69
Pflanzanleitung Baum 67
Pflanzanleitung, herbsttragende
   Himbeeren 119
Pflanzen arrangieren 46, **46**
Pflanzen beobachten 32
Pflanzen für Kinder 132 f., **132 f.**
Pflanzen, Auswahl 10
Pflanzen, einjährige 48
Pflanzen, gesunde 32
Pflanzen, giftige 144 f., 144 f.
Pflanzen, Hauptnährstoffe 28
Pflanzen, Intelligenz 25
Pflanzen, mehrjährige 48
Pflanzen, Nährstoffbedarf 25
Pflanzen, Rückschnitt 32
Pflanzen, schnell keimende 129
Pflanzen, Sonnenanbeter 50, **50**
Pflanzen, Standort 10
Pflanzen, stickstoffliebende 25
Pflanzen, Überwinterung 92
Pflanzen, Wärmebedarf 49
Pflanzen, Wasserbedarf 23
Pflanzen, wuchernde 105
Pflanzen, Wurzelwachstum 23
Pflanzenfamilien, Überblick 48
Pflanzenjauche 27, **27**, 30 f., **30 f.**
Pflanzenjauche herstellen 30, **30**
Pflanzenjauche, Vergärung 30, **30**
Pflanzenmärchen 130
Pflanzenschilder 78, **78**
Pflanzenstärkung 31 f.
Pflanzenvermehrung 147 ff.
Pflanzenwahl, Gartengestaltung 43
Pflanzenwahl, standortgerechte 32
Pflanzgefäße, Drainageschicht 105
Pflanzgefäße, Recycling 105
Pflanzglocken 92
Pflanzloch ausheben 66, **66**
Pflanzprojekte, Kinder 127 ff.
Pflanzschnitt, Obstbaum 115
Pflanztrog gießen 104 f., **104**
Pflanzung, Baum 66 f., **66**
Pflanzung, Hecke 69
Pflanzung, Himbeeren 118 f., **118**

Pflanzung, Kräuter 98, **98**
Pflanzung, wurzelnackte Rosen
   60 f., **60**
Pflanzzeit Baum 67
Pflanzzeit Rosen 61
Pflanzzeit Zwiebelpflanzen 57
Pflastern 164 f., **164**
Pflastern, Ausgleichschicht
   164 f., **164**
Pflastern, Bodenvorbereitung 165
Pflastern, Kiesschicht 164, **164**
Pflastern, Materialwahl 165
Pflastern, Untergrundaufbau 165
Pflastersteine 164, **164**
Pflaumenchutney 179, **179**
Pfostenträger, Fundament 166, **166**
pH-Wert Boden 15
Phacelia 85, **85**
Phlox 54, **54**
Phosphor 25
Pikieren 150 f., **150**
Pikierholz **150**
Planung, Garten 39
Planung, Sichtschutz 169
Pontederia cordata **162,** 163
Prunus avium 116, **116**
Prunus cerasus 116 f.
Prunus domestica ssp. *domestica*
   117, **117**
Prunus domestica ssp. *italica*
   117, **117**
Prunus domestica ssp. *syriaca*
   117, **117**
Prunus persica 117
Pyrus communis 116, **116**
Pyrus pyraster 71

Q

Quecke 34 f., **35**

R

Radicchio 109, **109**
Radies 84 f., **84,** 89
Ramblerrosen 62
Ranker, Kletterpflanzen 170
Rankgerüst, Himbeeren 119
Rankhilfe, Gemüse 87
Rankhilfe, Kletterpflanzen 170 f.
Ranunkel 53
Rasen düngen 75
Rasen mähen 75
Rasen wässern 72 f., **72,** 75
Rasenaussaat 72 f., **72**
Rasenmäher 21
Rasenmischungen 75
Rasensaat, Bodenvorbereitung
   72 f., **72**
Raupen 33
Rechen 20
Recycling, Pflanzgefäße 105
Regenmesser **22,** 23
Regentonne 23
Regentonne abdecken 142, **142**
Regenwasser 23, 158, **158**
Reneklode 117, **117**
Ribes rubrum 123, **123**
Ribes uva-crispa 123, **123**
Ribes x *nidigrolaria* 123, **123**
Riesen-Zierlauch 59
Rindenmulch 15, 29, **29**
Rindermist 27, **27**
Ringelblume 52, **52**
Rittersporn, Garten- 50, **50**
Rollrasen 73, **73**
Rosa gallica 'Tuscany' 65, **65**
Rose 'American Pillar' 66, **66**
Rose 'Comtesse de Murinais' 66, **66**
Rose 'Crown Princess Margareta'
   66, **66**
Rose 'Gateway®' 65, **65**
Rose 'Leonardo da Vinci®' 65, **65**
Rose 'Pat Austin' 66, **66**
Rose 'Schneeflocke®' 65, **65**
Rosen 62 ff., **62 ff.**
Rosen, Ballenware 61
Rosen, Englische 65, **65**

Rosen, Historische 65, **65**
Rosen, Pflanzzeit 61
Rosen, Standort 61
Rosen, Wasserbad 61, **61**
Rosengewächse 48
Rosmarin 97, **97**
Rosmarinus officinalis 97, **97**
Rote Heckenkirsche 70, **71**
Rubus fruticosus 122 f., **122**
Rubus idaeus 122, **122**
Rückschnitt, Pflanzen 32
Rückschnitt, wurzelnackte Rosen
   60, **60**
Ruten 119
Rutenkrankheit 33

S

Saatband 79
Saatgut bedecken 148, **148**
Saatgut sammeln 149
Sal-Weide 71
Salat 83, **83**
Salatkräuter 101
Salbei 97, **97**
Salbitxada 178, **178**
Salix caprea 71
Salvia officinalis 97, **97**
Sambucus nigra 70, **70**
Sämling 150, **150**
Sand, Bodenzusatz 29, **29**
Sandiger Boden 12, **12**
Sandschicht, Pflastern 164, **164**
Sauerkirsche 116 f.
Säuregrad Boden 15
Saurer Boden 15
Schachbrettblume 58, **58**
Schädlinge erkennen 33
Schafgarbe 55, **55**
Schattenpflanzen 51, **51**
Schlafmützchen 53
Schlinger, Kletterpflanzen 170
Schmetterlingsblütler 48
Schmuckkörbchen 53, **53**
Schnecken 33
Schneckenbekämpfung 32
Schneeball, Gemeiner 71, **71**
Schneeglöckchen 58
Schnellkeimende Pflanzen 129
Schnitt, Himbeeren 121
Schnitt, Johannisbeeren 121

Schnitt, sommertragende
   Himbeeren 119
Schnitthecke 68
Schnittlauch 103, **103**
Schoko-Schmuckkörbchen 132, **132**
Schubkarre 21
Schwachzehrer, Gemüse 81, 84
Schwachzehrer, Kräuter 101
Schwanenblume 163
Schwarzer Holunder 70, **70**
Seerose 162, 163
Seidelbast, Gewöhnlicher 145, **145**
Selbstaussaat 48
Selbstbefruchtende Sorten 115
Selbstklimmer, Kletterpflanzen 170
Sichtschutz 169
Sichtschutz, Hecke 68
Sichtschutz, Weidenruten 137
Slackline 141, **141**
Solanum melongena 94 f., **94**
Sommeraster 53
Sommerblumen 52 f., **52 f.**
Sommergrüne Hecken 68
Sommerschnitt, Obstbaum 115
Sommertragende Himbeeren 119
Sonnenanbeter, Pflanzen 50, **50**
Sonnenblume 127, 132, **132**
Sonnenhut 50, **50**
Sonnenplatz 10
Sonnentagebuch 131
Sorten, Selbstbefruchter 115
Sortenvielfalt 149
Spalierobst 115
Spaten 20, **20**
Spatentest, Boden 15
Spielmaterial, Kinder 139 ff., **139 ff.**
Spielrasen 75
Spinat 84, **84,** 89
Spindelbaum 115
Sportrasen 75
Spreizklimmer, Kletterpflanzen 171
Spurenelemente 25
Stachelbeere 123, **123**
Stammhöhe Obstbaum 115
Stammsteckling 155
Standort, Pflanzen 10
Standort, Rosen 61
Standort, Gemüsebeet 79
Standort, Miniteich 159
Standortgerechte Pflanzenwahl 32
Standortmängel erkennen 33
Starkzehrer Gemüse 80 f., **80**

Starkzehrer Kräuter 101
Stauden 47, 54 f., **54 f.**
Stauden teilen 152 f., **152**
Stechpalme 145, **145**
Stecklinge, Vermehrung 154 f., **154**
Steckrübe 109, **109**
Steingarten, Kräuter 97, 99
Steinobst 116 f.
Stellaria media 34, **34**
Sternrußtau 33
Stickstoff 25
Stickstoffliebende Pflanzen 25
Stiefmütterchen 53
Stockrose 52 f., **52**
Storchschnabel 54, **55**
Strauchrosen 62, 64 f., **64**
Strohblume 133, **133**
Studentenblume 52, **52**
Stütze, Baum 66, **66**
Sumpfdotterblume 162, **162**
Sumpfzone, Teich 162 f.
Süßkirsche 116, **116**
Synthetische Düngemittel 25

T

Tagetes patula 52, **52**
Taglilie 50, **50**
Tannenwedel 162, **163**
Taraxacum officinale 34, **34**
Teich, Biologisches Gleichgewicht
   159, 161
Teich, Flachwasserzone 162 f.
Teich, Sumpfzone 162 f.
Teich, Tiefenwasserzone 162 f.
Teichbecken 161
Teichfolie 158 f.
Teichwasser 161
Teilung, Stauden 152, **152**
Thymian, Feld- 97
Thymian, Garten- 96 f.
Thymus pulegioides 97
Thymus vulgaris 96 f.
Tiefenwasserzone, Teich 162 f.
Tollkirsche, Echte 144, **144**
Tomate 88, **88**
Toniger Boden 12, **12**
Traubenhyazinthe 58, **58**
Tropaeolum majus 133, **133**
Tuff 57
Tulipa 58, **59**
Tulpe 58, **59**

U

Überwinterung Pflanzen 92
Umgestaltung Garten 39
Unkräuter 34 f., **34 f.**
Unkräuter beseitigen 32
Unkrautfolie 98, **98**
Untergrund vorbereiten, Pflastern
 164 f., **164**
Urtica dioica 35

V

Vanilleblume 133, **133**
Vergärung Pflanzenjauche 30, **30**
Verjüngungsschnitt, Obstbaum 115
Vermehrung, Pflanzen 147 ff.
Vermehrung, Stauden 152 f., **152**
Vermehrung, Stecklinge 154 f., **154**
Vertical Gardening 168
Vertikutieren 75
Viburnum opulus 71, **71**
Vinca major 51, **51**
Viola x *wittrockiana* 53
Vogelmiere 34, **34**
Volldünger 29

W

Wärmebedarf Pflanzen 49
Wärmebedürftige Gemüse 94 f.
Wasserbad, Rosen 61, **61**
Wasserbedarf, Pflanzen 23
Wasserlauf 140, **140**
Wässern, wurzelnackte Rosen 60, **60**
Wasserpest 163
Wasserpflanzen 162 f., **162 f.**
Wasserschosse 113
Wassertanks 23
Weidenruten 136 f., **136**
Weidenruten, Sichtschutz 137
Wein, Echter 170, **171**
Wein, Wilder 170, **170**
Weißdorn 71
Werkzeuge, Aufbewahrung 142, **142**
Wetterschutz, Gemüse 87
Wiesenknöterich 162, **163**
Wild-Birne 71
Wildblumensamen 126, **126**
Wildblumenwiese 75, 126 f., **126**

Wilder Wein 170, **170**
Wildkräuter 32, 34 f.
Wildrosen 64, **64**
Wintergemüse 108 f., **108 f.**
Wirkungsweise mineralische
 Dünger 28
Wirkungsweise organische
 Dünger 26
Wuchernde Pflanzen 105
Wuchsform Obstbaum 115
Wühlmäuse 33
Wurzelballen aufreißen 46, **46**
Wurzelnackte Rosen pflanzen
 60 f., **60**
Wurzelnackte Rosen wässern 60, **60**
Wurzelnackte Rosen zurückschneiden
 60, **60**
Wurzelnackte Rosen, Kälteschutz 60,
 60
Wurzelwachstum Pflanzen 23

Y

Ysop 96, **96**

Z

Zaun 169
Zea mays 95, **95**
Zeigerpflanzen 34 f.
Zeitpunkt, Staudenvermehrung 153
Zierbeet anlegen 46 f., **46 f.**
Ziergarten 36 ff.
Zierpflanzen, Blütentabelle 45
Zierrasen 75
Zitronenmelisse 103, **103**
Zucchini 82 f., **82**, 88, **88**
Zuckererbse 129
Zwetsche 117, **117**
Zwiebel 89, **89**
Zwiebelgewächse 48
Zwiebelpflanzen 57 ff., **58 ff.**
Zwiebelpflanzen, Blütezeit 57
Zwiebelpflanzen, Pflanzzeit 57

KOSMOS.
Kochen und Genießen.

Cornelia Schinharl
Gut gekocht! Das Grundkochbuch

240 S., ca. 260 Abb. €/D 19,95
ISBN 978-3-440-12240-2

Gut gezeigt, was wichtig ist

Die sichere Basis – knusprige Bratkartoffeln, knackige
Gemüsepfanne, feine Vanillecreme und vieles mehr.
Cornelia Schinharl erklärt anhand von klassischen und
modernen Grundrezepten nicht nur wie, sondern auch
warum etwas genau so gekocht wird. So gelingen einfache Alltagsgerichte und kreative Variationen mühelos.

KOSMOS.

Verführerische Vielfalt.

Inge Swoboda • Jacqueline Vogt | **Äpfel, Birnen & Quitten**
144 S., ca. 160 Abb., €/D 14,95
ISBN 978-3-440-12245-7

Cornelia Schinharl | **Biokisten Kochbuch**
144 S., ca. 160 Abb., €/D 14,95
ISBN 978-3-440-12248-8

Die besten Rezepte

Was tun mit den Äpfeln aus Schwiegermutters Garten? Dem Korb Quitten vom Nachbarn? Hier finden Sie die besten Rezepte fürs Einmachen, Trocknen und Haltbarmachen, für schnelle und einfache Gerichte für jeden Tag genauso wie für ausgefallene festliche Menüs zum Verwöhnen und Genießen. Garniert mit viel Wissenswertem rund um das beliebte Kernobst.

Für jede Jahreszeit

Die Biokiste – Woche für Woche wartet sie frisch vom Produzenten auf manchmal etwas ratlose Küchenakteure. Und auch auf dem Wochenmarkt stößt man immer wieder auf unbekannte, fast vergessene Gemüsesorten. Für jede Jahreszeit stellt die Autorin typische regionale und saisonale Gemüsesorten vor und zeigt abwechslungsreiche Rezepte, die zum Ausprobieren einladen.

www.kosmos.de/essen_und_trinken

BILDNACHWEIS

Mit 309 Farbfotos wurden von Annette Timmermann, Kalübbe, für dieses Buch
aufgenommen.

IMPRESSUM

Umschlaggestaltung von Gramisci Editorialdesign, München,
unter Verwendung von zwei Farbfotos von Annette Timmermann, Kalübbe.

Mit 309 Farbfotos.

Unser gesamtes lieferbares Programm und viele
weitere Informationen zu unseren Büchern,
Spielen, Experimentierkästen, DVDs, Autoren und
Aktivitäten finden Sie unter **www.kosmos.de**

Gedruckt auf chlorfrei gebleichtem Papier

© 2011, Franckh-Kosmos Verlags-GmbH & Co.KG, Stuttgart
Alle Rechte vorbehalten
ISBN 978-3-440-12612-7
Redaktion: Birgit Grimm
Gestaltungskonzept und Layout: Gramisci Editorialdesign, München
Gestaltung und Satz: Doppelpunkt, Stuttgart
Produktion: Doppelpunkt, Stuttgart
Printed in Italy